MW00464008

European Connections

edited by
Peter Collier

Volume 26

PETER LANG
Oxford · Bern · Berlin · Bruxelles · Frankfurt am Main · New York · Wien

Ramona Fotiade (ed.)

The Tragic Discourse

Shestov and Fondane's Existential Thought

PETER LANG
Oxford · Bern · Berlin · Bruxelles · Frankfurt am Main · New York · Wien

Bibliographic information published by Die Deutsche Bibliothek
Die Deutsche Bibliothek lists this publication in the Deutsche Nationalbibliografie; detailed bibliographic data is available on the Internet at ‹http://dnb.ddb.de›.

British Library and Library of Congress Cataloguing-in-Publication Data:
A catalogue record for this book is available from *The British Library*, Great Britain, and from *The Library of Congress*, USA

This publication is supported by the AHRC

The AHRC funds postgraduate training and research in the arts and humanities, from archaeology and English literature to design and dance. The quality and range of research supported not only provides social and cultural benefits but also contributes to the economic success of the UK. For further information on the AHRC, please see our website www.ahrc.ac.uk

ISSN 1424-3792
ISBN 3-03910-899-9
US-ISBN 0-8204-8019-3

Hochfeldstrasse 32, Postfach 746, CH-3000 Bern 9, Switzerland
info@peterlang.com, www.peterlang.com, www.peterlang.net

Printed in Germany

In memoriam Teodor Fotiade
(1928–2004)

Acknowledgements

The editor wishes to thank the AHRC for their assistance in providing an extended period of study leave which made possible the revision, formatting and proofreading of the manuscript for the present volume. The contribution of individual authors and the financial support of the French Department at the University of Glasgow are here gratefully acknowledged. Many thanks are also due to the Peter Lang Publisher, Dr Graham Speake, the series editor, Dr Peter Collier, and the technical adviser, Alan Mauro, who have been of invaluable help during the final stages of editing.

Contents

Part 2: Genealogy of a Subversive Discourse: Kierkegaard, Nietzsche, Dostoevsky

Part 3: Literature and Philosophical Discourse

Part 4: Privileged Interlocutors, Contemporary Debates

RAMONA FOTIADE

Introduction

The early reception of existential thought in France coincided with a significant rise of interest in anti-rationalist conceptions, under the impact of the unprecedented destruction of human lives and senseless atrocities of the trenches during the First World War. The collapse of the old theological values, coupled with a loss of faith in the progressive and purposeful character of history led to a radical re-evaluation of the meaning of existence. Among the decisive influences that shaped the ideology of a whole new generation of French intellectuals in the inter-war period, one must account for the perceived convergence between emerging theories of the absurd and Nietzsche's fateful pronouncements in *The Gay Science*.[1]

The appropriation of Jarry's provocative illogicality by the avant-garde during the 1910s and 1920s echoed the wider recognition of a spiritual *malaise* and of a sense of impending crisis, following the 'death of God'. However, the critique of the old humanist tradition that accompanied the advent of the Dada and Surrealist movements was taken one step further by the radical dismantling of the rationalist foundation of knowledge in the works of Lev Shestov (1866–1938) and Benjamin Fondane (1898–1944). The collapse of the established theological and moral arguments that prompted the two authors' investigation into the meaning of life opened up the horizon of a post-metaphysical hermeneutics whose religious inflection sparked inevitable controversies with Surrealism, and later on, with the atheist strands of French Existentialism.

While sharing in the general revival of notions of the absurd and the call for a Nietzschean 'transvaluation of all values', Shestov and Fondane's existential thought occupied a solitary position among competing

1 First published in 1882, but translated into French only in 1901. For further details on Nietzsche's early reception in France, see: Jacques Le Rider, *Nietzsche en France: De la fin du XIXe siècle au temps présent*, Paris: P.U.F., 1999.

philosophical strands in the first half of the twentieth century. Given the particular connection between Dostoevsky's and Nietzsche's positions on morality and religion that Shestov highlighted for the first time in his study of the 'philosophy of tragedy',[2] it can be said that existential thought went against the predominant scientific drive of its time, and inaugurated a type of enquiry in which literary and philosophical concerns and styles of writing were allowed to interact and blend freely. Nietzsche's use of aphorisms and metaphors, no less than Dostoevsky's fictional framing of metaphysical questions in *The Brothers Karamazov* or *Notes from the Underground*, became the inspirational landmarks for a re-configuration of philosophical language whose consequences reached far beyond Shestov's existential thought to determine the post-war evolution of French speculative writing from Sartre to Deleuze and Derrida.

Although less known than Nietzsche's first French biographer, Daniel Halévy, Shestov was equally instrumental in shaping Nietzsche's early reception in France.[3] Some writers, such as Bataille, first came into contact with the German philosopher's thought by way of Shestov's critical interpretations.[4] Interestingly, this must also be the case for Dostoevsky's early reception in France, as most available accounts on this topic often mention Shestov's works. The pervasive, though rarely acknowledged, influence of existential thought on a significant number of writers and philosophers (such as Gide, Malraux, Bataille, Camus, Deleuze – to name but a few) can best be measured in relation to the ideological debates occasioned by Shestov and Fondane's works from the 1920s onwards. Any attempt at re-tracing this polemical context brings into view the crucial role that the interpretation of tragic experience

---

2 Léon Chestov, *La Philosophie de la tragédie: Dostoïevski et Nietzsche*, trans. Boris de Schloezer, Paris: Editions de la Pléiade, 1926. The Russian original of the book was first published in St Petersburg, in 1903.

3 See, for example, Jacques Le Rider's study, *Nietzsche en France: De la fin du XIXe siècle au temps présent*, Paris: P.U.F., 1999, pp. 133–4, 139, 141, 194.

4 Georges Bataille (together with Tatiana Beresovki-Shestov) translated Shestov's study of Tolstoy and Nietzsche, *L'Idée du bien chez Tolstoï et Nietzsche: Philosophie et prédication* (Paris: Editions du Siècle, 1925). For Shestov's influence on Bataille, see Michel Surya's comprehensive study, *Georges Bataille: La Mort à l'œuvre* (Paris: Librairie Séguier, Editions Garamont, Frédéric Birr, 1987, pp. 67–74).

played in existential thought. No other line of argument pertaining to the absurd polarised opinion more or had a longer lasting appeal to post- war critics and readers worldwide.

The present volume examines the elaboration of the existential discourse, in the light of the subtle interweaving of Dostoevsky's and Nietzsche's conceptions of tragedy. The third significant philosophical reference of the existential line of thought can be traced back to Kierkegaard's writings, which had a major influence on French Existentialism (especially on Camus's and Sartre's works). The papers gathered in this volume represent the proceedings of the first joint international conference of the Shestov and Fondane Societies, organised at the Maison des Sciences de l'Homme, in 2000. Several original articles have been added to complement the existing contributions to the conference and provide an in-depth analysis of Shestov's and Fondane's works, according to four main areas of investigation: (1) the tragic experience in existential thought; (2) the sources of Shestov's and Fondane's subversive discourse on reason; (3) literary interpretations; and (4) contemporary debates.

Starting from an outline of Shestov's philosophy, the first part of the volume focuses on the existential understanding of tragedy with reference to a series of issues (such as religious faith, the absurd, scientific evidence and truth), as well as a number of decisive encounters that marked both Shestov's and Fondane's conception of morality and human existence. Alexis Philonenko sheds light on the relationship between Shestov and Luther through a compelling re-assessment of *Sola Fide* (Shestov's unfinished work dating back to 1913–1914, and published for the first time in the posthumous French edition of 1957). The second chapter analyses Shestov and Fondane's account of the absurd from the perspective of their critique of rationalist arguments concerning ethics and the concept of time. Ricardo Nirenberg considers the mathematical and philosophical implications of Dostoevsky's provocative statement in *Notes from the Underground* concerning the truth of '2 x 2 = 4'. Michaela Willeke and Michael Finkenthal provide different interpretations of the tension between rationality and faith that defined the existential conception of the tragic. William Desmond concentrates on the recurrent motifs of 'sleep' and 'awakening' in Shestov's work, by drawing on the existential exegeses of Plotinus, Shakespeare and Pascal. Dominique Guedj comments on Fondane's account of 'tragic experience' in *La Conscience malheureuse*, with reference to Shestov's notion of 'discontinuity' and its analogous formulations in the works of Lévy-Bruhl and Lupasco.

The second part of the volume examines some of the most significant literary and philosophical sources of existential thought, through a series of comparative studies. The subtle correlation between the philosopher's lived experience and his thought is brought to light in Andrea Oppo's remarks on the transition between Shestov's first published work on Shakespeare and his later elaboration of a 'philosophy of tragedy'. Olivier Salazar-Ferrer and Bernice Glatzer Rosenthal reassess Nietzsche's influence on Fondane's and Shestov's conception of tragedy. Nicole Hatem compares and contrasts Kierkegaard's and Shestov's interpretations of tragedy and 'tragic experience', by focusing on a range of distinctive themes of reflection in existential thought: death, despair, anxiety, destiny, necessity and freedom. Geneviève Piron situates Shestov in the context of the early twentieth-century Russian philosophy and literature, with particular reference to Viatcheslav Ivanov.

The contributions gathered in the third part of the volume offer close readings of the relationship between literature and philosophical discourse in Shestov's and Fondane's works. Romain Vaissermann explores the formal and semantic underpinnings that determined Shestov's adoption of the aphorism, in the wake of existential predecessors such as Kierkegaard and Nietzsche. Anne Van Sevenant highlights the interaction between two 'languages' (poetry and metaphysics) in Fondane's existential thought. Fondane's use of poetry as an alternative means of expression for his conception of tragedy elicits a new comparative interpretation in Gisèle Vanhese's paper that draws an interesting parallel with the thinking of modern theorists such as Bachelard and Gilbert Durand. Mircea Martin examines Fondane's first articles on Shestov, published before the two exiled writers actually met in 1924, in Paris. Eric Freedman discusses Fondane's re-casting of ancient Greek and biblical characters in his tragic plays, inspired by Shestov's existential philosophy.

The final section is devoted to the intellectual encounters and controversies that defined the reception of Shestov and Fondane's thought in the first half of the twentieth century. Monique Jutrin evokes the charismatic figure of the philosopher and critic Rachel Bespaloff, whose work, influenced by her polemic dialogue with Shestov and Fondane, is about to be re-discovered in France, following a long period of silence. Peter

Christensen considers the impact of Shestov's ideas on the fictional writing of his life-long friend and French translator, Boris de Schloezer. Camille Morando re-traces the evolution of George Bataille's relationship with Shestov, and comments on the sources of their spiritual affinity that seemed to end in disagreement during the mid-1920s, only to resurface, as a muted yet pervasive reference, in works such as *Le Coupable* and *L'Expérience intérieure*.

Despite the scarce direct references to Shestov's and Fondane's thought in the immediate aftermath of the Second World War, the persistence over the last few decades of an interest in speculative argumentation on the boundaries of reason, often coupled with a peculiar blending of literary and philosophical styles of writing, bears witness to the impact of the existential revival of notions of subjective experience, of the absurd and of a transgressive quest for meaning. This collective volume fills an important gap in twentieth-century literary and philosophical studies, by providing a range of interpretative approaches to Existentialism, its origins and evolution from the early 1920s to its post-war manifestations. It is hoped that the current re-assessment of Shestov's and Fondane's 'tragic discourse' will generate an opinion-changing understanding of philosophy at the crossroads between traditionally distinct domains of enquiry such as literary criticism and metaphysics, (auto)biographical writing and theology, history of ideas and fiction, psychology and ethics.

Part 1

The Tragic Experience in Existential Thought

ALEXIS PHILONENKO

Chestov et la philosophie

Chestov est un personnage inclassable. C'est, en effet, dit-on, un mystique égaré dans les sous-bois de la philosophie. S'il surnage dans nos mémoires, c'est que, selon le mot de Voltaire: 'Tous les genres sont bons, hormis le genre ennuyeux' et, précisément, Chestov n'est, de ce point de vue, jamais indifférent et surtout pas ennuyeux, enfin presque pas – par exemple sa critique de la causalité chez Kant est percutante, étant bien entendu qu'on ramène, avec Schopenhauer, toutes les catégories à celle de causalité. Il a pour modèle et justification Nietzsche: comme ce dernier, il a rédigé des livres sous forme d'aphorismes; comme lui encore des traités plus systématiques: son *Kierkegaard* ou son *Pascal*, qui prouvent que, préférant les aphorismes, l'architectonique ne lui était pas inconnue, et comme le traité des valeurs de Nietzsche, la *Wille zur Macht,* une grande réflexion sur le malheur dont il ne nous reste que la seconde partie schématique, *Sola fide.*

Sola Fide est un livre étrange. On ne sait pourquoi, mais la première partie, qui concerne la philosophie du Moyen-Âge, fut mise sous scellés par les Suisses en 1914 et récupérée par Chestov seulement en 1920; nous ignorons la date exacte de la première rédaction de la seconde partie qui n'est pas vraiment un livre, mais un cours, du moins ce que nous en possédons. La publication très tardive suppose toute la philosophie de Chestov constituée, et dans la rigueur des termes n'apporte rien de nouveau, si ce n'est un exemple: celui de Luther – exemple dont la valeur n'est pas aussi grande qu'on le croit.

Pendant tous ses voyages à l'étranger et il les commença très jeune, les fils conducteurs de la pensée de Chestov se sont emmêlés dans un savant désordre, et lors de mes entretiens avec G. Nivat nous avons dû reconnaître qu'une organisation *rigoureusement* chronologique et systématique était impossible. Certains textes sont très délimités (*Le Problème de l'éthique chez Shakespeare*) et datables. Tout le début de *Aux Confins de la vie* n'est pas situable. N'emportant pas tous ses manuscrits,

Chestov s'est souvent répété, et puis il y avait des problèmes qui le tourmentaient bien avant qu'il ne se décidât à écrire. C'est manifestement le cas de son *Pascal,* rédigé en 1921, mais qu'il a dû méditer dès le lycée. Un axe s'est peu à peu dessiné dans sa pensée, axe formant une des principales chevilles-ouvrières de son œuvre: l'opposition entre Athènes et Jérusalem. Pascal c'est Jérusalem, Hegel c'est Athènes. Ici – la foi, là – la théologie comme métaphysique du *Logos*.

La philosophie que l'on choisit dépend de l'homme que l'on est, pour parler comme Fichte. Cet axe signifie que la philosophie est une dialectique historique, et parfois les deux courants se manifestent dans une même pensée; par exemple Duns Scot. En gros, mais alors très en gros, la première partie de *Sola fide* – où à chaque page on sent l'influence d'E. Gilson – se promeut dans ce courant dialectique, Chestov reconnaissant sans cesse la foi aux prises avec la raison et se trouvant en guerre permanente avec Harnack et son *Histoire de la dogmatique.* Bien entendu, cet axe Athènes-Jérusalem interfère avec d'autres axes, par exemple, foi et raison, rire et tragédie, âmes des philosophes et poètes comme objets de la philosophie. Souvent le ton de Chestov est railleur. S'il a choisi ce ton pour parler avec Tolstoï, on comprend que ce dernier qui n'aimait guère les philosophes – 'Hegel penseur faible' – l'ait en son *Journal* traité de littérateur.

Mais dès lors que penser de *Sola Fide?* De la première partie, nous ne dirons rien puisque, si mes sources sont bonnes, elle est restée, sans doute, en chantier. La seconde partie est, en réalité, un cours où St Augustin est traité clairement, mais cavalièrement, en opposition à Pélage. Puis passage à Luther et à une longue et ennuyeuse critique du théologien belge Deniffle qui ne possède plus aucun intérêt.

J'ai une position très ferme en matière d'histoire de la philosophie. Je distingue l'œuvre *officielle* et l'œuvre *problématique.* Est officiel tout ce que le philosophe a contresigné de sa main comme sien. Par exemple les *Pensées* de Pascal sont *officielles* mais dans l'*ordre voulu par lui.* Il n'y a pas à classer ou à reclasser. Sont officielles bien sûr les publications signées. Le reste, par exemple les *Löse Blätter* de Kant, est problématique. Si donc, par exemple, un texte issu des *Löse Blätter* contredit un texte signé, c'est le texte *officiel* qui l'emporte. Quant à construire un sur-système en partant, par exemple, des *Nachgelassene Schriften* de Kant comme l'a fait P. Lachieze-Rey, c'est de la pure folie et de l'indiscrétion.[1] Vouloir mieux comprendre Kant qu'il ne s'est compris.

De ce point de vue, je considère que ce que nous possédons de *Sola Fide* a une valeur très moyenne. Je crois que dans l'édition officielle idéale, Chestov aurait fait passer à la trappe tout ce qu'il dit de Deniffle. Je crois aussi qu'il aurait développé l'essence du luthéranisme plus profondément. Car au fond ce qui l'intéresse, c'est seulement une correction du texte de *l'Evangile*. De même il reproche à Harnack un mot.

Qu'est-ce qui a manqué et qui manque généralement dans la lecture de Luther et aussi du calvinisme? On pense généralement que ces confessions se caractérisent par le recul du culte de la Vierge Marie. Mais, bien lu, Luther apparaît comme un adorateur de la Très sainte Vierge Marie qui perd, il est vrai, sa fonction d'intercession, réservée à Jésus-Christ, 'le seul avocat du genre humain' pour s'exprimer comme Calvin dans les *Institutions*. Cependant Marie est la très grande sainte, l'incarnation de l'amour maternel, la *première image* de l'amour en l'homme. Toutefois, chez Luther, et cela n'apparaît jamais chez Chestov, l'essence du protestantisme est son horizon militaire. Les Chrétiens constituent une 'sainte cohorte'; ce sont 'les soldats du roi des rois', qui brandissent 'l'étendard de la Croix' et dont le Dieu est une 'solide forteresse' (*eine feste Burg*). Chant énergique... Cet horizon militaire n'est pas absent du calvinisme, mais il est atténué par l'orientation juridique de Calvin, orientation très technique, nullement nébuleuse ou vague. Dans une attitude religieuse, il y a deux tendances, l'une intellectuelle, l'autre sensible. Chestov a pu adhérer à la flèche intellectuelle luthérienne; juif par sa formation d'enfant, il n'a pas été *sensibilisé* aux horizons militaires du luthéranisme qui auront d'ailleurs des implications dramatiques. Il théorise plus qu'il ne convient le luthéranisme et se repose tantôt sur la vie, tantôt sur des écrits de Luther souvent commentés: pas un mot sur sa correspondance; des thèses banales sur Erasme, compensées par des vues inédites sur Dostoïevski et Luther. Aucune réceptivité au militarisme luthérien.

Tout commence avec les *Psaumes* du Roi David – un guerrier inspiré. J'ai la faiblesse de croire qu'il faut les lire dans la version luthérienne. Personne ne le conteste: les *Psaumes* sont le sommet de l'écriture poétique judéo-chrétienne, et Luther n'a pas trahi la version qu'admirait

---

1 Quant aux traductions, il faut toujours préférer celles contresignées par l'auteur.

Augustin; mais au lieu d'écrire: mon cœur est dispos – il écrit: mon cœur est prêt – prêt à obéir, prêt au combat. Sans en percevoir – ou alors il le cache bien – la dimension militaire, Chestov admire cette vigoureuse *disponibilité* de Luther envers le Dieu des armées. Cela importe plus pour moi que les diatribes et je rejoins Feuerbach que j'ai si longuement étudié.

Dieu des armées, Yahvé n'est pas un être, mais une personne et Chestov l'approuve. Luther ne s'est jamais, absolument jamais perdu dans la théorie de l'*ens realissimum*... Le rapport à Dieu est à la fois vertical et immanent dans la fidélité, c'est-à-dire *historique*. De ce point de vue, les thèses d'Harnack sont irrecevables. Il est bien évident qu'ici intervient la dimension de Jérusalem, bien que de manière un peu chaotique. La *fidélité* est la confiance absolue et la fleur de la foi. Que si mon entendement s'embarrasse dans les mystères de la prédestination, cela n'a aucune importance selon Chestov et Luther: la fidélité élémente du dedans la totalité humaine. Remarquant que fidélité et foi sont des termes voisins, on pourrait vouloir les confondre, mais qu'on en reste à cette idée: la fidélité est la fleur de la foi, mais – comme chez Hegel – la tige ne se supprime pas dans la fleur qui demeure rayonnante.

De là procède la vie du chrétien: il ne faut pas croire que l'on traverse sans blessure cette vallée de larmes. La blessure est ce qui doit être *surmonté, accepté et dominé*. Ces attitudes fortes, poussées à l'extrême dans le calvinisme francophone, font que l'agapè paulinien trouve un rôle central dans le protestantisme en général. Être protestant, c'est être prêt à donner sa vie. Cette générosité puissante est l'essence de la fidélité. Il y a dans les écrits de Luther un cri déchirant: '*Ich bin noch nicht für jemand gekreugzigt worden*'. Le pape vend des indulgences et Luther pleure de n'avoir pas encore été crucifié pour personne. Qu'est-ce qui est affreux, du point de vue de Chestov, dans ce détour de la pensée? Ce n'est pas bien entendu la crucifixion, encore que ce soit la mort la plus ignominieuse – mais enfin on peut être écartelé, bouilli, etc. – le plus affreux est le 'für jemand'; car seule la mort établit le rapport absolu à autrui: la *charitas absoluta*. Le fait que l'histoire devient méta-historique est à méditer: 'La charité, dit St Bernard, est la substance de Dieu.' Tout cela, Chestov le dit – avec simplicité. C'est qu'il ne s'agit pas d'éros, mais de *Menschwerdung*. Les concepts, non: les idées, se coalisent, voire même se coagulent. Chestov n'aime le syllogisme qu'en grammaire. Mais l'histoire ne se désarme pas devant les syllogismes. Le seul mouvement ascensionnel de l'amour de l'homme pour Dieu est le combat de la charité dans son historicité. C'est humain: relisez Malebranche ou Spinoza, ils pensent que: *Dieu fait tout pour sa gloire.* Dans les *Entretiens sur la métaphysique*, Théotime dit: 'J'aimerais bien qu'il fît quelque chose pour nous'. Pur anthropocentrisme, que Théodore expulse disant encore une fois que Dieu fait tout pour sa gloire. De là procède une pure théodicée, on ne songe même pas à une anthropodicée. Bavardage que cette théodicée, nous disent Luther et Chestov. Le mystère de la mort résiste entier. Alors mourir pour un autre? Cela veut dire scolairement, ce qui parfois est une bonne chose, regarder l'homme toujours comme une fin et jamais simplement comme un moyen.

Le grand problème d'Augustin était le suivant: concilier les œuvres et la foi. Au point de départ, la question pouvait paraître simple: la foi vivifie l'acte dont procède l'œuvre, et psychologiquement cela paraît aisé à entendre et correct. Mais comment écrire 'œuvre'? Au singulier ou au pluriel? Ce qui compte, est-ce l'instant ou la totalité de la vie? Est-ce que j'accomplis des œuvres, qui s'éparpillent comme une poussière dorée? Ou bien suis-je une œuvre, une totalité? De là la problématique du temps. *Quid est tempus? si nemo ex me quaerat scio, si quisquis ex me quaerat nescio.*[2] Et alors se profile la question centrale: que valent les œuvres? Peuvent-elles, poussière dorée, contribuer au salut de la totalité? Puis-je par mes œuvres me sauver? C'est aussi la question pélagienne. Pélage répond que je puis être sauvé par mes œuvres. Traduction des neuf propositions de Célestius selon Pélage: si je ne fais pas de bêtises, je serai élu. Mais Augustin d'une part considère que si les propositions pélagiennes peuvent valoir pour les mœurs de manière indifférente, rien en revanche ne les qualifie spécialement pour le Bien et le Mal, et cette indifférence est source du mal. Il faut une détermination supérieure (*Bestimmtheit*), par la grâce qui seule anime la foi qui vivifie l'âme qui enfante des fruits spirituels. Dans la procession augustinienne, quelle est la portée de la grâce? Voilà la question, le labyrinthe de Luther.

La première approche, que retient Chestov à travers son œuvre, est la *nullité de mes actes et de ma personne*... Nullité de mes actes: qu'est-ce qu'une pincée de miel comparée à l'infini? On ne s'en tire qu'en admettant avec Hegel le concept de la bonne infinité. Mais Augustin se jetterait plutôt du côté de la théorie fichtéenne de l'infinité, qui est une

2 Saint Augustin, *Confessions*, Liv. XI.

déstabilisation de l'infini (Être libre n'est rien, devenir libre c'est le ciel). De même: qu'en est-il de mon *ego?* Chestov répond avec Luther et Tolstoï: une cuiller de goudron peut gâter tout un tonneau de miel. Quel est l'*ego* que n'a pas souillé une cuiller de goudron? Mes actes et ma personne convergent dans la nullité, et il est inutile de faire appel aux *Homélies selon Saint Jean.* L'augustinisme contient un existentialisme désespéré, et c'est ce qui fait son charme.

Pélage se laisse difficilement dépasser. Comment admettre qu'une décision héroïque ne compte pas pour mon salut? Et puis la question est déformée. Faire de la théologie abstraite – disserter sur *ens qua ens* n'est en rien faire son salut, et la seule étude du 'docteur normal' fait de moi peut-être un docte, pas encore un chrétien. La valeur caritative de la réflexion est nulle. Il y a en commun chez Pélage et Augustin, que tout sépare autrement, un identique primat de l'acte. Acte et réflexion, l'infini et le zéro, composent une dialectique dont on ne peut sortir qu'en tranchant le nœud gordien.

L'Église, selon Luther, d'après Chestov, se voulait augustinienne, mais elle était depuis longtemps pélagienne, et pour préserver l'autorité papale, que, précisément, portant à l'absolu l'humaine volonté, Pélage finissait par contester, on se servait de l'excommunication comme d'un marteau d'infaillibilité. Vatican I, en remettant au pape l'infaillibilité dans les matières spirituelles ne sera que l'aboutissement de ce processus... Le seul problème que se pose vraiment Chestov, étudiant Luther, est là: que vaut l'Église soutenue par l'infaillibilité du pape dans les matières de théologie, et d'anneau en anneau en toutes choses? N'y a-t-il pas autre chose que les discours sur l'être, l'acte, la puissance – auquel cas ce qui allait devenir un dogme était vide de sens – ou, comme le montrait l'excommunication et le scandale, parmi d'autres, – la nomination des princes de l'Église – des indulgences, bien autre chose: une escroquerie et là-dessus se greffait une question selon Chestov odieuse pour Luther: *Qui était le pape?*

Les papes avaient d'une certaine manière répondu à ces questions. Ils avaient répondu à la question de l'excommunication par un usage si fréquent et si répandu que c'était devenu une banalité dont personne ne se souciait plus, et ils y renoncèrent peu à peu. Par exemple, pour prendre un cas qui leur était favorable, dans la *Querelle du quiétisme*, le Pape n'excommunia ni Bossuet, ni Fénelon. Le premier fut blâmé pour sa rigueur et sa sévérité, et le second fut lui aussi blâmé, mais pour son imprudence.

Les papes n'avaient pas admis que les seules matières de la théologie première fussent de leur autorité – ils voulaient maintenir un droit absolu sur toutes les questions et aussi un droit au silence. Le pape n'est pas seulement celui qui parle, mais aussi celui qui impose le silence. Luther, d'après Chestov, le pape en conclusion de tout le développement politique et théologique (depuis Augustin) était l'Antéchrist lui-même.[3] En conséquence le supplice de Luther fut clair. Il avait placé toute l'espérance de son salut dans l'Église et celle-ci, ayant un chef impie, installé à sa tête par la conjugaison de la réflexion théologique et de la politique, s'écroulait. Quelle autorité pouvait-elle substituer à celle de Satan? Telle était la question qui se posait à Luther, et il n'attendait pas la réponse d'un homme. Chestov prétend que nous ne pouvons que difficilement imaginer les délires nocturnes d'un moine du XVème siècle, qui était par-dessus le marché devenu par des années de travail un professeur et un théologien réputé, comme le prouve sa *Römerbrief-Vorlesung* où sa théorie de l'égoïsme définitive figure déjà et forme d'ailleurs la conclusion.[4] À l'autorité papale, satanique, Luther pour son salut substitua une autre autorité, celle de l'*Ecriture sainte*. Il arrache des mains du Pape la *potestas clavium* dont Chestov donne la définition classique: 'le pouvoir de lier et de délier' qu'il complète par l'explication de Pohle.[5]

Que nous dit donc *l'Evangile*? Que Christ est mort et est ressuscité. C'est, dit Karl Barth avec un clin d'œil au §7 de la *Kritik der praktische Vernunft,* le 'fait unique de la dogmatique'.[6] Comment le comprendre? C'est la question de Luther et de Chestov – le reste est sans intérêt et tout le bavardage de Socrate dans le *Phédon* '*sinnlos*'.

Faisons-nous l'avocat du diable. L'*Ecriture* seule est infaillible. Mais qui peut prétendre en fournir le sens exact? *Si recte interpreteris* – dit Leibniz. Et par cette seule formule, il met en question (avant Kant) l'idée d'une exégèse absolue. Mais Luther y croit, et Chestov avec lui, parce qu'il est très vrai que Christ est mort et qu'il est ressuscité. Épître

3 Léon Chestov, *Sola fide*, op. cit., p. 73.
4 Cf. Karl Barth, *Dogmatique*.
5 Ibid., p. 75.
6 Karl Barth, *Dogmatique*, vol. 17.

aux Romains, 3, v.28. Luther ajoute: '*allein durch den Glauben*': 'par la seule foi'.[7] L'homme qui se porte vers le Christ est justifié *par la seule foi* (*justus ex sol fide vivit*), et la foi est le tuteur absolu dans le dévoilement du sens du discours évangélique – pas la raison, encore moins le *logos* introduit à coups de marteau par Philon qui n'a que cette idée en tête. Il en résulte un irrationalisme foncier, qui déplaisait fort à Hegel. Et cet irrationalisme ne consiste qu'à refuser le *primat* de la raison et à rendre inconcevable la récupération kantienne de la religion par la morale.[8] Aussi bien le primat de la foi sur la raison chez Kant n'est qu'une illusion d'optique: de *fait* l'immortalité de l'âme devient *postulat*... Le grand thème de Chestov, la lutte contre la raison (en toutes lettres dans le *Pascal*) devient une lutte contre Kant. Qu'est-ce donc qui est perdu dans l'éthique kantienne? Dans le concept de foi kantien? À mon avis, c'est la personne, qui est représentée comme un moi rationnel réfléchissant.

Cette lutte contre la raison se traduit chez Chestov par le concept limite de doute créateur que, en ceci cartésien, J. Wahl n'attachant que des valeurs négatives au doute, ne parvenait pas à comprendre. Mais chez Chestov, le doute est, vulgairement parlant, la remise en question de mon *ego*. Mise en question signifie torture. Je suis à moi-même ma torture – torture reliée à Dieu '*der alles im allem wirkt*'. Être certitude c'est l'eau morte du diable, le miroir de la mort.

Feuerbach ne suit pas la voie chestovienne.[9] Le rationalisme ou l'irrationalisme ne sont pas la clef de voûte du luthéranisme ou de son contraire. L'axe principal est double: d'une part en fonction de son orientation charnelle et sanguine (la chair du Christ, le sang du Christ), le luthéranisme est à l'origine du *matérialisme allemand*; d'autre part la relation privilégiée est celle du Père et de l'enfant. Au point de vue de la philosophie de Feuerbach, le luthéranisme se donnerait alors comme le facteur primordial et synthétique du rationalisme européen. En ceci aussi il s'oppose à Chestov, qu'il ne rejoint, via Luther, qu'en disant que la raison n'est pas à conquérir sur le terrain dû, mais dans le travail de l'enfant.

7 Chestov, *AP*, p.173.
8 Cf. H. Cohen, *Kant, Begründung der Ethik*, 1910.
9 Cf. Feuerbach, *Samtliche Werke*, Bolin-Jold. Bd.VII.

Il reste vrai que Luther, Feuerbach, Chestov enseignent – dans des perspectives bien différentes – la même chose: la foi n'est pas comme chez Descartes, Leibniz, et Malebranche un succédané de la raison spéculative qui d'ailleurs n'est qu'un moyen de la foi, ni son abri *si recte interpreteris*. Qui dit foi, dit charité, *charitas absoluta allein*.[10]

Sans doute, par-là l'hellénisme s'en va au fondement. C'est une chose étonnante que de constater que le plus grand *prestige* vient de la raison spéculative, pas seulement les formulations des thèses et des antithèses, mais encore les notions cardinales comme le *logos*. Prestige signifie *phantasme*. Luther a fait, selon Chestov, une expérience douloureuse, et métaphysique: mettre les pieds sur terre. Feuerbach parle du matérialisme allemand.[11] Normalement l'homme fuit la douleur: voyez le début du *Phédon* lorsque Socrate se gratte les chevilles. Cependant, Chestov croit à la valeur de la souffrance. C'est ce qui rend sensée l'introduction de la deuxième partie de *Sola fide*. Dostoïevski, comme Pascal, Feuerbach, Luther, lutte contre la raison qui déclare qu'il faut fuir la souffrance, par exemple par la joie de l'intelligence. Une petite chose gâche toute cette joie: 2 + 2 = 5. C'est mon caprice. Ce que répète, sans cesse, la philosophie existentielle dans une succession baroque: Luther, Pascal, Feuerbach, Dostoïevski, Nietzsche. Il n'y a pas de succession, ni d'héritages; un morceau de métal qui s'échappe de la cuve. Voilà pourquoi la philosophie existentielle est faite de conversions, de ruptures. Exemples: Luther, Dostoïevski et Nietzsche. Pour le penseur existentialiste, la question demeure une torture.

Luther et Chestov ne disent pas ce qu'ils font et ne font pas ce qu'ils disent. Par exemple, ils raisonnent contre ceux qui veulent raisonner. *Iustus ex sola fide vivit*: Chestov argumente contre l'argumentation et parle à haute et claire voix. On voit qu'il épouse les thèses de Luther. Peut-être va-t-il plus loin que Luther. S'il n'a pas fait d'études supérieures de lettres, il a approfondi la statistique et le droit. C'est une formation originale, et quand il s'oppose implicitement à Brunschvicg disant 'penser, c'est calculer', il sait parfaitement ce dont il parle. Luther est peu savant en mathématiques. Aussi Chestov s'est senti souvent plus proche de Pascal, penseur et mathématicien. Alain Niderst croit qu'étudiant le *Pascal* de Chestov, j'ai mis le doigt sur une racine génétique de

10 *Rom*, 1.

11 Feuerbach, *Samtliche Werke*, Bd. X, p. 155.

l'idée pascalienne de *pression*. La devise serait alors: *Calculez mais ne pensez pas*. L'homme fait deux choses à l'origine: il chante – le berceau des enfants est la source de la musique. Et il compte les pas qui le séparent des bras tendus de sa mère entre lesquels il se laisse tomber. Le compte des pas est exact. Le calcul et la musique sans penser sont l'élément matriciel de Chestov. Donc, il faut s'appuyer sur un calcul naturel.

Il en est sorti, après le rejet de la raison, une totalité culturelle étonnante. Tous les courants de l'Europe s'étaient coagulés en Chestov, même dans l'opposition. Il me paraît que sa pensée diverge des autres philosophies existentielles par son rejet de tout sectarisme. Sa pensée est, pour ainsi dire, en étoiles. Mais il ne s'est pas trompé d'adversaire. Pour Luther –lançant son encrier à la tête du diable– et contre Kant et surtout Husserl, ancien professeur de mathématiques, pour des raisons trop complexes pour être développées ici. Disons simplement que Husserl avait réintégré le cours du temps dans l'égoïté transcendantale.[12] D'où un rationalisme intégral, plus radical même que l'orientation de Hegel qui rejette le sensible. Chestov, si bizarre que cela puisse paraître, inclinait vers Luther, moine à peine issu du Moyen-Age, aux pieds solidement ancrés dans la terre, n'entendant rien aux sirènes de la philosophie qui enchantaient Erasme. Quand je cherche, aussi bien, à me représenter la pensée de Chestov, j'observe des raccourcis terrifiants, une pensée essentielle au détour d'une petite phrase: c'est un serpent qui ondule.

Et alors s'est produite la catastrophe – Chestov ne peut pas être lu selon l'ordre des raisons, ni même celui des choses. Il est aussi insaisissable qu'un mystique. Parlant de *nuit libératrice* – qu'on songe aux vers de Pouchkine sur le jour – A. Bédard a voulu tirer Chestov vers la mystique. Mais d'une part, Chestov n'a jamais rien dit de Thérèse d'Avila ou de Catherine de Sienne. D'autre part, aucune image mystique n'est repérable dans ses textes. L'opposer dès lors de ce point de vue au *paysan* Luther est une grave erreur.[13] Sarcastique, certes; humoriste même, humaniste sûrement – mais pas mystique. Et puis revenons sur l'idée de *doute créateur*. Lorsque Chestov prenait l'ascenseur – ce que lui reprochait J. Wahl – il doutait, mais calculait aussi *naturellement* le nombre de chances pour que l'ascenseur s'effondre ou que la voûte de

---

12 Husserl, *Log.Unt.* V.

13 Je note cependant que Thérèse d'Avila soignait ses carottes et entretenait son potager.

l'escalier se fracasse. C'était sensiblement égal; mais on pense peu dans un escalier, alors il prenait l'ascenseur. La philosophie existentielle ne consiste pas à vivre autrement que les autres et la sûreté de l'ascenseur est le résultat d'un *calcul naturel* qui est vivifié par le doute et qui crée la technique comme quasi-évidence. Cela dit, il y a des ascenseurs qui s'effondrent ou qui tombent en panne. Si la mystique est un état d'extraversion du moi, le doute créateur est un état d'introversion du 'moi'. Luther admet ce thème qui explicite sa vie.

Pour comprendre Chestov et Luther, *une même disposition d'esprit* est nécessaire. C'est moins dans les *contenus* que dans la structure de l'intention formelle que se manifeste la coïncidence; le postulat commun est que l'attitude se profile dans l'aptitude et réciproquement. Ce qui compte n'est pas l'Être, mais la manière d'exister. Le lieu privilégié de Chestov sera celui des joies et des souffrances des philosophes: leur histoire et parfois même leurs histoires entrecroisées.

Et aussi leur commune opposition à la technique, qui, depuis Descartes, est devenue l'axe notionnel dans la définition de l'homme – quoi qu'en dise Ferdinand Alquié, qui au Dieu d'Abraham substitue une transcendance négative de type platonicien, laquelle, avec la Révolution française, dégénèrera dans l'idée de l'Être suprême.

Ramona Fotiade

'Le Temps est hors des gonds': le tragique et la révélation de l'absurde dans la pensée existentielle de Léon Chestov

Lors de sa première rencontre avec Fondane, en 1926, Chestov fit remarquer que la plupart des commentateurs qui s'étaient intéressés à son œuvre jusqu'à cette date, n'avaient parlé presque seulement que de '(son) "talent" d'écrivain, de (ses) "dons" de critique, de la justesse ou de l'arbitraire de (son) interprétation'.[1] Craignait-il que ses réflexions sur la pensée de Tolstoï, Dostoïevski et Nietzsche et son essai sur Pascal, ne soient à tout jamais rangés dans les limites de l'exégèse littéraire? Sans doute. La préface du livre dont la traduction française vient de paraître la même année, en 1926, le prouve amplement. Il semble qu'après avoir consacré, au début de sa carrière, deux études[2] à l'analyse d'œuvres littéraires d'un point de vue qui pourrait être assimilé à la critique ou à l'histoire des idées, Chestov prend conscience pour la première fois que son approche n'a pas été comprise, voire comprise à rebours. Il s'agit alors de l'éclaircir, d'en donner une définition explicite. Le titre de son volume sur Dostoïevski et Nietzsche, *La Philosophie de la tragédie*,[3] contient en effet tout un programme dont la préface trace les lignes directrices. Si Chestov n'hésite pas à mettre en relation la philosophie et la

---

1 Benjamin Fondane, *Rencontres avec Léon Chestov*, Paris: Plasma, 1982, p. 19.

2 Léon Chestov, *Shekspir i ego critik Brandes*, St Petersbourg: A. M. Mendelevich, 1898; *Dobro v Uchenii Gr. Tolstogo i Fr. Nitche. Filosofia i propoved*, St Petersbourg: M. M. Stassioulevich, 1900. Le premier volume (*Shakespeare et son critique Brandes*) n'a jamais été traduit, le deuxième est paru quelques années après l'arrivée de l'auteur à Paris: *L'Idée de bien chez Tolstoï et Nietzsche. Philosophie et prédication*, trad. T. Beresovki-Chestov et G. Bataille, Paris: Eds. du Siècle, 1925.

3 Léon Chestov, *Dostoevski i Nitche. Filosofia tragedii*, St Petersbourg: Stassioulevich, 1903; *La Philosophie de la tragédie. Dostoïewski et Nietzsche*, trad. Boris de Schloezer, Paris: Eds. de la Pléiade/ J. Schiffrin, 1926.

tragédie ou l'espace de la fiction littéraire, il ne doute pas pour autant de l'inouï d'une telle proposition, ni des réactions adverses qu'elle devrait susciter chez son auditoire:

> La Philosophie de la Tragédie! Il se peut que la réunion de ces deux mots provoque un mouvement de protestation de la part du lecteur habitué à considérer la philosophie comme la généralisation dernière de l'*esprit humain* [...]. Il aurait admis le cas échéant l'expression – 'la psychologie de la tragédie', d'ailleurs à contre-cœur et avec des grandes réserves, étant convaincu au fond de l'âme que nos intérêts, en somme, ne sont plus en jeu là où commence la tragédie. La Philosophie de la tragédie, cela ne signifie-t-il pas la philosophie du désespoir, de la démence, de la mort même? Peut-il s'agir en ce cas d'une philosophie quelconque, quelle qu'elle soit?[4]

Et pourtant Chestov choisit de se maintenir dans les cadres de la philosophie; il utilise un discours construit avec des arguments et des contre-arguments, des sentences, des paradoxes et des aphorismes, tout autant que les moyens rhétoriques capables d'entraîner notre assentiment. Sa démarche s'appuie sur des textes littéraires (en l'occurrence sur les écrits de Dostoïevki et de Tolstoï), tout en faisant appel à notre faculté de juger et à notre faculté de suivre une démonstration logique. Il s'agit, plus précisément, ainsi que Chestov le laisse entendre, de mettre en œuvre les raisonnements du discours philosophique traditionnel de façon à déjouer le mécanisme d'un rationalisme ressenti comme totalisant et totalitaire. C'est une entreprise qui court beaucoup de risques, puisqu'elle se propose d'attaquer le fondement même du domaine à l'intérieur duquel elle s'avance.

Etant donné que la philosophie s'est depuis toujours constituée comme un système de connaissances, dont l'énonciation vise la plus grande objectivité et une généralisation à partir de prémisses indubitables, le projet d'une 'philosophie de la tragédie' élaboré par Chestov tend à ruiner les bases de toute analyse scientifique. Dans la préface de son livre, Chestov rappelle justement les exigences du rationalisme qu'il va par la suite s'appliquer à déconstruire: 'La philosophie prétend absolument être une science, une science telle que les mathématiques, et si les autres moyens d'atteindre ce but lui manque, c'est la théorie de la connaissance alors qui vient en dernier lieu à sa rescousse'.[5]

---

4 Léon Chestov, *La Philosophie de la tragédie*, p. I.

5 Ibid., p. VI.

Il est possible que Chestov ait donné une expression considérablement plus nette à sa critique de l'épistémologie dans les articles qu'il publia sur Husserl à partir de 1917.[6] Pourtant, on reconnaît déjà les arguments les plus importants de sa 'lutte contre les évidences':

Premièrement, le fait que le discours philosophique atteint l'objectivité et la certitude absolue des sciences exactes (en espèce de la logique et des mathématiques) au prix de l'exclusion des problèmes qui ne trouvent pas de solution dans le cadre de l'analyse rationnelle.

Deuxièmement, l'homogénéité nécessaire au mouvement d'idéalisation dans la philosophie classique détermine précisément l'exclusion des données purement empiriques, des événements singuliers, de tout ce qui pourrait être considéré en tant qu'exception, et qui ne donne pas de prise aux généralisations. Troisièmement, la dimension temporelle de l'existence de chaque individu nous met en présence d'événements singuliers, voir arbitraires; elle relève du domaine de l'expérience empirique, qui reste irréductible au mouvement d'objectivation des idées.

Enfin, le caractère irréductible de la présence de chaque individu dans le monde se dévoile à travers des événements qui provoquent une cassure dans l'ordre apparemment homogène de la succession temporelle; Chestov identifie ces moments exceptionnels, ces 'moments catastrophiques' de la vie personnelle avec 'l'expérience du tragique'.

Le projet d'une 'philosophie de la tragédie' correspond ainsi à la tentative de réintroduire la problématique et les paradoxes de l'existence particulière dans un discours qui les a systématiquement éludés, au profit d'une connaissance de l'être défini à partir des principes *a priori*. Fondane, qui a repris et développé les arguments de Chestov, affirme que le renversement opéré dans la tradition philosophique par la pensée existentielle se rapporte non pas au 'problème de la connaissance', mais à 'la connaissance en tant que problème'. L'analyse se déplace pour faire ressortir ce que Fondane appelle 'les questions tabous de la philosophie': 'Pourquoi, au fond, la connaissance? Pourquoi des évidences premières

---

6 Léon Chestov, 'Memento Mori. A Propos de la théorie de la connaissance d'Edmond Husserl", *Vopros'i filozofii i psihologii*, sept.–déc. 1917, nr. 139–140, pp. 1–68; republié, en version française, dans la *Revue philosophique de la France et de l'étranger*, janv.–févr. 1926, nr. 1–2, pp. 5–62. Voir aussi: 'Qu'est-ce que la vérité? (Ontologie et Ethique)', *Revue philosophique de la France et de l'étranger*, janv.–févr. 1927, pp. 36–74; 'A la mémoire d'un grand philosophe: Edmund Husserl', *Revue philosophique de la France et de l'étranger*, jan.–juin. 1940, pp. 5–32.

et absolues? Pourquoi des évidences qui doivent et peuvent soutenir l'édifice du savoir? Et que fera-t-on des évidences qui *doivent, mais ne peuvent* soutenir cet édifice?'.[7]

D'ailleurs Fondane, qui ne manque pas de citer l'éloge kantien de la sagesse de ceux qui savent 'ce qu'on doit raisonnablement demander',[8] déclare que le 'tabou' associé à ce genre de questions se rattache, en effet, au caractère absurde des réflexions qu'elles entraînent:

> Sans nul doute, les réponses à ces questions relèvent-elles étrangement de l'absurde. Absurdes, elles le sont en effet, et au-delà de ce qu'on pense. Mais, ces questions, pour appeler des réponses insensées, ne sont pas pour cela elles-mêmes absurdes et il n'y aurait, ce semble, aucun obstacle majeur à ce qu'elles fussent posées.[9]

Chestov avait, à son tour, mis en relation la démarche propre de la 'philosophie de la tragédie' et la révélation de l'absurde qui accompagne les situations limite ou encore les 'moments catastrophiques' de l'existence personnelle. Ce que l'idéalisme classique supprime ou essaie de sublimer par son mouvement d'objectivation, c'est la manifestation de l'être particulier, éphémère, et temporel. Selon Chestov, l'appréhension de cet aspect oblitéré de l'être se produit non pas au bout d'une démonstration logique, mais à travers une expérience vécue. Chestov n'hésite pas de parler en ce cas-là du désespoir, de la folie, même de la mort. Il s'agit, d'après ses affirmations, 'd'un domaine de l'esprit humain où jamais encore on n'a pénétré en volontaire: les hommes n'y entrent qu'à leur corps défendant. Et c'est précisément le domaine de la tragédie'.[10] Pourquoi l'expérience du malheur, d'un événement tragique, serait-elle la seule en mesure de confronter la conscience individuelle au problème de sa présence irréductible dans le monde? La critique du rationalisme chez Chestov et Fondane suggère au moins deux réponses possibles, étroitement liées l'une à l'autre:

D'une part, parce qu'aucun raisonnement logique ne pourrait conduire au renversement complet de toute connaissance acquise, de toute certitude, qui se produit au cours de l'expérience vécue d'une situa-

7 Benjamin Fondane, *La Conscience malheureuse*, Paris: Plasma, 1979, p. XIX.
8 Ibid., p. XX.
9 Ibid., p. XIX.
10 Léon Chestov, *La Philosophie de la tragédie*, p. XVII.

tion limite, sans issue. D'autre part, parce que la tragédie (sous la forme de la maladie, de la folie, de la mort etc.) interrompt brutalement le cours normal de l'existence; elle isole l'individu et le place de force devant l'irrémédiable et l'absurde.

La pensée que Chestov oppose à l'analyse conceptuelle de l'être repose sur le dévoilement d'une 'vérité absurde' qui surgit grâce à une cassure tragique dans l'ordre de la continuité temporelle. La célèbre phrase d'Hamlet, '*The time is out of joint*' ('Le temps est hors des gonds'), exprime de manière exemplaire l'intensité de la confrontation avec l'absurde, en dehors de la rassurante homogénéité des raisonnements habituels. Si Chestov cite souvent cette phrase dans sa polémique avec Husserl, et dans ses autres écrits, il n'en est pas moins vrai que son interprétation de la tragédie de Shakespeare a subi un remaniement radical après la publication de son premier livre, *Shakespeare et son critique, Brandes*. Les *Rencontres avec Chestov* de Fondane fournissent à ce propos des renseignements précieux:

> J'en étais encore au point de vue moral, que j'ai abandonné peu après. Mais déjà, ce point *de vue était poussé* à un degré tel, qu'on pouvait prévoir que les cadres allaient craquer. Vous vous rappelez le vers: 'le temps est hors des gonds'. Eh bien! j'essayais alors de remettre le temps dans ses gonds. Ce n'est que plus tard que j'ai compris qu'il fallait laisser le temps hors de ses gonds. Et qu'il se brise en morceaux![11]

On ne peut pas s'empêcher de rapprocher ces considérations de l'interprétation du processus de la 'transformation des convictions' que Chestov a élaboré dans ses essais sur la vie et l'œuvre de Dostoïevski ou de Tchekhov.[12] D'ailleurs, on retrouve la référence au célèbre vers d'Hamlet dans une note du journal de Chestov, datée de 11 juin 1920. La citation est cette fois mise en relation directe avec un événement déterminant de la vie de l'auteur, dont l'importance déclarée ne fait qu'accentuer le secret des circonstances précises qui restent mystérieusement absentes du récit:

---

11 Benjamin Fondane, *Rencontres avec Chestov*, p. 85.

12 'Anton Tchekhov. Creation from the Void', in *Anton Tchekhov and Other Essays*, Dublin & London: Maunsel and Co., 1916; repris dans *L'Homme pris au piège: Pouchkine, Tolstoï, Tchékhov*, Paris: U.G.E., 1966. Voir aussi: *Les Révélations de la mort. Dostoïevski – Tolstoï*, Paris: Plon, 1923.

> Cette année c'est le vingt-cinquième anniversaire depuis que 'le temps est sorti des gonds' – ou plutôt, ça sera en début d'automne, au début de septembre. Je l'écris pour ne pas oublier. Les événements les plus importants de la vie – dont personne ne sait rien en dehors de toi-même – s'oublient facilement.[13]

À en juger par la date de ce rappel, l'épisode dramatique qui est évoqué sans pourtant être nommé dans le journal, a dû avoir lieu au début de septembre 1895. Or, d'après la biographie établie par Nathalie Baranoff, cette période coïncide avec la rédaction du livre sur Shakespeare et Brandes. Chestov traverse une crise profonde à ce moment-là. Ses causes ont du être si étroitement liées à sa sensibilité et aux transformations intimes de sa conscience, que leur nature a dû finalement lui apparaître comme incompréhensible à autrui, inaccessible de l'extérieur. Il n'en parle pas. Il décide, par contre, d'essayer à tout prix de 'remettre le temps dans ses gonds', ainsi qu'il avouera quarante ans après à Fondane. Les tragédies de Shakespeare laissent entrevoir le côté terrifiant, absurde et irrémédiable des moments de la vie où tout semble suspendu; tandis que le temps s'arrête et s'ouvre, comme un pont brisé au-dessus du gouffre. Hamlet, de même que le roi Lear, sont prisonniers d'une situation sans issue, qui basculent entre le désespoir et la folie. Confronté avec cette vision de l'existence humaine, Chestov s'efforce au début de trouver une explication rationnelle au malheur et à l'irrémédiable; il tente d'intégrer l'expérience du tragique à l'homogénéité d'une conception rationnelle du temps, en prenant le point de vue de la sagesse et de l'abnégation.

Ce qui est particulièrement frappant de noter à propos du passage des *Rencontres avec Léon Chestov* que nous avons cité, (et, pourrait-on ajouter, à propos du projet d'une 'philosophie de la tragédie' en général), c'est que le vain effort de réparer la cassure opérée dans l'ordre temporel correspond à une tentative d'édification morale. Car, d'après Chestov, l'expérience du tragique introduit non pas seulement une syncope dans la continuité temporelle du vécu, mais aussi et surtout une crise des valeurs. Vouloir retrouver l'ordre d'une temporalité sans faille ni cassure pour attribuer au tragique une valeur morale reviendrait à nier la transformation radicale qui s'est produite au moment de la crise. Contrairement à ce

---

13 Nathalie Baranoff-Chestov, *Vie de Léon Chestov: L'Homme du souterrain (1866–1929)*, trad. par Blanche Bronstein-Vinaver, Paris: Editions de la Différence, 1991, p. 36.

qu'il avait affirmé dans son livre sur Shakespeare, Chestov s'applique à montrer par la suite que la tragédie ne donne pas de prise aux discours édifiants. En tant qu'événement vécu, le tragique ne vise pas à enseigner. Il met tout simplement l'homme devant l'absurde et l'irrémédiable. Il provoque un renversement complet dans la pensée, il force l'homme à affronter l'insuffisance des jugements moraux.

Les exemples d'une telle confrontation avec les limites de l'éthique abondent dans la tragédie grecque ou dans les pièces de Shakespeare. Il n'est pas surprenant de constater que les 'questions tabou' de la philosophie, dont parlait Fondane, ont depuis toujours trouvé expression dans l'espace privilégié de la fiction littéraire ou de la représentation théâtrale. Toutefois, il faudrait dire que la critique du rationalisme classique dans les écrits de Chestov et de Fondane s'appuie souvent sur la *Généalogie de la morale* de Nietzsche. C'est à travers la conception du philosophe allemand sur la 'volonté de la connaissance' comme source des jugements moraux et des valeurs de bien et de mal que Chestov et Fondane interprètent l'expérience du tragique. L'opposition entre la morale des maîtres et la morale des esclaves, qui traduit chez Nietzsche l'antagonisme entre les valeurs 'guerrières' du monde antique et leur renversement dans la mentalité chrétienne, vise à ébranler non pas seulement l'idéal ascétique d'une religion fondée sur la faiblesse et le ressentiment, mais l'assise philosophique de l'idéalisme européen, en tant que mépris de la vie ou bien 'volonté qui se retourne contre la vie'.[14]

L'apologie du 'surhomme' et de la force vitale – si souvent citée de façon tendancieuse à propos de la pensée de Nietzsche – ne serait, selon Chestov, que le revers d'un fonds caché d'impuissance et de malheur. En accusant 'les Juifs, ce peuple sacerdotal' d'avoir commencé 'le soulèvement des esclaves dans la morale' et d'avoir opéré 'une radicale transmutation' des valeurs de l'ancienne 'aristocratie guerrière',[15] Nietzsche

---

14 'Il s'agissait, en particulier, de la valeur du "non-égoïsme", des instincts de pitié, d'abnégation, de sacrifice, que Schopenhauer précisément avait si longtemps enjolivés à nos yeux – divinisés et transportés dans les régions de l'au-delà, qu'il finirent par rester pour lui comme des "valeurs en soi" et qu'il se fonda sur eux pour dire non à la vie et à lui-même. [...] Je voyait là le commencement de la fin, l'arrêt, la lassitude qui regarde en arrière, la volonté qui se retourne contre la vie' (Friedrich Nietzsche, *La Généalogie de la morale*, *Œuvres* II, Paris: Robert Laffont, 1993, p. 773).

15 Ibid., p. 784–5.

lui-même était loin d'appartenir à la caste supérieure des maîtres de ce monde. Vaincu plutôt que vainqueur dans la confrontation avec les injustices et les horreurs de la vie, Nietzsche se fait le chantre de 'cette "audace" des races nobles, folle, absurde, spontanée',[16] pour détruire l'idole de la morale chrétienne, et rejeter l'idée de soumission au destin, qui trouve la justification des malheurs et des souffrances humaines dans le sens rédempteur de l'ascèse.

Le récit que Chestov fait de sa première rencontre avec l'œuvre et la biographie de Nietzsche, renvoie le paradoxe de l'impuissance en tant que source oblitérée du dépassement 'surhumain' de la morale à l'expérience vécue du tragique dans la pensée existentielle.[17] Si, d'après Chestov, 'c'est un impuissant qui a écrit *la Volonté de puissance*, qui a fait croire au monde que Nietzsche était un magnifique appareil de forces',[18] c'est parce que la limite imposée par la raison et la morale à l'homme accablé de malheurs ne peut être franchie que par une soudaine et radicale 'transvaluation de toutes les valeurs', qui refuse les fausses consolations de la religion ainsi que les jugements de l'esprit scientifique. Or l'homme ne se décide pas d'avancer au-delà des confins de la raison et de la morale que lorsqu'il a été confronté à l'effondrement de tous ses repères, lorsqu'il ne trouve plus d'autre issue. Contrairement aux arguments que Chestov avait avancés à l'époque où il écrivait son livre sur

---

16 Ibid., p. 791.

17 'J'avais 28 ans quand j'ai lu Nietzsche. D'abord j'ai lu *Par delà le Bien et le Mal*, mais je n'avais pas très bien compris… la forme aphoristique peut-être… Il m'a fallu du temps pour arriver à saisir. Puis ce fut *la Généalogie de la morale*. J'en ai commencé la lecture à huit heures du soir; je ne l'ai achevée qu'à deux heures du matin. Cela m'a remué, bouleversé, je ne pouvais dormir, je cherchais des raisons pour m'opposer à cette pensée affreuse, cruelle… Sans doute la Nature était dure, indifférente; sans doute tuait-elle calmement, implacablement… Mais la pensée, ce n'était pas la Nature; il n'y avait aucune raison pour qu'elle aussi voulut tuer les faibles, les pousser. Pourquoi aider encore la Nature dans sa tâche effrayante? J'étais hors de moi… A ce moment-là, j'ignorais tout de Nietzsche; je ne savais pas ce qu'était sa vie. Puis, un jour, dans une édition de Brokhaus, je crois, j'ai lu une note biographique sur lui. Il était aussi un de ceux avec qui la Nature avait été dure, implacable; elle l'avait trouvé faible, l'avait poussé. Ce jour-là, je compris. Nietzsche était si faible, si malade, si misérable… Mais il ne se croyait pas le droit de parler de tout cela; et il parlait du Surhomme…' (note datée du 21 janvier 1938, dans Benjamin Fondane, *Rencontres avec Chestov*, pp. 148–9).

18 Ibid., p. 72.

Shakespeare, la tragédie, en tant qu'événement 'catastrophique' de la vie, n'est pas l'acheminement pénible, quoique nécessaire, vers la vérité morale. Plus souvent, l'expérience immédiate de la douleur physique, du malheur, mettent l'homme face à son impuissance, à l'absence de secours, et lui révèlent l'inefficacité des discours édifiants sur l'idée de bien et sur la justice divine. D'après son propre témoignage, Chestov a pris connaissance de l'œuvre de Nietzsche à l'âge de 28 ans (en 1894), juste avant qu'il traverse la crise évoquée plus tard dans une note de journal par rapport au vers célèbre d'*Hamlet*: 'le temps est hors des gonds'. Pourtant, ce n'est qu'après la publication de son livre, *Shakespeare et son critique Brandes*, en 1898, qu'il comprit et fit sienne la pensée de l'auteur de *La Généalogie de la morale:* 'Quand, après ce livre, j'ai voulu de nouveau approcher Nietzsche et surtout sa biographie, j'ai compris qu'avec mes problèmes moraux je ne pourrais jamais l'aborder. Le problème moral ne résistait pas devant Nietzsche.' Dès lors, Chestov reprendra à son compte la lutte contre le fondement éthique de la 'volonté de connaissance', et décidera de mettre la possibilité d'une 'philosophie de la tragédie' en relation avec l'expérience vécue du sujet pensant: 'il me semble à moi, que pour véritablement parler de Kierkegaard et de Nietzsche, il ne faudrait même pas parler d'eux, mais seulement de soi-même.'[19]

En prenant appui dans la parabole biblique de Job, dont la révolte renverse la téléologie hégélienne de l'histoire de l'humanité en tant que manifestation de la volonté divine, la pensée existentielle cherche à retrouver une conception du temps qui dépasse une chrono-logie linéaire – c'est-à-dire le Logos d'une temporalité où la tragédie est soumise aux lois d'une continuité éthique sans faille ni cassure. Selon Fondane, cette approche restitue l'opposition entre l'irrationalisme de la foi et le rationalisme d'une conception qui remonte aux sources de la philosophie grecque: 'Car Job s'oppose à Socrate; frappé dans son corps et dans ses biens, il ne se résigne pas à demander au ressouvenir platonicien la joie de contempler ce qui fut [...] mais exige, en frappant du pied, la répétition de *ce qui a été.*'[20]

---

19 Benjamin Fondane, *Rencontres avec Léon Chestov*, op. cit., p. 76.

20 Benjamin Fondane, 'Soeren Kierkegaard et la catégorie du secret", *La Conscience malheureuse*, p. 209.

Tout de même, loin de se contenter avec la simple répétition d'un enchaînement de faits conduisant à la tragédie et à son dilemme moral insoluble dans les termes de la raison humaine, la pensée existentielle exige un dépassement qui reinterprète la portée de l''éternel retour' chez Nietzsche:

> Que pouvait lui donner la conviction que son existence, telle qu'il l'a vécue, avec toutes ses horreurs, s'était déjà déroulée un nombre infini de fois et se répèterait encore sans la moindre modification jusqu'à l'infini? Si Nietzsche n'avait vu dans l''éternel retour' que ce qu'y voyaient les pythagoriciens, il n'aurait pu y découvrir nulle raison d'espérer. Mais puisque cette pensée lui infusa de nouvelles forces, c'est qu'elle lui promettait autre chose que la simple répétition à l'infini de cette réalité qu'il connaissait.[21]

En revenant ainsi au problème de la temporalité dans la pensée de Nietzsche, trente ans après la première édition de son livre sur la 'philosophie de la tragédie', Chestov souligne l'importance du concept de 'volonté' qui relie la critique de la vérité scientifique en philosophie à l'idée d'un 'au-delà du bien et du mal', par rapport auquel l'idole morte de la morale fait place au *Dieu vivant* – celui qui crée l'être *ex nihilo*, et qui a le pouvoir de remonter le temps:

> Or c'était quelque chose d'infiniment plus important que l'éternel retour. Nietzsche découvrit qu'en dépit de la loi *quod factum esse infectum esse nequit*, non pas la mémoire qui reproduit exactement le passé mais une certaine volonté [...] avait de sa propre autorité rendu le passé inexistant; et il découvrit que c'était cette volonté qui lui apportait la vérité. [...] Sous l'éternel retour de Nietzsche se cache, semble-t-il, une force d'une puissance infinie et qui est prête à écraser le monstre répugnant qui règne sur la vie humaine, sur l'être tout entier: *Creator omnipotens ex nihilo faciens omnia* de Luther.[22]

L'analyse de l'expérience du tragique dans *La Philosophie de la tragédie* s'ouvre et s'achève avec la citation des vers tirés du poème 'L'Irréparable' de Baudelaire: 'Aimes-tu les damnés?/ Dis-moi, connais-tu l'irrémissible?'. Cette question, qui n'appelle pas de réponse mais témoigne plutôt de l'absence de Dieu dans un monde où le désespoir et

---

21 Léon Chestov, *Athènes et Jérusalem*, trans. Boris de Schloezer, Paris: Aubier, 1993, p. 157.

22 Ibid., pp. 156–157 (la première édition de ce volume est parue, en traduction française, en 1938, chez Vrin).

l'irréparable règnent en maîtres, fait écho aux réflexions de Chestov sur la *Voix souterraine* et les *Mémoires de la Maison des Morts* de Dostoïevski. L''homme du souterrain', être d'exception par sa condition sans secours face à la souffrance et aux jugements de la morale, semble d'abord impuissant, voué à la résignation. L'humanité bien pensante ne peut lui conseiller, comme autrefois les amis de Job, que le renoncement et la sagesse. Mais, sous l'apparence de la défaite, le condamné ne perd pas la conscience de la faille tragique qui le sépare à tout jamais des autres hommes, et qui le pousse à chercher la vérité par d'autres voies que celles de la raison. Si le cauchemar d'un 'être brisé' et 'privé de tout sauf de la connaissance et du sentiment de la situation'[23] semble sans fin, la possibilité du 'réveil' n'est jamais loin, ainsi que le laissent pressentir les vers de 'Le Goût du néant' de Baudelaire, choisis par Chestov en exergue à son essai sur Tchékhov:

> 'Résigne-toi, mon cœur, dors ton sommeil de brute'. Voilà la seule chose que nous trouvons à dire devant le spectacle de la vie humaine telle que nous la montre Tchékhov. Soumission toute extérieure sous laquelle se dissimule une haine profonde, inextinguible pour cet ennemi insaisissable. Oubli, sommeil tout apparent, car celui qui appelle son sommeil un 'sommeil de brute', n'oublie pas évidemment, ne dors pas.[24]

Ce que l'homme aux prises avec le désespoir et la certitude de son propre anéantissement découvre, c'est la force paradoxale de se révolter, de balayer les arguments de la morale et les évidences de la raison, pour 'crier à tue-tête, d'une voix atroce, d'une voix déchirante, protestant au nom d'on ne sait quels droits'.[25] Une volonté de vie s'oppose ainsi à une volonté de connaissance, et proclame les droits de ce 'résidu irrationnel de l'être'[26] qui résiste à l'analyse spéculative, et qu'on retrouve seulement à son terme. Le 'résidu' ou bien le 'surplus' d'existence qui dépasse toute conception systématique de l'être recouvre l'évidence absurde des deux grands absents de l'histoire de la philosophie systématique: le Dieu vivant, non moins que l'homme vivant. Aussi le seul

23 Léon Chestov, 'La Création ex nihilo', in *L'Homme pris au piège: Pouchkine, Tolstoï, Tchékhov*, op. cit., p. 84.

24 Ibid., p. 110.

25 Ibid., p. 25.

26 Léon Chestov, 'Le Résidu irrationnel de l'être', *Sur la balance de Job*, Paris: Flammarion, 1971, pp. 219–23.

moyen de rétablir une communication au-delà des confins de l'entendement logique, pour suspendre le règne de la temporalité humaine et de l'irrémédiable, passe à travers des cris, des pleurs, des gémissements, relevant d'une dimension irrationnelle de la pensée:

> Quant à l''incompréhensible' qui se manifeste à travers les cris, à travers les sons non-articulés ou d'autres signes extérieurs que le verbe est incapable de traduire, il ne concerne plus les hommes mais 'quelqu'un' qui est sans doute plus sensible aux pleurs, aux gémissements, au silence même qu'au verbe: pour ce 'quelqu'un' (il doit certainement exister) ce qui ne peut être dit a plus de signification que les affirmation les plus claires, les plus nettes, les mieux fondées et démontrées.[27]

L'expérience du tragique, en tant que syncope dans l'ordre temporel et spéculatif de l'existence, provoque une mutation radicale dans la conscience: l'homme passe de la résignation à la révolte, et du 'sommeil' au souvenir. L'oubli ne s'oppose pas en ce cas à la réminiscence platonicienne, ni à l'idée d''un éternel retour du même'; son contraire correspond plutôt à une soudaine prise de conscience, à un 'réveil' par lequel l'homme découvre le paradoxe de son propre existence, ainsi que l'évidence absurde du Dieu vivant. À la suite d'un 'événement catastrophique', privé du recours aux certitudes qui lui permettrait de 'remettre le temps dans ses gonds', l'homme est néanmoins placé devant une autre nécessité, celle de continuer à vivre, de trouver une issue ou bien de la créer, par un processus spontané similaire à une *creatio ex nihilo*. A tous ceux qui se sont confrontés aux affres du désespoir, de la folie ou de la mort, Fondane adressait cette remarque, reprise d'un passage de *La Naissance de la tragédie:* 'Oser maintenant être des hommes tragiques: car vous devez être délivrés';[28] ou bien, par rapport à la pensée de Kierkegaard: 'Oser à fond être soi-même, oser réaliser un individu, non tel ou tel, mais *celui-ci*, isolé devant Dieu'.[29] A force de traverser une expérience qui remet en cause tout son système de valeur, et interrompt brutalement le cours de sa vie jusqu'à ce point, l'homme découvre l'audace d'affronter l''idole de la morale', pour faire appel à la volonté du Dieu vivant.

---

27 Léon Chestov, 'La Balance de Job', *Cahiers du Sud*, nr. 244, mars 1942, p. 214.

28 Benjamin Fondane, 'La Conscience malheureuse', *La Conscience malheureuse*, p. 45.

29 Benjamin Fondane, 'Soeren Kierkegaard et la catégorie du secret', *La Conscience malheureuse*, p. 204.

Au lieu de réclamer le retour à la continuité du temps d'avant la cassure introduite par l'événement tragique, l'homme se tourne vers Dieu dans l'effort désespéré de dépasser la chronologie, et l'ordre implacable de la nécessité qui transforme un fait historique en vérité éternelle:[30]

> L'histoire de l'humanité, ou plus exactement toutes les horreurs de l'histoire de l'humanité se trouvent 'abolies' par la parole du Tout-Puissant, cessent d'exister, se transforment en fantômes, en mirage: Pierre n'a pas renié, David a tranché la tête de Goliath mais il n'a pas été adultère, le larron n'a pas tué, Adam n'a pas goûté au fruit défendu, personne n'a jamais empoisonné Socrate. Le 'fait', le 'donné', le 'réel' ne nous dominent pas, ne détermine pas notre destin, ni dans le présent, ni dans l'avenir, ni dans le passé.[31]

L'expérience du tragique conduit ainsi au face à face de l'homme et du Dieu vivant, en renversant le règne de l'irrémissible et en lui opposant le paradoxe d'une temporalité dont la configuration n'est ni homogène ni irréversible. L'acte créateur par lequel l'homme s'affranchit des contraintes de la raison et de la morale, rejoint la volonté du *fiat* divin, et ouvre la possibilité d'une restitution de l'ordre du monde au-delà du bien et du mal. Seule l'audace folle qui met en question les limites de la connaissance humaine peut rendre compte du *valde bonum* primordial, et retrouver l'horizon de la volonté illimitée contenu dans la promesse du Dieu vivant:

> Et ce της εμης βουλησεως primordial (libre volonté illimitée) que nulle connaissance ne peut contenir, est l'unique source de la vérité métaphysique. Que se réalise la promesse: ουδεν αδυνατησει υμιν (il n'y aura rien d'impossible pour vous)![32]

30 Pour une analyse des arguments de la pensée existentielle concernant le statut des 'vérités historiques' et des 'vérités éternelles', par rapport au cas particulier de la mort de Socrate, se référer à: 'Memento Mori: Time and Reminiscence', in Ramona Fotiade, *Conceptions of the Absurd. From Surrealism to the Existential Thought of Chestov and Fondane*, Oxford: Legenda/EHRC, 2001, pp. 145–63; et 'The Death of Socrates. Philosophy Beyond the Limit', *Cahiers Léon Chestov*, nr. 2, 1998, pp. 97–116.

31 Léon Chestov, *Athènes et Jérusalem*, p. 37.

32 Ibid., p. 106.

Si, ainsi que le signalait Fondane par rapport à la conception de Hegel, la philosophie systématique ne peut éluder 'l'existence historique d'un *hiatus irrationalis* qui, en termes de conscience, est malheur, division, tragédie',[33] cet intervalle absurde fait ressortir l'importance des manifestations de l'être irréductible aux catégories de l'entendement. La tragédie, dans la pensée existentielle, n'aboutit pas au sens purificateur de la catharsis grecque. En tant que vécu résistant à l'analyse spéculative et aux tentatives de réduction selon les critères convenus de la morale, l'expérience du tragique conduit, de façon paradoxale, non pas à une exaltation des limites mais au dépassement qui rend à la vie sa pleine signification. La condition insoutenable de l'être voué à la mort (le *Sein zum tode* heidegerrien) se trouve ainsi renversée par la volonté de l'être vivant, dont la vérité est la possibilité même de sa liberté: 'il faut traverser la mort, le désespoir, pour en ressortir vivant.'[34]

33 Benjamin Fondane, 'La Conscience malheureuse', *La Conscience malheureuse*, p. 48.

34 Benjamin Fondane, 'Chestov et la lutte contre les évidences', *La Revue de la France et de l'étranger*, juillet–août 1938, p. 38.

Ricardo Nirenberg

‘2 x 2 = 5’

Je parlerai en tant que mathématicien de ce que Chestov et Fondane appelaient ‘la lutte contre les évidences de la raison’. Je n’aspire pas à l’originalité; en fait, la critique que je ferai de Chestov est proche en bien des points de celles que, par exemple, lui adressait Jean Wahl ou Rachel Bespaloff. D’abord il faut préciser le sens des mots ‘évidence de la raison’: ce sont les évidences que Kant nommait ‘vérités a priori’, c’est-à-dire, des vérités dont la négation entraînait, pensait-il, l’écroulement de la raison même. Ce sont ces vérités qui se montrent à nos esprits avec une nécessité absolue. Que Socrate soit mort ou que, moi-même, je doive mourir, ne sont pas des vérités a priori, mais des inférences tirées de l’expérience, c’est-à-dire, a posteriori: elles n’ont pas, tant s’en faut, la même force de nécessité. De nos jours, nous commençons à comprendre que nous pouvons concevoir la possibilité d’aller à rebours dans le temps, et la cybernétique et la nanotechnologie promettent de nous rendre immortels. Mais voilà des questions que je laisserai aux physiciens, aux biologistes et aux ingénieurs; je parlerai seulement des évidences de la raison, des vérités a priori, lesquelles, d’après Kant, sont absolument nécessaires.

C’est bien connu, Kant a fait la grande synthèse de la pensée scientifique des Lumières, celle de Newton, Leibniz, Laplace, D’Alembert, celle du déterminisme à outrance. Cette pensée est périmée; nous vivons à une autre époque, que nous pourrions appeler l’ère pragmatique. Je sais bien que Chestov avait le mot ‘pragmatisme’ en horreur, mais c’est de cette horreur elle-même qu’il s’agit. L’ère pragmatique a une date et un lieu de naissance: 1854; Göttingen: ville fameuse pour son université et ses saucisses, comme disait le poète Heine. Ce fut à cette époque, dans son *Habilitationschrifft*, que Riemann donna à la géométrie de nouveaux fondements qui, plus tard, ont rendu possible la théorie d’Einstein. Qui plus est, Riemann proposait que la nature de l’espace, lequel selon Kant est a priori euclidien, n’était point une chose à décider par la raison, mais plutôt par l’expérience – par des expériences, des actions, des *pragma*. C'est-à-dire, les propriétés de l'espace sont à découvrir par les physiciens. Voilà donc une 'vérité de la raison' (que l'espace est euclidien ou la somme des angles d'un triangle est égale à 180°) qui se révéla pas du tout nécessaire, mais approximative, voire fausse; la vraie nature de l'espace (et du temps), changeante, serait alors à découvrir. Ce fut un premier pas. Ensuite, dans les années qui suivirent, l'une après l'autre ou ensemble, les vérités de la raison, les vérités mathématiques, que Kant nommait 'jugements synthétiques a priori', se révélèrent ni nécessaires ni a priori, mais plutôt comme des règles d'un jeu, comme celles des échecs ou de la marelle. Et point besoin d'attendre Wittgenstein pour cela; déjà vers 1910 le mathématicien Henri Poincaré, dans des livres populaires qui sont des chefs-d'œuvre, expliquait cette nouvelle vision et déclarait qu'il n'y avait point de jugements synthétiques a priori.

On voit clairement que Dostoïevski, dans ses *Mémoires d'un souterrain*, visait la science déterministe de son temps et qu'il luttait – ou pour mieux dire, que son personnage luttait et se rebellait contre cette camisole de force – car en 1864, année des *Mémoires d'un souterrain*, le grand public ne s'était pas encore aperçu qu'une nouvelle ère venait de naître, et en Russie Chernichevski venait de publier une glorification du déterminisme. En revanche, l'insistance de Chestov sur ce même sujet, en pleine modernité, alors que la vision de la plupart des scientifiques et des philosophes avait déjà changé, est plus difficile à expliquer. C'est toutefois ce que je tenterai de faire.

J'ai pris pour exemple de ce que Chestov et Fondane appelaient 'des évidences de la raison': la proposition '2 + 2 = 4'. Dostoïevski avait fait le même choix dans ses *Mémoires d'un souterrain*, que Chestov considérait comme 'la vraie Critique de la raison pure'. Chestov et Fon–dane, eux aussi, le prenaient toujours comme paradigme. Et combien d'autres! John Tillotson, archevêque de Canterbury, très lu au temps des Lumières, écrivait que si tous les mathématiciens de tous les temps, réunis en synode, déclaraient que '2 + 2' n'est pas 4, il n'en serait point persuadé. L'anarchiste Bakounin prenait '2 + 2 = 4' comme la base de tout savoir humain, et finissait son *Dieu et l'état* en affirmant que croire à l'existence d'un dieu personnel c'est comme croire que '2 + 2 = 5'. Le poète Housman le disait d'une jolie façon: 'To think that two and two are four / And neither five nor three / The heart of man has long been sore / And long 'tis like to be'. On pourrait remplir des volumes fort intéressants avec ce qu'on a écrit sur la nécessité de '2 + 2 = 4', sans oublier Gauguin, qui, aux îles Marquises, écrivait qu'il acceptait cette nécessité, mais qu'il en était contrarié, et se demandait, tout comme Chestov, si Dieu n'aurait pu faire les choses autrement.

Mais on pourrait également prendre n'importe quelle autre proposition, soit des mathématiques soit de la logique, et la conclusion serait toujours la même: sa vérité n'est ni nécessaire ni a priori que ça, sinon à l'intérieur d'un certain jeu dont on pourrait bien refuser les règles. Les mathématiciens connaissent bien des structures algébriques où '2 + 2' ne font pas 4, mais comme je m'adresse ici à une audience pour laquelle, peut-être, ces choses ne sont pas assez connues, je vais analyser un peu le sens de cette proposition, '2 + 2 = 4'.

Convenons que n'importe lequel de ces jetons est une unité et représente le numéro 1. Appelons 'addition' l'opération que voici: j'ai un jeton là, sur la table, et un autre jeton, aussi sur la table; alors je prends celui-ci, je le soulève, et le place sur l'autre. Cette paire représente, par définition, le numéro 2. Si maintenant je prends encore un autre jeton, le soulève et le met au-dessus de la paire, j'ai formé une pile qui, par définition, représente le numéro 3. Je peux alors prendre un autre jeton, le soulever, le mettre sur cette pile, et la nouvelle pile représentera le 4. Si l'on veut, on pourrait continuer, 5, 6, etc. Que signifie: '2 + 2 = 4?' Comme vous le voyez, j'ai formé une pile qui représente le numéro 4 en ajoutant, un à un, des jetons. Supposez maintenant que je forme une pile ici, à gauche, représentant le numéro 2, et là, une autre pile semblable, à droite. Si je soulève la pile à droite et la pose au-dessus de la pile de gauche, aurai-je alors exactement la même chose que la pile qui représente le numéro 4? L'affirmer revient à dire que '2 + 2 = 4'. Mais est-ce nécessairement vrai? Imaginons la situation où le poids de chaque jeton est le maximum que je puisse soulever: dans ce cas là, je peux soulever un jeton, mais jamais deux ensemble. Je peux alors en faire une pile de 4 jetons, les soulevant un après l'autre, et je pourrais même en empiler des millions si j'en avais le temps, mais en prendre deux à la fois pour faire '2 + 2' est devenu impossible. Dans ce cas là, l'identité '2 + 2 = 4' est fausse. Imaginons maintenant une autre situation: quand deux jetons sont sur la table l'un au-dessus de l'autre, ils sont tranquilles et rien ne se passe; mais aussitôt que je les soulève pour les joindre aux autres deux, il leur vient un désir irrépressible de se reproduire. Ainsi, lorsque je fais '2 + 2' j'obtiens 5. Et s'ils ont des jumeaux, nous aurons '2 + 2 = 6'.

Encore un autre exemple, sans jetons: voici un cercle divisé en trois parties séparées par des points, 0, 1, 2. Partant de 0, faisons deux pas, 1, 2. Ajoutons maintenant deux pas de plus, '2 + 2'. Où sommes-nous? Au point 1. Ici donc '2 + 2 = 1'. Les mathématiciens appellent cela le champ des entiers 'modulo 3'. Cela suffit, je l'espère, pour montrer que '2 + 2 = 4' n'est point une vérité a priori ou de la raison, mais une conclusion tirée de notre expérience avec certains objets dans certaines situations. Certains objets dans certaines situations: je souligne. Des rayons de lumière sont sans doute des objets de notre expérience, mais dans certaines situations, si nous mettons ensemble deux rayons de lumière avec deux autres de la même intensité, nous n'aurons pas quatre fois la lumière, mais zéro, obscurité.

Bien sûr, si en allant acheter votre pain vous dites à la boulangère que '2 + 2' font 5, ou 1 ou 0, elle le refusera ou vous prendra pour un fou; elle voudra jouer son jeu à elle où '2 + 2' font 4. Mais vous auriez un aussi grave problème si, entrant dans la boulangerie, au lieu de dire 'bonjour' vous disiez: 'Que ça sent mauvais ici !' Personne, pourtant, n'oserait affirmer que le devoir de montrer de la courtoisie est une évidence de la raison. 'Bon, va pour "2 + 2 = 4"', pourriez-vous dire, 'mais les règles de la logique, comme le principe de non-contradiction ou le principe du tiers-exclu, voilà des vérités de la raison, et on ne saurait se passer d'elles'. Pas du tout. Le problème est que certains jeux ne sont pas intéressants; si je garde les règles habituelles de la déduction tout en éliminant par exemple le principe de non-contradiction, je peux former n'importe quelle proposition et elle sera vraie. Cela serait comme si au lieu de jouer à la marelle, on sautait çà et là au hasard: au bout d'un moment, les enfants de plus de quatre ans trouvent cela ennuyeux. Mais il y a des logiques sans principe de non-contradiction, et pas seulement celle de Lupasco, mais aussi, par exemple, celle de Lukasiewicz, de 1917. Et il y a des logiques sans principe du tiers-exclu, comme celle des mathématiciens dits intuitionnistes.

Pascal, qui fut un grand mathématicien, eut la chance de vivre avant le Siècle des Lumières, ce qui lui permit de voir avec plus de clarté la nature des vérités de la raison. Et bien, imaginons Pascal à Buenos Aires en 1929, parmi le public, le jour où Fondane donnait sa conférence sur Chestov, 'Un nouveau visage de Dieu. Léon Chestov: un mystique russe'.[1] Sans doute Pascal se serait senti flatté que, pour commencer, Fondane fasse son éloge, citant son 'Je n'aime que ceux qui cherchent en gémissant' et son 'Jésus sera en agonie jusqu'à la fin du monde...', le mettant plus haut que Descartes ou Malebranche. Mais aussitôt après, écoutant qu'un Russe (Dostoïevski) écrivait qu'il fallait s'opposer au '2 + 2 = 4', lui tirer la langue coûte que coûte, que '2 + 2 = 4' était une impu–dence, une insolence, et le conférencier lui-même dire que l'audace du Russe était vraiment incroyable, qu'il était le vrai critique de la raison pure, qu'il avait vu des choses que les autres ne voyaient pas, je crois qu'à ce point là Pascal aurait été plongé dans la perplexité. '2 + 2 ne font pas 4', aurait-il dit, 'et après?'

Car Pascal n'aurait jamais songé qu'il fallait de l'audace pour soutenir que '2 + 2' ne font pas 4. Il y a chez Pascal une phrase clef à ce sujet, dans la Pensée numéro 282. Au lieu de prendre '2 + 2 = 4', chose évidemment conventionnelle, Pascal prend deux propositions vraiment fondamentales des mathématiques: que l'espace a trois dimensions, et que les nombres sont infinis (c'est-à-dire, que l'on peut toujours ajouter un jeton à une pile quelconque). Ces deux principes fondamentaux, dit-il, ne sont point des vérités de la raison, mais des vérités du cœur, comme la foi en Dieu. Chestov appelait cela 'la seconde dimension de la pensée': on sent ces vérités, on ne les démontre point, car cela est impossible. De ce fait Pascal conclut que la raison doit s'humilier, lorsqu'elle voit qu'elle n'est point capable de démontrer ses propres principes fondamentaux. Et voici l'essentiel: pour Pascal, c'est la raison même qui mène à sa propre humiliation, et non pas, comme pour l'homme du souterrain, une lutte en dehors de la raison et s'il le faut dans la folie. C'est pour cela que je dis que Pascal eut la chance de vivre avant les Lumières, tandis que Dostoïevski, lui, dut lutter contre les possédés des Lumières, les innombrables fous comme Chernichevski, qui surtout en Russie, refusaient à l'homme la liberté au nom du déterminisme. Pour résumer la pensée de Pascal comme je l'entends: la raison est un outil de grande valeur, rien de plus, et il serait bien sot de lui demander de nous enseigner à vivre, à mourir ou à aimer. La raison ne fut pas créée à cette fin-là, mais elle a, tout de même, quelque chose de merveilleux: comme la

---

1 Benjamin Fondane, 'Un Nouveau visage de Dieu. Léon Chestov, mystique russe', in *Europe* nr. 827, mars 1998, pp. 110–120.

lance de Télèphe, elle est son propre antidote, elle est capable de soigner les blessures qu'elle cause.

Reformulons donc notre question: pourquoi Chestov, et après lui Fondane, ont-ils choisi Dostoïevski, ou pour mieux dire, l'homme du souterrain, pour l'auteur de 'la vraie Critique de la raison pure', et non pas Pascal? En prenant cette voie-là, ils ont choisi la lutte contre la vision de la raison des Lumières; or cette vision, nous l'avons dit, était périmée vers 1910. Quand je dis 'périmée', cela ne veut pas dire qu'elle ait disparue; l'astrologie est périmée, il n'empêche que des millions de gens y cherchent encore un guide dans les revues et les journaux. Afin de répondre à notre question, commençons par rappeler que Chestov choisit Husserl comme représentant contemporain de la raison, comme paradigme et partant, comme adversaire. Or Husserl était, lui aussi, mathématicien; Hilbert, un autre grand mathématicien, fut son collègue à Göttingen pour une courte période, et les deux professeurs ont eu en commun cette idée centrale: ils ont cru que la raison pouvait être son propre fondement, son *Grund*, qu'elle pouvait, comme le personnage des contes d'Hoffmann, se tirer de l'*Abgrund*, de l'abîme, en se tirant par les bottes. Pour eux, point n'était besoin des vérités du cœur, les vérités de la raison devaient se suffire.

Mais, par-là même, ils allaient à l'encontre de la plupart des mathématiciens de leur temps. Si l'on pouvait emprunter un lieu commun à la politique, on dirait que Husserl et Hilbert, sans doute deux grands penseurs, appartenaient à l'extrême droite de la raison, qu'ils représentaient la réaction aspirant à un retour aux Lumières; ils étaient, si vous voulez, des royalistes du XXème siècle. Mais quoique Chestov eût pris des cours de mathématiques avant de faire son droit, il ne voulait point élargir le camp adverse, y mettre d'autres grands penseurs de son temps qui n'étaient pas de droite – je pense à Poincaré, Peirce, James, ou à Meyerson, qui était connu de Chestov. S'il l'avait fait, au moins de mon point de vue, sa critique eût gagné en raffinement et sa lutte en force. Mais Chestov n'a pas choisi Husserl comme adversaire par hasard: ce choix était un besoin profond de son esprit. Si Phalaris et son taureau de la nécessité absolue étaient morts et enterrés depuis longtemps, il fallait les ressusciter. Dans ses *Rencontres avec Léon Chestov* Fondane raconte que quand tel philosophe de leur connaissance 'disait d'un air entendu: 'Mais je ne crois ni à la vérité, ni au principe de contradiction, il se peut fort bien que deux fois deux ne fissent pas quatre', Chestov avait un sourire amer, désabusé. Quelle *frivolité* ! Il fallait, bien au contraire, avoir réalisé l'immutabilité de la vérité, soit comme paix de l'esprit, soit comme offense à l'esprit - et celui qui ne l'a pas réalisée n'a jamais été un philosophe'. Si aujourd'hui Chestov était parmi nous, je ne doute pas qu'après m'avoir écouté jusqu'ici il aurait dit avec son sourire amer et désabusé: 'Quelle frivolité !'

La question est donc devenue: pourquoi cette obstination de Chestov, ce besoin de son esprit de ressusciter la nécessité absolue des vérités a priori? C'est, je crois, parce que cette nécessité absolue, ce mur inébranlable, lui ont été absolument nécessaires pour accéder à la liberté absolue, à ce lieu idéal où l'on n'a qu'à s'asseoir pour qu'un fauteuil apparaisse derrière soi, là où le principe de raison suffisante ou le *Grund*, le principe d'Anaximandre et de Leibniz, cesse de commander. Ce lieu où l'être n'a pas de base et n'en a pas besoin, s'appelle l'abîme, en allemand l'*Abgrund*; c'est le fameux gouffre. Husserl, comme Hilbert, passa sa vie à l'éviter; l'*Abgrund* lui donnait le vertige, et il fallait, coûte que coûte, trouver à l'être une base solide, intelligible et éternelle. Pascal, quant à lui, avait un gouffre 'avec lui se mouvant'; il n'était point question ni de l'éviter ni de l'atteindre. Mais pour Chestov et Fondane, comme d'ailleurs pour Kierkegaard, on n'atteint le gouffre, et partant la liberté absolue, que par un bond. Et, chose déroutante, même ici où il s'agit d'atteindre la liberté, c'est la loi qui commande, une loi de la physique, celle de l'action et de la réaction, transformée en loi psychologique: pour sauter, il faut s'appuyer sur une base solide, sur ce que Chestov et Fondane appelaient 'le mur', et plus le saut est immense, plus cette solidité doit être immense, elle aussi. On ne peut faire ce saut vers la foi et vers la liberté, le bond de Chestov et de Fondane, qu'à partir du mur le plus dur.

MICHAELA WILLEKE

The Existential Dimension in the Religious Thought of Lev Shestov

> Man wishes to think in the categories in which he lives, and not to live in the categories in which he has become accustomed to think: the tree of knowledge no longer chokes the tree of life.
> Lev Shestov, *Athens and Jerusalem*

What is the task of philosophy? What are its most influential traditions and perspectives? What is the 'to timiótaton' (Plotinus) in philosophical reflection and in contrast to other domains of human thought? These questions briefly indicate the scope of Lev Shestov's religious philosophy, whose unique point of view emerged from a two-fold background: the Jewish tradition and the 'Silver Age' Russian milieu.[1] During his early years as a student and throughout the period when he worked for his father's enterprise, Shestov was confronted with a tragic reality, which found its best illustration in the works of Dostoevsky, Tolstoy or Chekhov, and which had its counterpart in the biblical prophecy of freedom and justice. Very early on, Shestov recognized that all the revolutionary dreams of the Russian Futurists and Communists as well as the newly introduced philosophical and social theories from the West were no more than narcotics for the threatened Russians – or even ideological doctrines which might lead to radicalism and new suppression. In consequence, his fourth book, *Apotheosis of Groundlessness* (1905), was a furious yet sensible critique of all the latest theories and

1 Whereas the Russian context is taken into account quite often, Shestov's Jewish background has been neglected or even ignored up to now. I will therefore focus especially on some Jewish or biblical elements of Shestov's religious thought that seem to be systematically important for an adequate understanding of his existential philosophy.

attitudes of the turn of the century. Having learned his lesson while reading Dostoevsky and Nietzsche, Tolstoy and Shakespeare, Shestov opted for an existentialist way of thinking, which was never satisfied by any philosophical idealism, social pragmatism or other consolations.[2]

However, Shestov did not limit his analysis to mere criticism. He knew quite well that Scepticism, Nihilism or at least Fatalism could not be the last consequences of the philosophy of non-identity that he outlined. There had to be a way of thinking that would truly face the horrors of life while *at the same time* sticking to a fundamental optimism and hope. Taking this into account, we may understand Shestov's paradoxical way of thinking which has to be situated not only in relation to his Russian and Jewish background but also within the tension between 'Athens' and 'Jerusalem', between Western speculative philosophy, on the one hand, and existential as well as biblical thought, on the other. In several of his later essays and aphorisms, Shestov discussed this tension, in which the necessity of reason (the 'tree of knowledge') tries to enslave and console human existence and faith (the 'tree of life'). In opposition to mainstream modern philosophy at the beginning of the twentieth century, Shestov highlighted the confrontation between any form of abstract, idealistic or positivistic thinking, on the one hand, and the instances of existential rupture and contingency, on the other. In referring to the anti-heroes of tragedy, e.g. Dostoevsky's *Underground Man*, Tolstoy's *Ivan Ilitsch*, *Hamlet* or *Job*, he tried to maintain and even to revive the human longing for freedom, happiness, justice – at least for a salvation that cannot be offered by Greek philosophy, which is bound to the immanence of the ancient Gods, the eternal circle of 'Becoming and Passing away' and the strict rules of their own-invented logic.[3]

---

2 His life-long friend Nikolai Berdyaev said that Shestov was a person who 'philosophised with his whole being, for whom philosophy was not an academic speciality but a matter of life and death.' (quoted in George L. Kline, *Religious and Antireligious Thought in Russia*, Chicago: The University of Chicago Press, 1968, p. 75).

3 Shestov combines this fundamental argument against the absolute dominance of Greek Philosophy with a striking critique of idolatry: 'The mortal sin of philosophers is not the pursuit of the absolute. Their great offence is that, as soon as they realize that they have not found the absolute, they are willing to recognize as absolute one of the products of human activity, such as science, the state, morality, religion etc.' – Lev Shestov, *Athens and Jerusalem*, trans. Bernard Martin (Athens, Ohio, 1966), p. 385.

However, people were not prepared for Shestov's audacious ideas and his uncommon style. The atheistic Existentialism of Sartre and Camus, the existential Ontology of Heidegger or else Neo-Kantianism and Positivism were up to date, while the paradoxical reference to both the biblical God *and* the groundlessness of life appeared to be way out of place. Yet today, we become aware of how profound and nearly prophetic Shestov's thinking was and still is. Most of his questions have been brought back to actuality by the revival of nihilist and secular ideologies, on the one hand, and a return to religious and existential issues, on the other. However, Shestov was not solely concerned with the possibility of religious thinking as philosophy, but also with the rational and existential challenges that this type of thinking would have to face.[4] In his own outline of a religious philosophy he struggled for the dignity of the individual and against the wall of logic and self-evidence, hoping that 'the facts' – or at least the fact of one's death – may not have the last word. Because of his both desperate and theistic conception, Shestov stood in opposition to other Russian or existentialist thinkers.

Before focussing on Shestov's existentialist and religious arguments, I would like to say something about the unique style and scope of his philosophy. First of all, his way of thinking can be characterised as restless and even 'nomadic'. Martin Buber, Shestov's friend and colleague, pointed out that Shestov was an eminent inquisitive thinker, who did not have all the answers (unlike Socrates), but who knew precisely what needed to be questioned at that time. As Buber argued in a short essay,[5] Shestov taught us to question accepted truths, and was never afraid that he might end up with two contradictory answers instead of one logical solution, if that meant preserving the ambiguities of life. In consequence, Shestov often criticised the rhetoric of Plato's Socrates and its normative rules of discourse. In accepting only short questions and answers, and, more generally, in allowing only rational reasoning – to the exclusion of any irrational or incongruous thought which might

4 In this regard, Shestov's friend and translator, Boris de Schloezer, remarked: 'Il était tellement profondément rationaliste que, dès qu'il avançait vers la foi, il y avait tout le bagage, tout le poids formidable de la logique qui le paralysait. […] Une espérance absolument déraisonnable pour un homme terriblement raisonnable. Voilà la situation tragique.' (*Commémoration du centième anniversaire de la naissance de Léon Chestov*, Paris 1966, p. 20f, unpublished).

5 Martin Buber, *Nachlese*, Heidelberg: Lambert Schneider, 1965, p. 37.

undermine the law of non-contradiction – Socrates (as well as Kant or Husserl hundreds of years later) tried to guarantee success and forestall any relativist arguments.[6] Within the framework of the Socratic discourse, it becomes quite impossible to suspend its logical unfolding and bring in one's own arguments, or perhaps one's ambivalent ideas and experiences. Therefore Shestov asked what, if anything, might be the difference between such a way of thinking and doctrinal ideology, which also accepts only those elements and ideas that suit and support its own postulates.[7]

Furthermore, Shestov not only criticised abstract reasoning, but also disavowed any manner of seeking the truth that is turned into a system of thought. In contrast to the Socratic discourse, Shestov maintained that ultimate truths might be contradictory, and even that there might be as many truths as there are people in the world – possibly even more. For every human being represents the truth of a unique and irreducible world-view, that can also change during one's life because of new knowledge or experiences.[8] Therefore Shestov referred to the Talmudic idea that truth divided up into a great, maybe infinite number of fragments, so that man cannot possibly find the ultimate truth.[9] At least, the form of Shestov's works mirrors the message they are carrying: 'It is necessary for us to know that we do not at all know what perfection is.'[10]

---

6 Lev Shestov, *Potestas Clavium oder Die Schlüsselgewalt*, Aus dem Russischen von Hans Ruoff, München: Verlag der Nietzsche-Gesellschaft, 1926, pp. 151–155.

7 Lev Shestov, *Athens and Jerusalem*, p. 49. Here Shestov correlates this argument with the Kantian distinction of opinion (doxa) and experience, on the one hand, and knowledge (episteme), on the other. As personal opinions or experiences are contingent, they only irritate our reason; knowledge points out the presence of necessity and can therefore serve as a basis for truth. However, the ambiguities of Kant's 'synthetic a priori judgements' were never actually solved, and Shestov was among those who persistently undermined logical reasoning by recalling the existential dimension of individual experience and opinion.

8 Lev Shestov, *In Job's Balances* (German Edition, Berlin: Lambert Schneider Verlag, 1929, p. 256ff – 'Quasi una fantasia').

9 Lev Shestov, *All things are possible*, Athens/Ohio: Ohio University Press, 1977, p. 218: 'Then the truth, which until the creation of the world and man had been one, split and broke with a great, perhaps an infinitely great number of most diverse truths, eternally being born, and eternally dying. This was the seventh day of creation, unrecorded in history. Man became God's collaborator. He himself became a creator.'

10 Lev Shestov, *Potestas Clavium*, op. cit., p. 130.

Human reasoning will always be limited to an immanent scope – and as long as we want to maintain a transcendent point of view, the immanent scope can only be fragmentary and insufficient. Not in order to focus on heavenly fulfilment, but in order to avoid making our own earthly thoughts and products absolute.

Shestov's style can also be said to owe much to Russian literature. In this respect, Shestov is – once more – a true pupil of Pushkin and Dostoevsky, Tolstoy and Chekhov. Very often he conveys his arguments by longer quotations from their works or he puts his arguments in an anecdote or metaphor,[11] in order to illustrate his thoughts. Yet, Shestov adopted not only the narrative form, but also the existential perspective and the basic optimism of Russian literature. For example, he depicts the Russians as people who always believe the best until the contrary is proved, for 'The most sceptical Russian hides a hope at the bottom of his soul.'[12] And Shestov explains this implicit but fundamental optimism in the following manner:

> A Russian believes he can do anything, hence he is afraid of nothing. He paints life in the gloomiest colours – and were you to ask him: How can you accept such a life? How can you reconcile yourself with such horrors of reality as have been described by all your writers, from Pushkin to Chekhov? He would answer in the words of Dimitri Karamazov: *I do not accept life.*[13]

Later, when he became more engaged in his reflections on 'Jerusalem', Shestov similarly spoke of a radical biblical optimism in opposition to Gnosis, Stoicism or Nihilism.[14] In remaining faithful to his early insight that fatalism must not have the last word, his works mirror not only the groundlessness of life, but also its beauty and value. In keeping with this indissoluble paradox, Shestov stuck to biblical prophecy and yet, in spite of this or perhaps precisely because of this, he focused on those aspects

---

11 A few striking examples of his use of metaphors are: the image of a caterpillar, which has to be 'dead' in a cocoon first in order to become a butterfly (cf. *All Things are Possible*); biblical elements such as the Last Judgement and the Tower of Babel, fairy-tale elements such as the Magic Cap or The Labyrinth, as well as allusions to classic texts such as *Exercitia Spiritualia*, *Magna Charta Libertatum* or *Sursum Corda* (all cf. *Potestas Clavium*).

12 Lev Shestov, *All Things are Possible*, op. cit., p. 108.

13 Ibid., p. 109.

14 Lev Shestov, *Athens and Jerusalem*, op. cit., p. 339.

of life which mere philosophic reflection cannot grasp: the irrational and the horrible. And in doing so, Shestov *metaphysically* and *philosophically* illustrated the condition of Man. His existentialist point of view was not only an exploration of the heights and depths of human existence, but also a manner of questioning human reasoning and the belief in the social and anthropological conditions of reason.

This particular emphasis in Shestov's existential thought came into view as early as 1937, in Emmanuel Lévinas's comments on Shestov's *Kierkegaard et la philosophie existentielle.*[15] In referring to the catastrophe of World War I, Lévinas shed light on the context in which the new existential thought emerged. As people faced the fundamental moral crisis of the War, they felt the insufficiency of reason and the discrepancy between a highly developed rationalist society and its forlorn individuals, who had lost their souls in the anonymity of the state and the generality of the philosophical discourse. This perspective provided the background for Shestov's philosophy and his struggle for absolute freedom. Unlike the philosophers whose answer to the unquestioned rule of reason over the living and the dead is resignation, Shestov calls for the audacious faith of Abraham:

> When God says to Abraham, 'Leave your country, your friends and your father's house, and go to the land that I will show you,' Abraham obeys and 'leaves without knowing where he is going.' And it is said in Scripture that Abraham believed God, Who imputed it to him for righteousness. All this is according to the Bible. But common sense judges quite otherwise. He who goes without knowing where he is going is a weak and frivolous man, and has a faith which is founded on nothing (now faith is always founded on nothing, for it is faith itself that wishes to 'found') cannot be in any way 'imputed for righteousness'. The same conviction, clearly and neatly formulated and raised to the level of method, reigns in science, which was born of common sense. Science, in fact, is science only so long as it does not admit faith and always demands of man that he realize what he is doing and know where he is going.[16]

Abraham's faith is not a call for blind obedience or a naïve fideism, but a symbol of individual dignity and power, of responsibility and revolt. Quite the opposite to Camus's Sisyphus, who adjusted to the surrounding

15 Emmanuel Lévinas, 'Léon Chestov. Kierkegaard et la philosophie existentielle (Vox clamantis in deserto)', in *Revue des Études Juives* 2, 1937, pp. 139–141.

16 Lev Shestov, *Athens and Jerusalem*, op. cit., p. 396.

conditions, carried the heavy boulder every day and imagined he was happy.[17] In contrast, Abraham set out and looked for other possibilities. Moved by his own longing as well as by God's demand and promise, he tried to 'create something out of nothing',[18] he looked for an alternative instead of adopting the status quo.

Ultimately, Shestov claimed that the 'well-trodden field of contemporary thought should be dug up'.[19] Existential thought had to be an arresting, anti-dogmatic and infinite type of thinking, which could transform not only human reasoning but also life itself – for really to think means a 'relinquishing of logic and living a new life'.[20] According to Shestov, philosophy is no self-sufficient or utilitarian exercise, but 'an art, which aims at breaking the logical continuity of argument and bringing man out on the shoreless sea of imagination'. Here the philosopher is no longer an ordinary professor, but a 'homeless adventurer' and a 'born nomad',[21] who takes leave from traditional reasoning and opens up new fields of investigation. And this manifests itself especially in Shestov's statement that Man 'wishes to think in the categories in which he lives, and not to live in the categories in which he has become accustomed to think.'[22] Unlike Spinoza, who emphasised the stoical aspect of intellectual reasoning, Shestov transformed the scope of philosophical reflection by referring to the biblical '*de profundis ad te,*

---

17 Albert Camus, *Le Mythe de Sisyphe*, Paris: Gallimard, 1942.

18 The title of Shestov's essay on Chekhov, 'Creation from the Void', echoes the unique biblical motive of *creatio ex nihilo* in opposition to the Greek myth of Plato's 'Timaios'. This opposition is an essential element of Shestov's discussion of 'Athens' and 'Jerusalem'. In the 'Timaios', Plato argues that there has to be an eternal, unchangeable Being, which is the cause for all other beings that come into existence and pass away again; and this myth is also the basis for his theory of the Original and the Image, of the Idea of the absolute Good and the minor empirical beings (cf. Platon, *Sämtliche Dialoge VI*, Hamburg, 1998, p. 45–56). Conversely, Shestov often refers to the biblical myth of the 'creation from the Void' or 'out of nothing', which is mentioned at the beginning of the first book of the Bible, 'Genesis' (Gen 1–2, 4a). The figure of the Creator in the Bible is that of the almighty God, who created everything out of nothing because of his will and love, and who blessed his whole creation and judged it to be good (cf. in example Lev Shestov, *Athens and Jerusalem*, p. 334ff).

19 Lev Shestov, *All Things are Possible*, pp. 13 and 17.

20 Ibid., p. 66.

21 Ibid., p. 18.

22 Lev Shestov, *Athens and Jerusalem*, op.cit., p. 66.

Domine, clamavi'.[23] He displayed an alternative type of thinking that was mainly based on 'Jerusalem' and which was never satisfied with any immanent or compensatory solutions, but strived to achieve a 'second dimension' of life and thought.[24] Being aware that the human consciousness depended on the type of thinking associated with it, he particularly struggled for the freedom of thought as a first step and basic requirement for a more humane and open world.[25] And in this respect, 'Jerusalem' not only opened the way, but also was the pledge of the new direction in philosophy.

However, despite of this equally anthropocentric and theocentric focus, it has to be emphasized that Shestov was no mystic. Such a classification would diminish the paradoxical tension of his philosophy. As he argued, a mystic places his questions outside the conventional realm of philosophy in order to avoid uncomfortable problems, while Shestov actually intends to raise those questions within the framework of philosophical discourse.[26] On that account, the term 'religious' is bound up with Shestov's 'nomadic thinking' and opposed to the 'intelligere' of the Greek tradition.[27] Having faith here rather means, as Shestov put it,

---

23 Ibid., p. 58: 'The *non ridere, non lugere, neque detestari, sed intelligere* of Spinoza, who abrogated the ban placed by the Bible on the fruit of the tree of knowledge, constitutes at the same time a reasonable reply to the *De profundis at te, Domine, clamavi* (…) of the Psalmists. The Psalmist could cry to God, but the man *qui sola ratione ducitur* (…) knows well that it is absolutely useless to cry to God from the depths.'

24 Cf. the last part of *Athens and Jerusalem*.

25 Fondane also pointed out this interdependence between *conscience malheureuse* and *condition malheureuse*. – cf. Benjamin Fondane, *La Conscience malheureuse*, Paris: Denoël et Steele, 1936, p. ix ff.

26 Benjamin Fondane, *Rencontres avec Léon Chestov*, Paris: Plasma, 1982, p. 95f.: 'On écrit "mystique" pour se débarrasser de moi, et on ajoute "grand" pour arranger tout. Alors il n'y a rien à dire […] Je n'aime pas beaucoup quand on m'appelle "mystique" et encore moins "grand". […] Mystique: ça explique tout puisque ça ne veut rien dire… Par mystique, on entend bien que les questions que l'on pose sont en dehors de la philosophie, et qu'il ne faut pas s'embarrasser pour le comprendre.' See also Lev Shestov, *Athens and Jerusalem*, op. cit., p. 283.

27 Especially the influential medieval mystical texts of Dionysius the Pseudo-Areopagite, who first elaborated a negative or 'apophatic' theology, depend on the Greek tradition, especially on Plotinus and Proclus. Although this mystical way of thinking operates with negations and shifting, it strives towards unification with God in the mystical view – and therefore relies on a positive strategy.

'knocking on the door', without knowing where this door might be or whether it exists at all.[28] His search appears to be a negative dialectic, which tries to avert the '*horror vacui*' by a permanent movement and, at the same time, reflects its own non-identity. In a desperate rather than confident attempt, Shestov strived to undermine speculative metaphysics in order to maintain a passionate dynamics instead of an ultimate system of argumentation that determines or even forestalls further thinking. Consequently, his concept of 'Jerusalem' does not lead to either scepticism or fideism (which might culminate in irrational conceptions or dogmatic thinking); it does not make life easier but confronts man with existential risks and responsibilities.

Even more, the basis of his existential thought is not the speculative idea, the positivist fact or the pragmatic 'everybody knows', but the individual existence; and it is not so much the private person (*le particulier*), that might adapt to a speculative idea or to common sense, but the concrete individual (*le singulier*), that ultimately resists any attempted rationalisation. It is therefore the 'underground man', whom Dostoevsky so forcefully depicts, and who unmasks all ideological or compensatory strategies, that becomes the touchstone of existential thought. In this respect, Gilles Deleuze argued that Shestov developed – in paradoxical manner – a way of thinking by which he tried to *think against reason*; a type of thinking that is not irrational, but opposes the individual thinker to the (supposed) reasonable being, in order to create a new sensitivity in the domain of thought.[29] Similarly, Emile Cioran noted that Shestov did not accused philosophy of insufficiency from an irrational point of view, but as a philosopher.[30] Just as Shestov was a rational thinker through and through, so he knew about the ambivalences and consequences of rationalism and the need for a radical alternative. Therefore, he insisted on the groundlessness of life and inaugurated the

---

28 Benjamin Fondane, *Rencontres avec Léon Chestov*, op. cit., p. 81: 'Je frappe bien que je ne sache *où* se trouve Dieu.'

29 Gilles Deleuze, *Nietzsche und die Philosophie* (Hamburg: Europäische VA, 1991), pp. 102f. It is worthwhile noting that Deleuze often refers to Shestov in his works, which seems to indicate that Shestov's thought, and especially his critique of the prevailing rationalism, is quite appealing to postmodern philosophers.

30 Interview with Emile Cioran in Michael Jakob, *Aussichten des Denkens* (München, 1994), pp. 17f.

notion of a consciousness of something lost, which was especially influenced by Russian literature and the message of 'Jerusalem'.

More adequately, Shestov set forth a new 'image of thinking' (Deleuze), a new concept of what thinking means. And – interestingly – the representatives of this new 'image of thinking' can be found not only on the side of 'Jerusalem', but also on the side of 'Athens'. Plato's idea that philosophy is a 'meditation on death', Plotinus's longing for something 'beyond' reason and the idea of the Good, and even Spinoza's rhetoric indicate (at least in Shestov's view) that they were not satisfied with the eternal truths of logic and autonomous morality. There is a surplus – or a lack – that breaks up and transcends Greek philosophy:

> But, despite everything, it is given to rationalism, with all its 'arguments deduced from consequences' and its threats of confinement in the madhouse, to choke in the heart of men the obscure feeling persisting there that the final truth, the truth which our ancestors sought unsuccessfully in Paradise, is found επεκεινα νου και νοησεως, beyond reason and what can be conceived by reason, and that it is impossible to discover it in the immobile and dead universe which is the only one over which rationalism can rule as sovereign.[31]

Henceforth, having reached this crucial point of Shestov's philosophy, we can already guess what it will culminate in: death – a moment of absolute passiveness and folly, a different dimension of thought.[32] According to Shestov, the encounter with death is the last and only genuine revelation, which takes the form of an open question that cannot and must not be answered by any human being.[33] For maybe one can learn to

31 Lev Shestov, *Potestas Clavium*, p. 359.

32 Lev Shestov, *Athens and Jerusalem*, p. 110: 'The human thought which wishes and is able to look death in the face has other dimensions than the thought of those who turn away from death and forget death.'

33 Bernard Martin, *Introduction* to *All Things are Possible*, p. XII: 'Furthermore, it is precisely the fear of personal extinction that ought to be the starting point of philosophical thought, for only great terror gives the soul the impetus to rise above the commonplace, and the ugliness and agony of death make possible the surrender of previously cherished conceptions, including the "self-evident truths".' David Patterson, *The Literary and Philosophical Expression of Existential Faith: A Study of Kierkegaard, Tolstoy and Shestov* (PhD thesis, University of Oregon, 1978), p. 157: 'The awakening that results from the encounter with death is a revelation which does not take the form of answers but of questions. Yet these are not ques-

die like Socrates, but it will never be possible to defeat death. Finitude will always put an ultimate limit to human existence and reasoning, and thus, as Shestov argues, we have to speak of an 'eternal hesitation' and a 'temporality of thought'.[34] Man will always have to face his own contingency and finitude, while awaiting God. However, this means living a lifelong struggle. From this perspective, Shestov was always walking along the abyss,[35] never being able to envisage a harmonious life, even a religious one.[36] Within Shestov's existential 'second dimension of thought', our whole life and philosophy itself have become a *meditatio mortis*, a perpetual 'Memento Mori', that sees in death not only the ultimate destruction but also the ultimate possibility. However, noone facing this 'revelation' will ever be able to tell others about it. Death is the last threshold each of us has to pass without knowing how and where to go.

In consequence, Shestov restates the business of philosophy anew. According to him, the function of philosophy does *not* reside in making amends for the finality of man. Philosophy should rather stir up and teach us – contrary to Spinoza's conception – the value of laughing and weeping, of cursing and seeking again. Philosophy should not reassure but unsettle people[37] and become a 'philosophy of tragedy'. Shestov argued that philosophy is not a free scientific investigation, which has only mere scientific aspirations and no impact on man's self-consciousness. He criticised Spinoza's claim that death is the least of a free man's concerns, in order to maintain that a human thinking being which is able to look death in the face opens up another dimension of thought.[38] For otherwise, the sting of death and the idea of God will soon be replaced by a superficial 'happy life' – provided that people continue to be

tions that can be answered, and reason therefore declares that these are no questions at all.'

34 Lev Shestov, *All Things are Possible*, op. cit., p. 58.

35 Shestov outlined this idea in his essay on Pascal: *Die Nacht zu Gethsemane*, in *Ariadne*, Erstes Jahrbuch der Nietzsche-Gesellschaft (Berlin, 1929), also published as *The Night of Gethsemane*, *In Job's Balance*, trans. Camilla Coventry and C.A. Macartney (London, 1932).

36 Véronique Lossky, 'L'Homme devant dieu chez Lev Chestov et Marina Tsvetaeva', in *Cahiers du Monde Russe et Soviétique* 29, 1988, pp. 519–532.

37 Lev Shestov, *All Things are Possible*, op. cit., p. 12.

38 Lev Shestov, *Athens and Jerusalem*, op. cit., p. 110.

'happy', and that the victims of history are forgotten. But these consolations and compensations represent only a 'truce' behind which the old crisis persists.[39]

Taking all this into account, Shestov's philosophy can be described in terms of a passionate struggle for human dignity and ultimate justice through an anxious quest for God. Just as he knew quite well that man had lost his innocence, so he was aware that it would be cynical to find a rescue in God while there still is and will be so much suffering in the world. The biblical story of the Fall, the demand of Belinsky and the rebellion of the 'underground man' shaped Shestov's perspective, and prevented him from envisaging life as a harmonious process. I would therefore argue that Shestov's religious philosophy was a *negative* one. His oscillation between hope and despair, confidence and fear was much closer to the longing for God than to either atheistic scepticism or irrational fideism.[40] This paradoxical faith provided the driving force of Shestov's philosophy that Benjamin Fondane's neologism *irrésignation* best summarized.[41] Shestov did not simply *argue* about religion or faith; he lived out his existential religious philosophy and its constant oscillation between *groundlessness and faith* – without being able or willing to solve this paradox.

---

39 Lev Shestov, *All Things are possible*, p. 36: 'How can one acquiesce in the actuality of life, when it contains so many horrors? But *amor fati* does not imply eternal acquiescence in actuality. It is only a truce for a more or less lasting period. Time is needed in which to estimate the forces and intentions of the enemy. Under the mask of friendship the old enmity persists, and an awful revenge is in preparation.'

40 Benjamin Fondane, *Rencontres avec Chestov*, p. 160: As Shestov once remarked: 'Jérémie savait aussi que Dieu ne nous aide pas. (…) Et cependant, *malgré l'évidence*, il se lamente vers Dieu; il demande du secours; il croit que *Dieu peut…* Moi non plus je n'ai pu surmonter cette difficulté: je n'ai pu que lutter.'

41 Benjamin Fondane, *La Conscience Malheureuse*, p. xvii: 'Tant que la réalité sera telle qu'elle est, de manière ou d'autre – par le poème, par le cri, par la foi ou par le suicide – l'homme témoignera de son irrésignation, dût cette irrésignation être – ou paraître – absurdité et folie. Il n'est pas dit, en effet, que la folie ne doive jamais finir par avoir raison de la raison.' See also Monique Jutrin, 'Poésie et philosophie: l'irrésignation de Benjamin Fondane', in *Cahiers Benjamin Fondane* 2, 1998, pp. 27–32.

WILLIAM DESMOND

Murdering Sleep: Shestov and Macbeth

The image of sleep is central in Shakespeare's *Macbeth* in a number of ways, perhaps most importantly in relation to *being at peace*. Macbeth speaks of himself as having murdered sleep. What can murdering sleep mean? What can we say about 'sleep' and evil? What has 'sleep' to do with the relationship between philosophy and tragedy? Shestov refers to Macbeth, but also to two other important instances: Plotinus, when he says the soul is in the body as in a deep sleep; Pascal, when he says that Christ, in Gethsemane Garden, will be in agony till the end of the world – and till then, we must not sleep.[1] My concern will be with the double-edge of 'sleep': metaphor of a genuine being at peace with being; metaphor also for the counterfeit double of peace, a false being at peace, which evades rather than faces the fundamental perplexities of life. Philosophers too can end up sleeping in this counterfeit double of peace. For Shestov, I think, genuine philosophy, like tragedy, must wake us from the sleep which is the false double of peace. But can both philosophy and tragedy wake us to the paradoxical 'sleep' of true peace?

Let me now say something about Plotinus, Pascal and *Macbeth*. These three seem quite heterogeneous, but more is at stake than an adventitious reference to sleep. First Plotinus. He is not a philosopher we associate with the tragic, but with the mystic; and most famously with the claim that there is to be union with the One, a flight of the alone to the Alone. How can we possibly connect this to the tragic, where human experience is not at all unity with the One, but rather a shattering and suffering in which our confidence in reason, and perhaps also the

1 The metaphor of sleep recurs throughout Shestov's work, but these references to sleep recur especially in *In Job's Balances*, Athens/Ohio: Ohio University Press, 1975, trans. by C. Coventry and C. A. Macartney, intro by Bernard Martin. See the chapter 'Gethsemane Night: Pascal's Philosophy', pp. 274 ff., and especially p. 278 where Pascal and Macbeth are coupled; see the chapter 'Words that are Swallowed Up; Plotinus's Ecstasies', pp. 327ff. In his first sentence Shestov cites *Ennead*, III, vi, 6, on the sleep of the soul in the body.

goodness of the world, are called into question? Moreover, Plotinus seems to represent the culmination of the great Greek tradition of philosophy, marked by its apparently unshakable confidence in reason and the ideal, a tradition that seems to have inaugurated, in the figure of Plato, the philosophical quest as a rejection of tragedy. Tragedy, with its dark destiny seems more in tune with the work of a wicked god, and therefore contrary to the confidence in the ideal, in rational intelligibility. I think of Nietzsche's polemic with Socrates, precisely with respect to the tragic vision and philosophy. As we know, Shestov had a very high regard for Nietzsche. What then are we to make of Shestov's engagement with Plotinus?

Plotinus, as Shestov reminds us, remarked that the soul is, as it were, asleep in the body. This seems very Platonic: the body seems the soul's prison, from which we must fly to the ideal. Though Shestov wrote favourably about Plotinus, it is neither this nor any other particular strand of idealism that he admired. His admiration actually intensifies when Plotinus comes to the limit of idealism. What he appreciates most is when Plotinus speaks about philosophy and the most worthy ≅ *to timiotaton*. The call of the 'most worthy' emerges at the point where *nous* and *episteme* reach what seems like an insurmountable limit. There is a flight or exstasis of the soul that soars above *nous* and *episteme*. It is a flight into the night of a divine darkness. But can one know that it is divine, when one sets off on that flight, or feels impelled to go further? *Daring* seems to be needed, an audacity, a courage beyond the measure of secure rational justification, to undertake this last exitus.[2] (The question of daring beyond the rational measure comes back in a different form with Macbeth.)

This is where the sleep of the soul is at issue. One might say the soul sleeps in different ways. Some are more common – this is perhaps the standard Platonic sense: this is perhaps also the sleep from which philosophy seeks to wake us. If I am right, however, there is *another kind of sleep* Shestov fears, just at this point. Let us call it the sleep of philosophy itself – the sleep of reason, so to say, in which reason lacks even the inkling that it sleeps, since it claims for itself a great awakening from the sleep of commonsense. Waking from one sleep it falls into

---

2 See my 'Philosophical Audacity – Shestov's Piety', in *The Lev Shestov Journal*, 2/1998, p. 45–80.

another sleep it calls rational enlightenment. This second sleep is perhaps strangely a deeper sleep, since it thinks it is wide awake. Rational enlightenment takes itself as having woken up from the sleep of ordinary consciousness and representing fully lucid wakefulness. How could it possibly be asleep, how could it possibly need a new and further and more radical awakening? For is it not already awake?

My suggestion: just as there is a god higher than thought thinking itself, so there is an ultimate wisdom more ultimate than this rational enlightenment. True philosophy begins to wake up at this extreme: it begins to suspect that it has slept in its rational self-certainty, and now is made sleepless by a quest that takes it even more radically beyond itself and its previous sleep of rational enlightenment. Plotinus does not tell us that it is something like a tragic loss that initiates this new sleeplessness; but certainly if we see it in a certain light, or darkness, it implies the defect of rationalistic philosophy that cannot shake off its idealistic self-satisfaction. One might say: Plotinus's engagement with the 'most worthy' makes one sleepless about the worthlessness of one's previously claimed wisdom. This 'most worthy' is other to thought thinking itself. Plotinus explicitly offers us an argument that Aristotle's god – *noesis noesis noeseos* – is not ultimate. There is a higher One above thought thinking thought. And most philosophers have bowed and adored Aristotle's God. What if this adoration is the 'higher' sleep of the philosophers, and also perhaps the self-satisfied worship of a counterfeit double of God?

The question, although not phrased in quite the same manner by Shestov, is not antithetical to the spirit of his thought. And what would the peace of a diviner sleep be, if it went beyond the sleep of everyday consciousness and rational enlightenment? One thing is certain: there is nothing systematic about this peace. The extasis of the soul, its going above *nous* and *episteme,* transcends rational systems of thought. It is idiotic[3] – most intimate to the disturbance of the soul at its most extreme point of entrance into itself, where it now sees it has to be lifted up or driven above itself, and this lifting up or lashing is an extreme sleeplessness, or better said, extreme vigilance or watchfulness. Philosophy

3 On what I mean by the idiotic, see, for instance, *Perplexity and Ultimacy*, Albany: SUNY Press, 1995, chapter 3, entitled 'The Idiocy of Being'.

taking the measure of its own loss of itself must be this *hyperbolic watchfulness*.[4]

The theme of watchfulness brings us to Pascal who, one might claim, instantiates something of this hyperbolic watchfulness. Pascal seems very heterogeneous to Plotinus. The mystical majesties of Plotinian philosophy are gone by, and we meet a soul tormented by the absurdity of a universe in which the signs of the divine seem to have either vanished or become shrouded in a stifling ambiguity. The exstasis of the soul seems to become choked in that stifling ambiguity. Pascal was a soul whose rational powers were of the highest order, whose achievements in mathematics and science could rival the best minds in history. Yet he was tortured by the worthlessness of all that, and most deeply tormented when it came to human things, and the relation of the human to its ultimate destiny and the divine.

His vision of time often seems to come to this: the still unending night of vigil in Gethsemane Garden. We are at the extreme opposite to any Hegelian, or idealistic progress towards a dialectically guaranteed completion, or to satisfactions delivered by materialistic or cybernetic progress (– ironically, Pascal was the inventor of the first calculating machine). In the dark ambiguities of time, we need *finesse*, not geometry, to find some stumbling way. And perhaps we need even more than finesse, in order to keep vigil when time itself strikes us as a seemingly unending wait in Gethsemane Garden.

I find in Pascal a critique of the sleeping self-satisfaction of the philosophers. Descartes: useless and uncertain, as Pascal said. For all his self-proclaimed commitment to the ordeal of doubt, Descartes strikes one always as strangely self-conceited, strangely self-satisfied. It is Pascal who lived the ordeal of a hyperbolic doubt, but doubt also *against* that strange self-satisfaction of the scientific mind. It was not tragedy in the classical sense that spurred to wake him. But certainly there was the undergoing of a certain suffering: a *passio essendi* rather than a *conatus essendi*; a suffering of spirit in the agony of perplexity, before the equivocal signs of a God, both withdrawn and intimate; an almost unremitting suffering of the body in the invalidity that afflicted Pascal from a very young age, and about which one must wonder if it was not as much

4 See *Perplexity and Ultimacy*, chapter 2, 'Being at a Loss: Philosophy and the Tragic'.

due to spiritual as to physical affliction; suffering also in the sense of the experience of the passion of the divine – I refer to what is recorded in the stammering of Pascal's *Memorial*: the experience of conversion and grace, given without premeditation and given in the burning of fire – divine interruption of our satisfied powers of being and the re-awakening of the *passio essendi*, when we do not anticipate it, and which ruptures the satisfactions of finite life evermore.[5]

A remark which attracted Shestov's attention was part of Pascal's meditation on Gethsemane night: Christ will be in agony till the end of the world, we must not sleep till then. The image of 'ordinary' sleep we see in the apostles who find it impossible to stay awake. The appeal to watch and pray seemed not much to ask, but what if the appeal was to the *hyperbolic watchfulness*? Does it ask too much? But does not the appeal for hyperbolic watchfulness match the extreme ordeal of evil about to impend, and the prayer for access to extreme strength to face it? One could well ask: Is there not something *monstrous* about Pascal's suggestion that we must not sleep till the end of the world, a monstrousness proportionate to the disproportionate agony of Christ himself? To be proportionate to the disproportionate itself asks something disproportionate of us. What then of this monstrous sleeplessness? There is a 'sleep' that is a falling into the unconsciousness of finitude, because we cannot bear to be exposed to evil and suffering, beyond a certain measure. What if the evil and suffering are beyond finitude, and beyond finite measure? Sleep is the ruse, perhaps even the necessity of finitude by which it can continue to be. We cannot bear to be as awake; we must sleep, else we die. But what if, sometimes for mysterious reasons, one cannot fall asleep? Then one has lost this consolation of escape, not only from oneself, but also from the evil and the suffering. Who could bear to be so endlessly awake? Is this what God is: endless wakefulness, not only to the good of being, but also to the evil? We speak in theology of God's omniscience: but were we to take seriously the character of this wakefulness, we humans might fear the horror of what is suggested by this hyperbolic wakefulness. Such wakefulness

5 On some of these aspects of Pascal's thought, see my 'Between Finitude and Infinity: Hegelian Reason and the Pascalian Heart', in *Hegel on the Modern World*, Ardis Collins ed., Albany: SUNY Press, 1995, pp. 1–28.

would also be the most intimate knowing of horror and evil and suffering.

In passing: Nietzsche claimed that the superiority of the tragic vision (say, to theistic religions) was its ability to endure some such dark knowing, or some such knowing of darkness: honesty about the abyss, that almost all of us shun; and God, as Nietzsche often implies, is our escape from this dark knowing. I think that if we follow the above line of thought, the divine knowing could not be the cowardly anodyne one that Nietzsche claims. Considered in terms of the hyperbolic character of the sleeplessness, this knowing is either madness pure and simple, or divine madness. Is this why divine madness is just mad madness for those who sleep in the contentment of finite life? One thing seems true with Pascal: if sleep must wait the end of time, so also must true peace. Before then, all forms of peace participate in escape from the dark play between good and evil that finds its site of strife in the Gethsemane night of every soul. Every interim peace also counterfeits the truth of peace.

Shestov clearly is taken with the *lack of peace*. He wants to provoke philosophy, and its sane rationalities, into a religious and metaphysical insomnia from which it cannot wake *just to itself alone*. Philosophy must be woken up to *being beyond itself*. (Here there is an echo of what I said above about Plotinus.) It is not clear to me if and how Shestov can reconcile his own admiration for Nietzsche with Pascalian watchfulness. The directionalities of the spiritual energies of Pascal and Nietzsche seem quite opposed. If the thought of God makes us radically sleepless, Nietzsche's godlessness must be the *deepest sleep*, and not the sleep of deepest/highest peace either. Nietzsche calls for war, not peace. But if the sleeplessness of his godlessness is a deeper sleep, then he may have woken from the peace of mediocre contentment but woken to nothing. And waking from nothing to nothing is not waking. It is the worst kind of sleep: the counterfeit double of being awake.

Pascal serves to disturb our 'sleep' in a God-forgetting world. This 'sleep' of forgetting, as a counterfeit double of peace, is something monstrous for him. He says as much when speaking of those who pretend not to care at all about questions of God, of immortality, of our fragile finitude. He cannot fathom their blasé claims: it strikes him as monstrous. The hyperbolic watchfulness that wakes us up also *postpones* the peace it seems to promise. We must wait. But what, according to Shestov, would true peace be in the extreme, the dimension of the hyperbolic? This is not clear. Perhaps this has much to do with Shestov's diffidence about consoling us with anything 'affirmative'. I do not deny that here and there we find *moments of breakthrough* in Shestov, some of which echo the great 'yes' of God in the beginning: It is good, it is very good. But this is very episodic in Shestov, and he remains guarded.

Macbeth

This is a third heterogeneous instance, yet not entirely heterogeneous. Consider how Macbeth the warrior is described fighting: as if he memorized another Golgotha [1,1,41]. But Macbeth's memorizing of Golgotha is not the same as Pascal's *Memorial*, or his meditation on Gethsemane night. It is the reverse negative of the saving Golgotha: the golgotha that damns. The theme of being asleep is highlighted very early on in the play, when the weird sisters, the sisters of fate, anticipate the *curse* that is to descend on this man: 'Sleep shall neither night nor day/ hang upon his penthouse lid./ He shall live a man forbid.' [1,3,19] Sleeplessness comes in the shape of a curse, and it is not evident if there is any blessing to match it.

Shestov cites the play: Macbeth hath murdered sleep. Amen stuck in my throat. I had most need of blessing. Wherefore could I not pronounce Amen?[6] This sleeplessness now shuts one out from the great Amen, the Ayes in It is good. Quite the opposite: life is a brief candle that must be blown out; a tale told by an idiot, full of sound and fury, signifying nothing. There is idiocy but no idiot wisdom.[7] This sleeplessness, whose torment comes from the doing of evil, knows no rest, save utter annihilation in dusty death.

---

6 Macbeth just after the murder: 'I had most need of blessing, and "Amen"/ stuck in my throat'. [2.2, 33] 'Methought I heard a voice cry, "Sleep no more!/ Macbeth doth murder sleep", the innocent sleep/ Sleep that knits up the ravell'd sleave of care,/ The death of each day's life, sore labour's bath/ Balm of hurt minds, great nature's second course,/ Chief nourisher in life's feast'. [2,2, 36ff.]

7 On idiot wisdom, see *Philosophy and its Others*, Albany: SUNY Press, 1990, pp. 309–311.

The play is set in dark times of war. Though the ethos is Christian, it is also redolent of the powers of warrior excellences. There is an interplay between the pity of the Christian and the hardness and cruelty of the warrior.[8] This is also a play on *daring*, on daring in excess of measure. Daring is something Shestov admires, indeed sings. The daring of Plotinus to exceed *nous* and *episteme*; the daring, *tolma* of the tragic hubris that risks divine wrath; the daring of individualization that tears itself loose from the whole, and *to apeiron*; the daring of the god-seeker – above and beyond and outside the system.

But there are different dangers in daring; and there are different kinds of daring. I am not always sure that Shestov does enough to keep this before our minds. Macbeth at the outset says, just as he is inclined to draw back from his murder: 'I dare do all that may become a man, who dares do more is none'. But then, his daring, or lacking of it, is *put to the dare* by Lady Macbeth who speaks to him, not without contempt, about being hard, about courage, about the deed. When Lady Macbeth speaks to him thus, I am reminded of the way Nietzsche sometimes talked to himself. Macbeth resolves to dare: he does dare do more, more than becomes a man, but in daring so, he becomes no man. He becomes a monster.[9] And this monster of daring must finally dare fate into the list.

Part of his excessive daring has to do with the ambiguity of time: he cannot accept this ambiguity and will have its ambiguity resolved now in the action, in the deed. His hyperbolic daring would be an overreaching that would anticipate the future and bind up its promise in the here and now. Macbeth wants the future in the instant. He will not wait, he will not watch and wait. So he enters into temptation. Indeed, *he tempts* the darker powers, even as he is himself tempted by them. But he is betrayed by their temptation, as by his own tempting of them. He will not allow the final judgment to be postponed to the proper ordinance of time. The last judgment will be now. 'Shake off this downy sleep, death's counterfeit/ And look on death itself! up, up and see/ The great doom's image.' [2, 3 83ff.]

---

8 It would be interesting to consider further Shestov in relation to Nietzsche on war, Christianity, pity, hardness, cruelty and so on. I think Shestov is too 'soft' on Nietzsche's 'hardness'.

9 Not a few of the images referring to Macbeth as *tyrant* allude to the monstrous.

We are neither in the Garden of Eden with the 'It is good', nor the Garden of Gethsemane where the prayer is 'It will be good, thy will be done'; we are brought into the waste of the Kingdom where finally the outcry is 'Better not to be' – 'Out, out brief candle, out I say'. In Macbeth's daring to demand that future and that judgment now, he is condemned by his metaphysical *impatience*. He cannot be, though he would be, the measure of the equivocal powers through his own daring will; and not least because his own daring incarnates the evil ambiguity he claims to conquer.

There are times when I think that Shestov is not overt enough on the qualitative difference between the evil daring and the divine daring. For *Macbeth* is a play about the *false overreaching of finitude* in which the loss of metaphysical patience turns divine daring into evil daring. There is a deep ambiguity when it comes to courage, and the secret sources of strengthening. For there is a counterfeit of strengthening that comes from evil. (I ask of Nietzsche's hymns to a *strong nihilism*: what are the secret sources of its strengthening?) Macbeth is strengthened from evil sources – his wife's evil promptings, the wicked sisters; his courage does not dip into benign sources, his strength does not sleep in the divine. And then the strengthening is a counterfeit, for its final issue is weakness and impotence and death. Instead of sleep as 'death's counterfeit', we end with death, just death.

Macbeth is *the* play about the *ambiguity of being*. Radical ambiguity attaches to time, to daring, to trust, to power, to the elementals, to the nefarious powers, to sleep, to life itself and death. 'Fair is foul and foul is fair'. But is the hurly burly ever done? Is the battle ever lost and won? The question is hard to settle. And so in *Macbeth* the image of sleep and sleeplessness are redolent of a radical ambiguity. The sacred king, Duncan, is murdered in his sleep; but sleep here is an image of *trust in hospitality*. The king, perhaps innocently, perhaps unwisely, trusted Macbeth. Faces are also equivocal: 'there is no art to find the mind's construction in the face', Duncan says. Yet art is most needed, finesse is most needed. And Duncan says this just on the entrance of Macbeth, his future murderer now warmly embraced.

Macbeth's crime is a crime against heaven. Shakespeare leaves us in no doubt of that. Macbeth is in no doubt. His murdering of sleep with the murder of the sacred king brings no awakening to a higher wisdom, whose meaning was implicit in the hyperbolic watchfulness of Plotinus and Pascal. This sleeplessness is the karma of evil that destroys the ontological peace of the human being at its deepest roots. For it is the peace of Macbeth's *being*, or any promise of being at peace, that is destroyed in the evil deed. He knows he might repent but will not, for his daring is such that it cannot retract itself: 'what's done cannot be undone'. The evil is a sticky evil. The stain cannot be washed out, as Lady Macbeth came to know: 'Out damned spot, out I say'. She 'lack(s) the season of all natures, sleep.' [3,4,141] She cannot sleep but she is waking to madness.[10] Macbeth's daring refuses repentance: 'I am in evil, stepped in so far that return were as tedious as go over'. His daring is an evil daring, and it compounds itself by its inability either to say 'Amen' or to turn and seek forgiveness. It wills itself further into the darkness, but this is not divine darkness only hellish annihilation.

The meaning of 'sleep' in the play is more than merely equivocal: it is multidimensional. Sleep is not necessarily the dull consciousness of the ordinary duffer. Sleep and peace are inseparable. Peace is something more healing, perhaps divine. So sleep 'that knits up the ravelled sleeve of care' is wedded to its darker twin, sleep as 'death's counterfeit'. The same point holds for sleeplessness. Sleeplessness for Macbeth himself is rather the counterfeit of wakening: the wakening that cannot wake up; it can only go down, as it were; all it knows of itself is the weariness of life that would escape itself into oblivion. It is a life in death, a death in life that finally wills death *as* death.

What of *watchfulness*? There is something hyperbolic here, but it is the *reversed negative* of the watchfulness of metaphysical mindfulness,[11] or the vigilance of saving prayer. Hyperbolic watchfulness is corrupted into the *unrestrained spirit of suspicion* that can only seize on everything other as its potential enemy. It is consumed by the evil it has itself dared to commit. Qua sleeplessness it looks like Pascal's or Jesus's, but it is its counterfeit double; and the counterfeit is the result of its own effort to redouble reality in the image of its own counterfeit power: divine power that is not divine but diabolical. For power here is *daimonic* – between human and more ultimate powers. We might recall the daimonic power of eros in Plato, and perhaps too the last exitus of Plotinus; but with

10 See my 'Sticky Evil: On *Macbeth* and the Karma of the Equivocal', in Darren Middleton (ed.), *God, Literature and Process Thought*, Ashgate Publishing, 2002.

11 Think here of the philosopher's *thaumazein* or, in less elemental form, *theoria*.

Macbeth, the daimonic daring of eros becomes downwardly directed on darkness and evil and not upwardly ecstatic as in Plotinus. There comes another ecstasy but it is the restless ecstasy of the tortured mind that lies on itself, sleepless as on its own rack. 'Better be with the dead', says Macbeth, 'whom we, to gain our peace, have sent to peace, than on the torture of the mind lie in restless ecstasy'.[12]

I can only mention other points that call for exploration. There is a connection between the innocence of sleep and *pity*. Pity, and pity for the innocent, is something elemental that Macbeth and Lady Macbeth smother in their hearts. One might also consider the *Amen*, perhaps by asking if Nietzsche's Amen is a kind of counterfeit. Is Shestov discerning enough about the Amen and its counterfeits? *Cruelty* and hardness call for consideration. These are also Nietzschean themes, as is that of being beyond good and evil. Macbeth takes a step beyond but it is a catastrophe – it releases a monstrous reign of death. Then there is the theme of sleep and *madness*. Lady Macbeth too cannot sleep, but lacks the hyperbolic resolution of her husband to see the evil deed through – she goes mad. As I hinted, Nietzsche talks not unlike her: 'But screw your courage to the sticking point and we'll not fail. The thought and not the deed undoes us'. And then there are the equivocations of *temptation* and of the non-human powers: temptation mixes the human with these powers; the daimonic slips from the promise of the divine towards the diabolical.

To conclude: First there is the sleep of everyday life, which may be wise in its way or merely mindless. Second, there is the awakening of the philosopher that may become a new sleep which counterfeits a wiser awakening. Third, there is the sleeplessness that executes the karma of ambiguity in the one who dares evil, beyond good and evil. Is there a good beyond good and evil? Is there a further sleeplessness, awakening one to life but also to death and God? Shestov, I take it, is concerned with this last awakening which may well be only a beginning. Plotinus, Pascal, Shakespeare, knew something of this extreme sleeplessness. But

---

12 Macbeth cries out: 'But let the frame of things disjoint, both the worlds suffer,/ Ere we will eat our meal in fear, and sleep/ In the affliction of those terrible dreams/ That shake us nightly: better be with the dead,/ Whom we, to gain our peace, have sent to peace,/ Than on the torture of the mind to lie/ In restless ecstasy. Duncan is in his grave;/ After life's fitful fever he sleeps well'. [3,2, 16ff.]

even then the equivocal is not dispelled. Sleep in death may be the last escape into nothingness, it may also be sleep in God.[13] Sleep in God may be a waking to life beyond life and death, waking to good beyond good and evil.

Nothing of this is overt in *Macbeth*, though there are hints of what peace would be, and the restoration of sleep, 'the season of all natures'. The hints are more explicit in Plotinus and Pascal, though again the terms of the last awakening do not entirely overlap. And even then ambiguity is not completely dispelled. So: there is waking beyond the sleep of common sense; there is waking beyond the sleep of rationalistic philosophy; this awakening has its own sleep which looks like a higher sleeplessness, but it may mimic wakefulness; for there are forms of extreme sleeplessness that unfold the karma of the equivocal, and the step into evil, daring to be beyond moral good and evil; there the awakening is not to the Amen but to the despair of the last 'No' whose destiny is death and nothing but death. The struggle for a higher vigilance beyond the first two kinds of sleep, must also be a struggle for vigilance beyond the equivocations of the sleeplessness of evil. This awakening may sometimes seem to be nothing more than the dream of a ridiculous man. But how we wake to death and to God is what will define how we wake in life here, and sleep, and perhaps too, wake beyond life and its death.

---

13 I think, for instance, of Socrates asking the question in the *Apology* about death as perhaps like a dreamless sleep or a transposition into another form. I think also of sleep as a metaphor for the soul approaching a deeper union with Brahman.

MICHAEL FINKENTHAL

Shestov and Fondane's Search for *Metasophia*

Shestov often talked about the need to 're-state' philosophy, the need to rebuild it outside the confines of a type of reason that is 'destined to guide man in his empiric existence': 'the whole art of philosophy should be directed towards freeing us from the "good and evil" of cooks and carpenters, to finding that frontier beyond which the might of general ideas ceases', he wrote[1]. His radical critique of a philosophy based upon reason, logic and causality seems at first view nonsensical; how can one philosophise, seek wisdom, if reason, causality and the principle of non-contradiction are excluded from the process? What is left to be said once we discard these very pillars upon which wisdom lies? Only somebody in great despair or a very cynical person could make such a statement; in fact Jean Wahl, one of the 'official philosophers', as Shestov would have called him (unjustly perhaps), wrote in a letter to Benjamin Fondane in 1936: 'Unfortunately, I cannot read Shestov [...] It is perhaps because I myself know only too well from years of long experience, both irony and despair...'

The truth is however that in fact Shestov never attacked rational thinking *per se*: he only denied it the right to impose itself tyrannically over the mind of the reflecting human being. We do not think only when we want to solve a practical problem, whether this problem is a challenge in mathematics or the best way to produce enough food without doing ecological damage. We also reflect upon our happiness when we are happy and over the causes of our unhappiness when we feel miserable. We engage our knowledge when we want to develop or build something but try to be wise also when we encounter evil or face the fear of death. Shestov claimed that we cannot apply the same kind of knowledge, the same wisdom, in all these cases. Still, philosophy – following in the footsteps of a tradition that goes back to the ancient Greeks and

1 Lev Shestov, *Revolt and Submission*, in *In Job's Balances*, trans. Bernard Martin, Athens Ohio: Ohio University Press, 1975, p. 175.

continues to our very days – does exactly that. It postulates that the only tool we have to reflect upon things, immanent or transcendental, from this world or from the realm of the everlasting, is reason. That there is a law of causality and a logic of non-contradiction to which everything, near and far, men, stones and gods, must obey. Only thus we stand a chance to understand. But through a bold and daring analysis of the nature of the 'self-evident' truths that support these basic axioms of philosophy – as practiced by all the followers of Socrates, Plato, Kant and Hegel – Shestov comes to the conclusion that all that modern philosophy has achieved was to become a handmaid of science.

In one of the sections of *Revolt and Submission*, Shestov unveils the origins of a reasoning based on the principle of causality, in only a few pages.[2] The 'apparently "objective" question of causality', as the author puts it, is rooted in our 'struggle for existence', a struggle that imposes practical needs: 'Our interest is twofold. On the one hand the outer world must be divided into parts for us to be able to overcome them; on the other hand, those parts must be connected as closely as possible in order to leave nothing, or as little as possible, of the unforeseen, which nips in the bud the possibility of any systematic progress'. Here Shestov makes a very meaningful observation: if we reflect a moment upon the essence of the Newtonian–Galilean revolution in natural sciences, we notice that what Shestov said in the above quoted statement is a description *in nuce* of the essence of this same revolution. In its frame – space, time, velocity, acceleration, momentum and force – have been linked together through mathematical constructs in a coherent way and thus the foundation for an unprecedented scientific and technological 'explosion' was set. As a result, mankind was indeed granted the 'gifts of the earth'. Shestov was not at all against that, 'there is no need to renounce the gifts of the earth' – he wrote, 'but we must not forget heaven for their sakes'.[3] That, argues Shestov, because '...were we not preoccupied only with the utilitarian ends, we should not interest ourselves in *what look like relationships* existing between *what look like parts*'.[4] In order to work, science must make all things 'unremarkable', says Shestov, and by that he means that science transforms the 'parts' it operates upon, into

2 Ibid., pp. 186–194.
3 Ibid., p. 193.
4 Idem, my emphasis.

'operational concepts' – that is, into things which look like parts of something and between which sustainable relationships can be established. Anything else must be excluded. The single, the uncontrollable, the incomprehensible, the one-off events (or the 'fortuitous', according to Shestov) have no place in rigorous, scientific or philosophical, thinking. Thus, 'science would make unremarkable, everything remarkable'. That is why according to Shestov, science cannot satisfy our quest for truth. 'Despite science, the unremarkable refuses to lose all its meaning', observes Shestov; this 'unremarkable', this *particulier existentiel* which refuses to be conceptualised, 'strains all its forces to become as *remarkable* as possible'.[5] Can there be a philosophy of the 'unremarkable'?

In another section of the same essay, entitled *What Are Questions Made Of?*, Shestov, following Plato, concludes that 'the reasonable creature's desire for knowledge is born of his limitations'.[6] And through a somewhat sophistic argument, he added: 'consequently reasonableness is itself limitation'. One finds often in Shestov's writings such somersaults. But they should not lead us to the conclusion that his critique of the 'tyranny of reason', as he terms it, and his efforts to establish a new way of thinking, a *metasophia* which transcends the conventional philosophy, originates in sophistic arguments. Shestov's point of departure is a very sound and solid one: in his 'deconstruction' of the supremacy of the rational thinking, he follows two parallel paths: one is that of the analysis of the ways and methods which lead us to the acceptance of some sort of generalized concept of *logos* understood as a synthesis of the external, objective laws which govern everything, including the human ability to uncover such laws. This happens through a 'fragmentation', through the breakdown into parts which can be reunited according to logic and certain intellectual constructs. Implicit is also an acceptance of the continuity of imperceptible changes, which fit our mental constructs: the *unremarkable* becomes the building block of our theories.

To understand these abstract arguments, think about the so-called periodic movement of a frictionless pendulum, or the movement of small

5 Ibid, p. 194.

6 Plato claimed that gods do not philosophize since they do not need to become wise; ibid., p. 156.

ball-like atoms or electrons. None of the above exists as such: we cannot eliminate friction, the movement of a pendulum is not strictly periodic and electrons are not tiny, perfect spheres turning around a nucleus, but we can build theories on these assumptions, and they work. (In the case of atoms and electrons, the classical mechanics had to be amended in order to take into account the coarseness of the simplifications). We work therefore with idealized concepts that interact through smooth changes, which accommodate causality and eliminate contradictions. The result is this 'cult of the imperceptible' as Shestov calls it. By that he means that an absolute submission to the concepts that can be manipulated by means of reproducible and testable laws is at work. The corollary of all these is that in such a realm, the question is conditioned by the answer, and ultimately 'man will cease to ask; he will himself be as God'. 'But – Shestov adds – *this is just where the fatal self-deception is hidden*'. That is why the 'official, recognized philosophy, which aims at being science, does not go beyond the "intelligere", and is, moreover, quite genuinely convinced that it alone is seeking the truth'.[7]

The second deconstructive path followed by Shestov, is that of the struggle for the legitimacy of the affective in philosophical thinking. In another section of *Revolt and Submission*, Shestov reproduces an allegedly overheard confession and comments upon it. This 'confession' sounds like a fragment from Kafka's diaries, but in the comment Tolstoy is invoked. Shestov renders the famous 'Tolstoyan conversion' in the following manner: all of a sudden 'intolerable, torturing, and unfounded fears' were insidiously creeping into the writer's soul. 'He felt that something imperious, hard, merciless, was rending him away from all that was dear, homely, near – from wife, child, artistic creation, from his property at Yasnaia Poliana, from life itself'[8]. For a long while, says Shestov, it was clear to Tolstoy that he had to flee the evil of these torturing fears and return to his earlier world. But then: 'ten twenty years went by. Looking back on his past, he sees just as clearly and distinctly that the unfounded fears were a good, and that his wife, his children, his books and his property were the greatest of evils'.[9] Shestov does not describe the 'experience of the abyss' ('gouffre' as Fondane would have

7 Ibid., p. 160.

8 Ibid., p. 144.

9 Ibid., p. 145.

called it) that Tolstoy underwent to arrive at this point (Tolstoy himself provided the description in the *Death of Ivan Ilych*). Shestov proceeds with his argument and concludes: 'There you have experience pitted against experience, self-evidence against self-evidence. Which one is to be believed? *Is it necessary to believe finally in anything? Is it possible to believe?*'.[10]

This second path of deconstruction leads Shestov to the same conclusion he reached at the end of the first path, described above: rational thinking does not unveil any 'true truth', since such a truth would not be unveiled either by a 'scientific search' or by philosophy as practiced from Socrates to Hegel, and beyond, to this very day. At best, these illusory truths might offer comfort: 'If you want to be released from torture, submit yourself to ideas, become yourself ideas. Herein, and herein alone lies your salvation', wrote Shestov in *In Job's Balances*.[11] But the disquietude remains a fact, and 'with this ceaseless and ever growing disquietude every man must deal for himself'.[12] Religion or at least some sort of *religious thinking*, might seem to be this philosophy of the individual, of the concrete situation. This is what we learn from the story of Abraham, this is what Job's story teaches us. Shestov had extensively discussed the process through which even a religion inferred from these stories has been transformed into one which teaches that God himself is the prisoner of the *ratio*. Therefore, Maritain was in a way right to write in his *Existence and the Existent* that the existentialism of Shestov (and Fondane) was 'an essentially religious irruption and claim, an agony of faith, the cry of subjectivity towards its God'.[13] But he did not show a deep understanding of their quest when he added: 'It was a religious protest *in the guise of philosophy*'. Witness the opening pages of *Athens and Jerusalem* where Shestov wrote: '"Athens *and* Jerusalem", "religious philosophy" – these expressions are practically identical; they have almost the same meaning'.[14] The subject matter

10 Idem; my emphasis.

11 Ibid., p. 188.

12 Ibid., p. 191.

13 Jacques Maritain, *Existence and the Existent*, New York: Pantheon Books, 1948, p. 131.

14 Lev Shestov, *Athens and Jerusalem*, trans. Bernard Martin, Athens, Ohio: Ohio University Press, 1966.

of the entire book is a lengthy argumentation to support the fact that his message was not just a religious protest in the guise of a philosophy....

The proof is that Shestov never gave up the quest for an absolute truth, although truth is relative in the framework of a rational thinking oriented toward practical goals, be they personal or social. The subjective 'truth', the one which is sought for in despair, 'the metaphysical truth as the immortal gods bear it in themselves', is different and outside the realm of the above. 'Perhaps – as Shestov wrote – "general validity and necessity" are no "attributes" of [this] truth as weight is no "attribute" of a body'.[15] Humans live not only in the concrete environment of their every day experience, but also in a realm in which they must try to re-interpret this experience in terms different from those of the 'empirical truth'. This, *must try a different interpretation*, is one of the main postulates of Shestovian thinking. No matter how hard we will try, we cannot banish from our lives the 'sudden', the 'spontaneous', the 'unexpected'. In this *heroic space* as I would like to call it, human beings endowed with rational thinking would still use *ratio* as a tool, but use it in a different way. They will try 'to overcome, if only in thought, that weight, that centripetal force, that attraction to earth, to the steady and the stable, to which men have now so accustomed themselves that they see in it not only their own nature but the nature of all living things'.[16]

Was Shestov the only proponent of this need to break through the confines of philosophy and construct a new way of thinking, a *metasophia*, appropriate to guide us in this *heroic space*? Another philosopher, the Italian Giovanni Papini, who is now forgotten, although he was well known during the first half of the Twentieth century, thought about it too. In his posthumously published diaries, *Pagine di Diario e di Appunti*, I found these two entries, one dated 1944, the second from 1946: 'Gli parlo della Metasofia – sapienza superiore, al di là del gergo dialettico dei filosofi, che dev'esser tratta dalle rivelazioni dei poeti e degli artisti' [I am talking about the Metasofia – the superior knowledge, which is beyond the dialectic jargon of the philosophers, and which must

15 Ibid. p. 170; this last remark is quite astonishing. It follows a statement – on the previous page – probably unobserved by the general reader, which claims that Newton was not understood till very recently. That means that Shestov must have had some understanding of the meaning of Einstein's relativity!

16 Léon Chestov, *Athens and Jerusalem*, op. cit., p. 171.

deal with the revelations of poets and artists]; and also 'Bisogna trovare una nuova via di conoscenza al di là della ragione – e questa si può trovare attraverso la poesia, l'arte, l'estro (whim) del genio, l'entusiasmo, il furore, la pazzia. Mutare il cuore e la mente...' [It is necessary to find a new means of knowledge beyond reason – and this can be found through poetry, art, through the whim of the genius, through enthusiasm, furore, madness. To change one's heart and mind].[17] Both quotes sound like quotes from Shestov or perhaps rather like sentences written by his disciple, Benjamin Fondane. More often even than his master, Fondane referred to the 'second dimension of thought' (Papini's 'sapienza superiore'), about a philosophy in which 'le cri est la méthode', about poetry which is a need and not a pleasure, an act and not an idle comfort ('un acte et non un délaissement'), a poetry which has an existential function because it is the act of living reality ('une affirmation de la réalité'). He wanted, as Papini did, *mutare il cuore e la mente*, he sought to fuse the heart and the mind and move them to that point which should become simultaneously the locus of reality and our perception of it. Fondane's concept of *gouffre* itself is an elaboration and an attempt to focus upon a Shestovian idea expressed always in a somewhat fuzzy and diluted way by the master.

Throughout his life, Fondane echoed the Shestovian themes, in all his prose writings.[18] The examples are numerous; for instance, in his *Baudelaire et l'experience du gouffre*, Fondane wrote : 'la philosophie est incapable d'admettre l'existence du Gouffre, de la Pythie'.[19] But this is exactly what Shestov said in the conclusion of his commentary, mentioned above. He quoted the old Russian proverb about men who would always prefer to give up the crane in the sky for the tit in the hand. We are conditioned by our 'philosophy of life' always to give up the crane in the sky, because, as Shestov writes: '...this is the eternal law of destiny: the wages are not given twice and they [men] have sold their birthright before death for a tit. *These considerations have clearly never*

---

17 Giovanni Papini, *Scritti Postumi*, Roma: Mondadori, 1966, p. 273 and p. 396.

18 The poetry is a different issue; what he wrote after *Titanic* was part of an exercise in something I might call, *faute de mieux*, 'practical existentialism'. But this is an altogether different subject and I cannot discuss it in this restrained frame.

19 Benjamin Fondane, *Baudelaire et l'expérience du gouffre*, Paris, Seghers 1972, p. 35; before that he quoted Nerval to support his idea that the poetical act is the product of both inspiration and pain – *le Gouffre, la Pythie* – in Nerval's words.

occurred to that philosophy which pursues positive ends. It thinks quite obviously that groundless fears are evil and sure possession a good' (my emphasis). But since the master left it there – he ends the paragraph with a question, as he so often does: '...what shall we say of Tolstoy's "experience", and other similar "experiences"?' – the disciple felt the need to explain the nature of the 'experience' and to further explore its relevance to philosophy.

Through the 'expérience du gouffre' the poet attains, *nolens volens*, a way of knowledge and a modality of expression which confronts – and constantly maintains the conflict with the rational and conscientious! This new way of knowledge, described as *larvaire* and *balbutiante*, escapes definition and cannot reach the status of the concept. But that is exactly what we want, as Fondane says: 'Il faut qu'elle demeure larvaire, il faut qu'elle échoue vis-à-vis du concept; trop de forces se trouvent intéressées à maintenir cette impuissance, par la persuasion si possible, par la contrainte, si nécessaire'.[20]

Shestov had indicated the need for a *metasophia*. Fondane was painfully aware that the master's arguments were not always convincing: Bataille left the battle, Gabriel Marcel, disappointed, declared that for a while he followed Shestov in search for a door to knock at, but he left him when he discovered that there where he searched no door was to be found. Rachel Bespaloff complained that, having induced her to jump into the depths of a cold and treacherous river, Shestov abandoned her, content to send only faint signs of consolation while sitting on its banks... Shestov influenced many writers, although their references to his work were often limited to a few quotations or specific arguments extracted from their context (Camus in the *Myth of Sisyphus*, is an example). Further clarification of the master's views was needed, and Fondane did this very well. In the process, he also prepared the ground for the next step. Thus for instance, in the past – explains Fondane – religion oriented itself toward knowledge and power; it sought its adversaries in those who threatened to limit its power rather than in those who attacked its essence. However, a few, among whom St Paul, Tertullian, Pierre Damien, Pascal and Luther – Bible in hand – tried to bring the theological consciousness (*la conscience théologique*) to its original question, 'celle du péché originel en tant que Savoir, Necessité

20 Ibid., p. 36.

et Mort'. That is pure Shestov; however, at this point, Fondane makes a comment that was never made explicit by Shestov.

Religious thought must be specific to the religious experience: 'Le besoin religieux ne peut pas subsister sans une pensée à lui... [il] doit s'exprimer en une pensée, en un langage'.[21] Fondane makes the point that religious thinking is not against knowledge but against Knowledge as autonomous. It is here that he talks about an *open monade*, 'il [*l'esprit religieux*, that is] veut d'un savoir, d'une morale, qui aient des portes et des fenêtres, qui puissent recevoir ces "espèces messagères" que Leibnitz rejetait de sa monade'.[22] Religion meets philosophy because the 'absurdities' born from the exclusion of anything but autonomous reason, the individual, the colour, the affective, have been captured in the gravitational field of the former: 'Est-il donc surprenant' – asks Fondane – 'que ces "absurdités", à la longue, se sentent solidaires et, à la recherche d'une pensée qui les puisse réunir et défendre et exprimer, gravitent autour du centre d'attraction le plus puissant de leur cosmos – cette pensée même que balbutie le besoin religieux?'.[23]

Shestov and Fondane were both in search of a *metasophia*. To reach it one had to overcome the heart as well as the mind, *mutare il cuore e la mente*. Going beyond the *particulier existentiel*, as Fondane told Lupasco, meant following Ulysses beyond the realm of the sea, retracing Job's quest for the face of God.

21 Ibid., p. 344.
22 Idem.
23 Idem.

DOMINIQUE GUEDJ

Tragédie, néant et affectivité dans *La Conscience malheureuse*

Jamais tu ne feras que du non-être
naisse quelque chose.
Parménide

Le non-être est d'une certaine façon.
Platon, *Le Sophiste*

C'est à la lumière des pensées de Chestov (pour le discontinu), de Lévy-Bruhl (pour la participation) et de Lupasco, que j'éclairerai un aspect du tragique à partir d'un fragment de phrase tiré du chapitre premier de *La Conscience malheureuse*: 'octroyer au néant le prédicat de l'être'.[1]

Je n'aborderai donc pas le tragique de la manière habituelle dérivée du canon grec. Je lui préfèrerai une vision atypique interrogeant le tragique dans un lien affectif avec le néant, dont l'enjeu est de mettre un terme à la maîtrise sur le réel de la pensée d'identité afin de libérer une 'pensée de non-identité',[2] irriguée par l'affectivité où puisse, non pas se 'penser' le néant – disqualifié par l'intellection – mais y *participer*.[3]

---

1 Benjamin Fondane, *La Conscience malheureuse*, Paris: Denoël et Steele, 1936, p. 43.

2 Benjamin Fondane, *L'Etre et la connaissance*, Paris: Paris-Méditerranée, 1998, p. 28. On reconnaît la tentative d'en finir avec cette 'pensée d'identité' dans l'intérêt porté par Fondane à la 'bi-présence de l'homme dans l'espace et dans le temps' étudiée par Lévy-Bruhl, à la participation des primitifs, à l''état T' de Lupasco (voire éventuellement à la 'superposition des états' quantiques).

3 'Être c'est participer' écrivait Lévy-Bruhl (*Carnets*, Paris: Quadrige/P.U.F., 1998, p. 22). Rien ne saurait mieux exprimer cette non-identité que la participation où 'le sujet est à la fois lui-même et ce dont il participe', in Benjamin Fondane, 'Lévy-Bruhl et la métaphysique de la connaissance', *Revue philosophique de la France et de l'étranger*, mai–juin, 1940, vol. CXXIX, pp. 29–30.

Le Néant

Fidèle à ce cadre précis, je donnerai alors du néant et du tragique les significations suivantes:[4] le néant ne sera ni celui de Bergson, simple impossibilité logique ou 'affirmation par défaut' de second degré,[5] ni surtout celui de Heidegger, dont Fondane se démarque énergiquement, et moins encore celui de l'Esprit hégélien camouflé par la philosophie en être transcendantal. Il s'agira de ce 'Tout [...] devenu rien';[6] *résidu irrationnel* au fort 'coefficient d'irréalité qui n'a pu être réduit entièrement par la connaissance intellectuelle et qui réclame sa revanche'[7]: 'Quand l'âme s'approche de la vraie réalité, elle est prise de terreur, il lui semble qu'elle sombre dans le néant'.[8]

'Vraie réalité' pour Chestov ou 'vraie vie' chez Fondane, il y a là quelque chose qui ne se donne que dans la terreur, que la conscience craint de découvrir. Quelque chose 'dont toutes nos connaissances disent que ce n'est que pur "néant"';[9] un ordre de l'être abusivement refoulé en *non-être* par la philosophie. Ce néant auquel on a retiré l'existence, Chestov et Fondane le dénonceront comme mystification, comme résultat obtenu de force par la raison: verdict sans appel de condamnation à mort prononcé par le *Tout* à l'encontre de la *partie* condamnée à l'*anéantissement.*[10] La mystification consistant à assimiler *néant* et *anéantissement*, alors que ce sont deux réalités différentes. Ce dont parlera alors la philosophie n'étant pas un néant en-soi, mais l'anéantis-

---

4 Il va sans dire que d'autres approches sont possibles puisque, tout au long du texte, néant et tragédie reçoivent des significations multiples, parfois même incompatibles entre elles.

5 Benjamin Fondane, *La Conscience malheureuse*, op. cit., p. 174.

6 Ibid., p. 242.

7 Ibid., p. 19.

8 Léon Chestov, *Sur la Balance de Job. Pérégrinations à travers les âmes*, Paris: Flammarion, 1971, p. 320.

9 Ibid., p. 322.

10 'des choses particulières ayant fait leur apparition sur la scène du monde, c'est-à-dire étant sorties de leur propre gré du sein unique et commun vers une existence individuelle, ont commis de ce fait un grand crime. Et en conséquence de ce grand crime elles subissent le plus grand châtiment, savoir l'*anéantissement.*' [C'est nous qui soulignons], in Léon Chestov, *Sur la Balance de Job. Pérégrinations à travers les âmes*, op. cit., p. 249.

sement d'un état préexistant de l'être, traité en inexistant puis reconstruit ensuite comme un néant spéculatif.

Pour restituer la portée existentielle de ce néant il faudra lui adjoindre la notion de *discontinu* ou de rupture de l'identité telle que l'a pensée une certaine tradition philosophique soucieuse de sauvegarder une approche unificatrice et conciliatrice du réel. Le néant, quant à lui, suppose une altérité ontologique radicale qui dépasse le conflit entre identité et altérité: 'quelque chose qui n'est ni identité ni divers, mais "au-delà du divers et de l'identique"'.[11] De fait, la réflexion sur le néant telle qu'elle s'ébauche ici préfigure l'enjeu reformulé ultérieurement dans *L'Être et la connaissance,* où il s'agira de retirer 'à la pensée d'identité la domination du réel et de l'amener modestement à la partager avec sa victime, la pensée de non-identité'.[12]

Le tragique

Dans cette perspective, il sera un relèvement du défi posé par le néant à la pensée. Surtout, il sera cri, révolte devant le refus de l'esprit à accorder le statut d'expérience à une réalité non soucieuse de ses conditions de possibilité: 'Le possible est de pouvoir',[13] écrira Fondane ou encore: 'il arrive que ce qui n'est pas, ce rien, qui encercle et limite l'Etre proteste de son existence, crie au secours [...] prétend exister malgré tout'.[14]

---

11 Benjamin Fondane, *Le Lundi existentiel,* 'D'Empédocle à S. Lupasco ou "la solitude du logique"', Monaco: Éditions du Rocher, 1990, p. 178. Cet 'au-delà du divers et de l'identique' existe bien dans la participation de Lévy-Bruhl. En revanche, Fondane remarquera qu'il devient chez Lupasco 'un logique pur qui se confond avec l'existant' où 'le discontinu (l'hétérogène, le divers, la disparition) devient un facteur *rationnel* au même titre que le continu (l'homogène, l'identique, l'apparition)', in 'D'Empédocle à Stéphane Lupasco', op. cit., p. 171.

12 Benjamin Fondane, *L'Être et la connaissance*, op. cit., p. 28.

13 Benjamin Fondane, *La Conscience malheureuse*, op. cit., p. 243.

14 Ibid., p. 175.

Cet 'appel du néant'[15] c'est la réponse passionnée de la partie à l'Un; la mise en question de la domination du Tout sur la partie, élaborée par la tradition philosophico-mathématique aristotélicienne.[16] Participation tragique, seule capable de témoigner de ce réel néantisé par la philosophie, repoussé au dehors de la pensée dans le royaume de la négation et du 'rien'.[17]

Face à l'affirmation qui confirme l'identité – réponse *a priori* à l'immanence des choses,[18] à celle du sujet qui les perçoit et les pense –, le tragique consubstantiel au néant, défait cette 'évidence affirmative de l'identité'. Essai de 'pensée de non-identité' et pure affectivité, il est restitution d'un surplus ontologique refoulé qui refait surface! Aussi, face au logique qui ne connaît le néant que comme négation, Fondane ose la question de la préexistence du néant à la pensée logique qui le nie: 'et si, par hasard, le néant était, à l'origine, antérieur à la négation ?'.[19] Le néant n'est pas négatif, c'est la logique non-contradictoire qui est négation.[20] Affirmer le néant n'est alors rien moins qu'exiger 'la mort de l'abstraction et l'avènement du positif'.[21]

Entendre *l'appel du Néant*, de ce 'Rien qui encercle et limite l'Etre',[22] signale donc bien la vocation de la pensée tragique, et cette chose qui, dans *La Conscience malheureuse*, 'révèle l'existence [...] du

15 Idem.

16 Chestov cite Pascal stigmatisant la tyrannie des vérités de la raison, les 'terribles conditions de notre existence terrestre' en songeant à cet axiome privilégié: 'La raison répète ses vérités: A=A, la partie est moins grande que le tout.' (*Sur la Balance de Job*, op. cit., p. 311). Identité et conflit entre le tout et la partie y sont des thèmes récurrent (v. également pp. 325, 328–329).

17 'Toutes les fois que l'âme s'approche de l'informe [...] elle est incapable de la saisir (...) alors, elle fuit et craint de se retrouver face à "rien" [...]. La principale raison de notre incertitude tient à ce que la compréhension de l'unité [...] ne nous est donnée ni par la science, ni par une intuition intellectuelle, comme les autres objets intelligibles, *mais par une participation [...] supérieure à la science.*', in Léon Chestov, op. cit., p. 317. [C'est nous qui soulignons.]

18 '*ordo et connexio rerum*' comme Chestov aimait à le dire.

19 Benjamin Fondane, *La Conscience malheureuse*, op. cit., p. 176.

20 Dès 1935 Lupasco avait aussi montré, à partir de la déconstruction de la méthode du doute cartésien, que c'est la logique qui est négation, que 'penser c'est nier', voir *Du Devenir logique et de l'affectivité. Le dualisme antagoniste,* t. 1, Paris: Vrin, 1973, chap.I.

21 Benjamin Fondane, *La Conscience malheureuse*, op. cit., p. 57.

22 Ibid., p. 175.

Néant'[23] porte un nom clair: 'le domaine de la tragédie'.[24] Reconnaissance du néant d'où naît la pensée existentielle, où affirmer la positivité du néant revient aussi à modifier *affectivement* les pôles des grandes oppositions logiques, éthiques et ontologiques. Plus exactement, cela revient à les articuler sur un axe fondamental de la pensée fondanienne qui les transcende. Axe affectif tragique qui oppose la *restitution* à la *privation*, où les termes positifs des anciennes paires d'oppositions deviennent des pôles privatifs tandis que les seconds, dits négatifs, récupèrent un supplément qualitatif, d'ordre ontologique, qui leur était nié. Mais cette revalorisation des polarités logiques par l'affectivité assumée n'est pourtant pas une logique inversée ou une 'pensée rationnelle de signe négatif'.[25] Elle dégage l'unique clivage qui intéresse Fondane: celui entre logique (au sens large d'*issu du logos*) et affectif, entre continu et discontinu, être et non-être. Le rôle du tragique n'étant-il pas, rappelle Fondane, d''entretenir en nous, un état de discontinu et de provisoire, où force nous est de penser hors des catégories, sentir dans l'absurde, juger dans l'arbitraire.'[26]

Chez Chestov, le discontinu est indice de liberté[27] et d'arbitraire. Il s'en prend directement au principe de non-contradiction, à celui de l'identité, et met en crise la catégorie de causalité en introduisant la puissance terrifiante de l'*effet sans cause*. Consubstantiel au *to timiotaton* il introduit l'affectivité dans le champ philosophique, renouant avec la matière dont sont faites les 'vraies questions philosophiques'[28], refusant de 'transformer le *plus important* en imperceptible'[29] ou en continu, pour exiger 'un monde de transformations instantanées'.[30]

Ainsi, si le néant dissout le principe de non-contradiction, le tragique par où il advient se place naturellement au-delà du contradictoire sans toutefois le nier, l'amoindrir où forcer sa conciliation avec le réel. Il peut ainsi redresser avec profit les 'contraires à peine récon-

23 Ibid., p. 276.
24 Idem.
25 Benjamin Fondane, *L'Être et la connaissance*, op. cit., p. 28.
26 Benjamin Fondane, *La Conscience malheureuse*, op.cit., p. 260.
27 Léon Chestov, *Sur la Balance de Job*, op. cit., p. 68.
28 Ibid., p. 165.
29 Idem.
30 Idem.

ciliés'[31] par la philosophie. Par certains aspects plus proche du 'mysticisme' de la *participation* des primitifs que fidèle à l'héritage grec, qui préfère souligner l'exacerbation du conflit passionné entre la partie (l'homme tragique) et le *tout* (le *Kosmos*), le tragique ne recouvre pas pour autant l''expérience mystique' de la participation. La participation n'a pas besoin de surmonter une 'résistance de l'*absurdum* spéculatif',[32] mais le tragique, lui, est post-cognitif. Dans son affirmation du néant, il entre donc en conflit avec les fondements du possible et de l'impossible sans être assuré de parvenir à les surmonter. Si la participation est *extase*, le tragique est *tension*, quoiqu'ils aspirent à la même expérience.

Tandis que la participation chez Platon signifiait l'union de la partie au tout, d'un fini à un infini le dépassant, caractéristique du rapport de subordination liant les réalités sensibles aux Idées, Lévy-Bruhl voit dans la participation un lien tout–partie, régi par la fusion affective, qui n'est pas au détriment de la partie, l''archaïsme' de cette 'pensée' s'opposant – comme le discontinu – au principe d'identité. Dans cette problématique du tout et de la partie, tragique et participation empruntent donc un parcours inverse de celui de la philosophie (lapidairement réduite par Chestov à une pensée d'Anaximandre). Philosophie pour qui le mal provient de ce que les choses particulières et les âmes individuelles 'se sont échappées du sein de l'Un et ont eu l'impiété d'affirmer leur être propre',[33] tandis qu'avec Kierkegaard et son 'droit absolu de l'individu de mettre 'son drame' au centre du problème philosophique, dût-il *faire éclater celui-ci en morceaux*',[34] la partie sauvegarde sa part d'illimité.

S'il y a là démesure tragique de la partie, le tragique à dire vrai partage peu avec le mysticisme. C'est uniquement au sens où Lévy-Bruhl l'a qualifié de 'catégorie affective' qui n'entre en action que sous l'influence d'une réalité surnaturelle sentie, qu'il faut entendre ici *mystique* pour qu'il puisse s'associer au tragique. Mystique désigne alors la bordure affective qui entoure chaque expérience humaine dont la puissance est telle qu'elle peut l'absorber. 'Mythique' ou 'magique' convien-

31 Benjamin Fondane, *La Conscience malheureuse*, op. cit., p.181.

32 Benjamin Fondane, 'Lévy-Bruhl et la métaphysique de la connaissance', op. cit., p. 33.

33 Léon Chestov, *Sur la Balance de Job*, op. cit., p. 166.

34 Idem. [C'est nous qui soulignons].

draient sans doute mieux pour en rendre compte.[35] Extension de l'être et du réel inscrite au cœur du concret affectif, dans l'*ici* de l'expérience affective, ce mystique n'oppose pas l'*ici-bas* d'un réel indigne à un *au-delà* céleste seul valable. Est 'mystique' cette expérience du tragique au sens où elle est le seuil de ce *déjà-là* qu'est le néant, comme la participation de Lévy-Bruhl, qui est ce 'donné ultime et immédiat'[36] de l'être au-delà duquel on ne peut remonter. Et Fondane envisage finalement le néant métaphysiquement; comme levée quasi-miraculeuse de la 'conscience malheureuse': 'chose étrange, au lieu de se sentir relativisé, amoindri, ce n'est qu'à ces rares moments que l'être [...] se sent libre, joyeux, plein et débarrassé de sa conscience malheureuse.'[37]

Le tragique ainsi porteur du néant dévoile le mystère de l'être.[38] Or le mystère – absolue discontinuité – épouvante parce qu'il est rupture inexplicable du continu, du principe de causalité. Il est la fin du savoir. Mieux, il lui est radicalement hétérogène quand ce savoir s'érige en produit d'une théorie de la connaissance. Intrusion de l'inexistant, tel ce néant *encerclant l'être de son rien* dont parlait Fondane, le mystère pose la primauté d'une relation affective au réel, en délivrant de l'irréversibilité accordée au fait et au 'naturel'. Tel la théologie négative, il renvoie à l'être par *ce qu'il n'est pas* ('la vraie vie est absente' du *Rimbaud*), bouleversant l'axiologie traditionnelle de l'être et du non-être. Accès à l'être par le néant, qui s'avère spécialement fructueux dans *La Conscience malheureuse*, car le tragique en est nourri pour réhabiliter le néant de façon parallèle à ce qui, historiquement, a eu lieu pour l'infini. Il s'agit d'y transformer la *valeur* du néant en le débarrassant de son statut aporétique et dissolvant, pour lui restituer la marque de l'être, de la même manière dont l'infini est passé de l'imperfection, de la négation et de la contradiction, à l'être suprême divinisé. Et finalement dans la

35 Lévy-Bruhl tenait cependant à *mystique*, aussi l'avons-nous conservé. Fondane, quant à lui, utilisait indifféremment 'mystique' et 'magique'.

36 L. Lévy-Bruhl, *Carnets,* op. cit., p. 34.

37 Benjamin Fondane, *La Conscience malheureuse,* op. cit., p. 274.

38 Mystère de l'être qui fait écho à la pensée 434 de Pascal: 'et cependant, sans ce mystère, le plus incompréhensible de tous, nous sommes incompréhensibles à nous-mêmes. Le nœud de notre condition prend ses replis et ses tours dans cet abîme, de sorte que l'homme est plus inconcevable sans ce mystère que ce mystère n'est inconcevable à l'homme.'

mesure où la négation est restitution d'être, positivité ontologique, elle redevient affirmation.

L'autre mystère est celui opéré par la philosophie à l'aide de la fameuse 'baguette de mercure'[39] des *Diatribes* d'Epictète, évoquée par Chestov. Il métamorphose l'*inattendu*, l'*inexplicable* et l'*accidentel* (ou discontinu) en inexistant, en néant philosophique; tandis que le mystère de l'être introduit aux dimensions religieuses de l'incompréhensible et du caché. Tragique et néant y abordent le champ du sublime (irreprésentable). Le néant de *La Conscience malheureuse* combine trois traditions de réflexions sur le sublime[40]:

Premièrement, la tradition esthétique qui a caractérisé le sublime par l'effroi et le grandiose des éléments naturels déchaînés. La description fondanienne du '*waste land*' tragique chestovien[41], prolongeant la géographie sublime et désolée du drame rimbaldien,[42] soumise au grandiose écrasant de son propre paysage philosophique et métaphysique intérieur, confirme tout à fait cette appartenance à l'esthétique du sublime. Ce 'domaine du tragique' chestovien supporte les éléments descriptifs du sublime appliqués à des thèmes existentiels *privatifs*: solitude, déréliction, vide, mort, aphasie, ténèbres. Privation qui privilégie la représentation des effets de terreur. Privation synonyme de point de rupture; signe du discontinu, mais qui, chez Chestov, sont un seuil à partir duquel s'espère le 'possible' qui sera *restitution*.

En outre l'esthétique de la réception du sublime relève, elle aussi, d'une *participation affective* à un illimité qui, à défaut de pouvoir être conceptualisée, demande à être sentie à l'aide de représentations obscures. Cette esthétique, toujours, a élu la tragédie comme lieu du sublime en art.

Deuxièmement, la tradition proprement philosophique en tant que présentation négative d'un impensable.

Troisièmement, la tradition métaphysique liée à la théologie négative (apophatisme).

---

39 Léon Chestov, *Sur la Balance de Job*, op. cit., pp. 327 et 328.

40 Si Fondane n'aspire pas au sublime en tant que tel, ce substrat esthétique est néanmoins sous-jacent, il prend chez Fondane un contenu métaphysique existentiel moderne dégagé de tout souci esthétisant *per se*.

41 Voir 'Léon Chestov témoin à charge', in Benjamin Fondane, *La Conscience malheureuse*, op. cit., pp. 273–79.

42 Benjamin Fondane, *Rimbaud le voyou*, Bruxelles: Éditions Complexe, 1990, p. 69.

Depuis longtemps lié au tragique et au néant par les notions de *conflit*, de *vertige* et de *contradiction*, le sublime rejoint les préoccupations chestoviennes. Il *montre* un invisible: le néant indissociable de l'être. Il substitue à la pensée d'identité 'quelque chose de fondamental, d'essentiel à l'esprit humain qui a le privilège [...] de se représenter, ou du moins de sentir le *pouvoir être autrement*; pour qui les choses, les êtres ont une double réalité, une visible et une invisible'.[43]

Finalement ce tragique s'envisage comme modalité *civilisée* de la pensée affective de participation, que Lévy-Bruhl avait attribuée d'abord au 'primitif', montrant ensuite qu'elle ne lui était pas spécifique. La pensée tragique, telle que Fondane l'inscrit dans le néant, est aussi une pensée affective de participation, à vocation métaphysique. Aussi n'est-il pas surprenant de voir Fondane reprendre à son compte une terminologie lévy-bruhlienne ('fusion', 'présence sentie') pour la qualifier, dès lors que c'est au nom des affects qu'il bouleverse les polarités logiques de la pensée dominée par le *cogito*. *Cogito* où participation et tragique se sont vu, l'un et l'autre, refoulés par le 'credo' logique, depuis la violation de l'interdit biblique de la connaissance. De *sacré* – sens étymologique de tabou – c'est-à-dire intouchable, l'interdit originel de la connaissance est devenu un 'rien', un préjugé pour la conscience autonome, tandis que la raison érigeait son propre tabou intouchable: 'ce savoir qui dispense le malheur'.[44]

Ainsi restauré dans son intouchabilité originelle, et semblable à la participation, en ce qu'il se donne comme restitution affective de réel aux dépens du savoir, le tragique se dévoile comme volonté de lever un refoulement. Or Lupasco a montré que la conscience connaissante ne connaît que ce qu'elle inhibe, que le savoir est du refoulé.[45] Qu'est donc alors ce tragique déroutant, se dérobant sans cesse à l'investigation – ni manifeste, ni refoulé – et qui aspire à l'abolition des déterminations du temps et de l'espace?[46]

---

43 L. Lévy-Bruhl, *Carnets*, op. cit., p. 125.

44 Benjamin Fondane*, La Conscience malheureuse*, op. cit., p. 11.

45 St. Lupasco, *Du Devenir logique de l'affectivité*, op cit., t. 1.

46 La direction prise par la pensée de Fondane semble dépasser le cadre autorisé par la philosophie institutionnelle de son époque et attendre des réponses inscrites ailleurs: à la fois dans l''archaïsme' de la pensée primitive étudiée par Lévy-Bruhl et dans l'extrême modernité des récents développements de ce qui s'appelait alors la microphysique, les implications philosophiques de la physique quantique

En dernier lieu, comment ne pas conclure sans s'interroger sur les motifs qui ont déterminé Fondane à colorer le tragique de qualités mystiques. A voir combien ce tragique se donne comme promesse d'innocence retrouvée, on pourrait croire qu'il est tout prêt de renvoyer l'homme à son état adamique. S'il y a bien tentation de cet ordre, Fondane n'y cède pas.[47] Ce serait un leurre! Car finalement redit Fondane, la tragédie est bien 'de vouloir soulever la "vraie vie"', mais hélas 'avec le levier de la raison, du savoir'[48] et atteint de ce mal de la dualité sujet–objet qu'est la 'conscience malheureuse'. C'est au cœur même de la condamnation au savoir que ce tragique inscrit un pan religieux irréductible, tout droit sorti de la *Genèse* s'il est vrai que: 'Le rôle de la tragédie est de remettre chaque individu devant l'arbre du savoir et devant l'arbre de la vie; [où] il s'agit éternellement de choisir non entre le bien et le mal moral [...] mais entre la liberté et la nécessité.'[49]

Il faut entendre ce pan *religieux* en son sens étymologique, comme la participation se veut *lien,* et s'oppose à l'*autonomie* désacralisante du rationnel: 'Ce n'est plus une pensée *autonome* mais une pensée solidaire de l'existence, qui "*participe*" à l'existence.'[50] Finalement, ce pan religieux donne un 'support métaphysique' à l'attitude philosophique même: 'L'existence de l'*homo philosophus* n'a-t-elle pas par conséquent un

prolongeant les interrogations traditionnelles de la métaphysique et de la philosophie. S'il apparaît difficile de transposer au plan macrophysique les paradoxes des phénomènes quantiques, cette idée n'est-elle pas cependant envisageable pour les 'lois' psychologiques de la pensée et les états du vécu? Fondane semble avoir perçu les enjeux ouverts par la physique quantique mais il est pourtant difficile d'affirmer s'il y voyait autre chose que l'émergence d'une rationalité nouvelle, plus subtile que l'ancienne, autre chose que ce qu'il nommera bien plus tard, toujours à propos de la pensée de Lupasco, 'une philosophie identifiante qui porte *sur* le contradictoire' (*L'Être et la connaissance,* op. cit., p. 58). Si la question du contradictoire appelle celle du paradoxe (quantique), accueillir le paradoxe est-ce nécessairement s'engager dans la 'philosophie du contradictoire' que recherchait Fondane ?

47 G.Vanhèse a décelé la même tentation surmontée en poésie, dans l'oscillation fondanienne entre Nerval et Baudelaire, entre inscription dans le temps et mode de pensée magique. Voir 'Des Révélations et des signes. Benjamin Fondane et Gérard de Nerval', *Europe,* mars 1998, nr. 827, pp. 102–105.

48 Benjamin Fondane, *La Conscience malheureuse*, op. cit., p. 249.

49 Ibid., pp. 254-255.

50 Benjamin Fondane, 'Préface pour aujourd'hui', in *La Conscience malheureuse*, op. cit., p. XXII.

support métaphysique et son rôle n'est-il pas de manger éternellement du totem de la connaissance, de violer éternellement le tabou de la mort?'[51]

Prisonniers de la connaissance, 'vaincre les évidences ne nous est pas accordé. Il nous est donné seulement de *lutter* contre les évidences. [...] Lutter sans jamais vaincre'.[52] En cette lutte *irrésignée*, en ce conflit inégal et désespéré, le tragique retrouve sa qualité originelle d'audace, d'insoumission qui, à la fois broie toujours l'homme tragique, mais le propulse aussi à sa plus haute dimension humaine.

---

51 Benjamin Fondane, *La Conscience malheureuse*, op. cit., p. 19.
52 Ibid., p. 255.

Part 2

Genealogy of a Subversive Discourse: Kierkegaard, Nietzsche, Dostoevsky

ANDREA OPPO

A Loss of Truth: A Tragic Turning Point at the Beginning of Shestov's Philosophy

'The time is out of joint'
Shakespeare

Paris 1921. On the occasion of Dostoevsky's birth centenary, the *Nouvelle Revue Française* was preparing a special issue entirely dedicated to him. The journal director, Jacques Rivière, asked Boris de Schloezer to point out a Russian collaborator who could write about Dostoevsky. Schloezer[1] advised Rivière to talk to Shestov, a philosopher who had only recently arrived in France. Shestov gladly accepted the proposal, and started writing the article during the summer months of the same year.

The article entitled 'The conquest of the self-evident' was first published in Russian in the *Sovremmennye Zapiski* journal, then on the 1st of February 1922, a revised French version (translated by Boris de Schloezer), came out in the *Nouvelle Revue Française*[2] alongside other studies on Dostoevsky by Jacques Rivière and André Gide. The depth and originality of Shestov's style made a lasting impression on the

1 Russian-born Boris de Schloezer (1881–1969) grew up in musical surroundings (his sister later married A. N. Scriabin). He became a well-known musical critic and author of various monographs and essays on Bach, Stravinsky, as well as on his brother-in-law, Scriabin. He first met Shestov in Kiev. In the early 1920s, they met again in Paris and, from that moment on, Schloezer took on the role of Shestov's French translator, as well as that of an informed commentator of Shestov's work in France.

2 The full text of the article was published in French a year later, together with an essay on Tolstoy, in the volume *Les Révélations de la mort*, Paris: Plon, 1923. The same work was then re-printed, as one section of Shestov's book, *In Job's Balance* (*Na Vesach Jova*), first published in Russia in 1929.

French readers, as well as on Rivière and Gide, who had only warm words of praise for Shestov.

Shestov's destiny seemed to change radically. He came out of the anonymity that surrounded him after he had left Russia. Several studies about his article suddenly appeared; the top intellectuals of Paris lavished attention on him, and various publishing houses proposed to publish his works. In real terms though, things were not quite as simple.

Although the Institute of Slavonic Studies at the University of Paris offered him a professorship the same year, a long time passed before some of his writings were published; the remaining articles only came out in print after his death.

Yet, despite his difficulties with the editors and his unsuccessful insertion into academic life, the years he spent in France – from 1921 until his death in 1938 – were among the most prolific; this was the period during which Shestov wrote some of his most famous books (*In Job's balance*, *Kierkegaard and Existential Philosophy*, and – last but not least – *Athens and Jerusalem*, which he thought to be his most successful). This was also a period when Shestov made several important encounters that had significant consequences for the reception of his work. It suffices perhaps to mention, for example, André Malraux, Jules de Gaultier, Lucien Lévy-Bruhl (the director of the *Revue Philosophique*), Shestov's closest friend – Benjamin Fondane,[3] and finally Husserl,[4] all of whom contributed in one way or another to Shestov's discovery of Kierkegaard. These were the years when Shestov came to prominence in the Western world as a deliberately biased referee in the contest between Athens and Jerusalem.

In reality, the unknown Russian that Schloezer introduced to Rivière as a potential contributor to the *Nouvelle Revue Française* was a man of 55, author of many works and well-known philosopher in his

3 Benjamin Fondane (1898–1944), Romanian–Jewish poet and author of several studies on French literature and thought (in particular on Rimbaud and Baudelaire). In 1923, he moved to Paris where he met Shestov and became his close friend. He wrote a book containing a collection of letters and testimonials on the Russian philosopher's life and work (B. Fondane, *Rencontres avec Léon Chestov*, Paris: Plasma, 1982).

4 Concerning Shestov's friendship with Husserl, see Ferruccio Dechet's *L. Šestov, Contra Husserl. Tre saggi filosofici*, Milano: Guerini e Associati, 1994.

country, although his reputation was very different from the one that he was about to acquire in France.

Born in Kiev, in 1866, of Jewish parents (his real name was Lev Isaakovich Schwarzmann), Shestov studied mathematics and law, before becoming interested in literature and philosophy. In 1898 he published his first book, *Shakespeare and his critic Brandes*, followed by five other volumes as well as numerous articles. He eventually left Russia in 1920, went to Switzerland, then settled in France. After 1911, the year when his last book in Russian, *Velikje Kanunyi*, came out, a period of 12 years passed before he published another book. This long delay, mainly due to personal problems connected to the social and political situation that Russia was going through in those years, marked the era of an important turning point in the philosopher's interests. He found himself moving more and more from literature towards religion and philosophy. According to Schloezer, it was the discovery of Luther's commentary of the *Epistle to the Romans*, 'événement capital dans la vie spirituelle de Chestov'[5], that determined such a change. Following this event in 1911, Shestov left momentarily for Switzerland. He resided in Coppet for a while, and wrote *Luther and the Church*, which only came out in print many years after Shestov's death. In between 1911 and 1923, he studied Greek and Medieval Philosophy, Saint Paul and the Scriptures, thus inaugurating a new direction of his *peregrination among the Souls* – as he liked to describe his philosophical discourse – passing through Pascal and Plotinus in order to arrive at Kierkegaard. This line of argument determined the choice of his recurrent theme of reflection: the fight between Faith and Reason.

Nevertheless, this turn of events does not actually tell us much about the evolution of Shestov's thought because this was not a truly revolutionary change. If from that moment onwards the scenery and the actors of his works can be said to have changed, the script remained the same, which confirms Berdyaev's theory that Shestov was the author of 'one idea' that he continually applied to different themes.[6]

I would therefore surmise that the focal point of that script, the basis of Shestov's 'one idea' could be found further back in his readings

5 Boris de Schloezer, 'Lecture de Chestov', in *La Philosophie de la Tragédie*, Paris: Flammarion, 1966, p. 18.

6 See: N. A. Berdyaev, 'Osnovnaja ideja filosofii L'va _estova', *Put'* nr. 58, 1938.

of Shakespeare's *Hamlet*, of Marcus Brutus, Nietzsche and Tolstoy. A tragic doubt and a major change of beliefs were troubling Shestov.

From Shakespeare to Nietzsche: the Time is out of Joint

'I don't believe that you will find in all the memories of the past a more tearful, frightening and finally truer voice than that of Marcus Brutus who, just before his death, despised virtue'.[7] This was what Leopardi wrote when referring to a testimonial of the Greek historian, Cassius Dione who had Brutus say:

> Stolta virtù, le cave nebbie, i campi
> Dell'inquiete larve
> Son le tue scole, e ti si volge
> Il pentimento [...] [8]
>
> [Oh foolish virtue, the fleeting mists, fields
> Of agitated ghosts
> Are your abode, and the remorse
> Pursues you]

The bitter desolation that one finds in these verses echoes Shestov's own feelings when, five years after finishing his book on Shakespeare, he went back to criticise *Julius Caesar*.[9] Now, in similar fashion to Leopardi's comments on Brutus's last words,[10] Shestov saw more than a mere divergence from the rest of the drama (moreover, muffled as he says, by Mark Anthony's funeral oration); he perceived a real breach that radically changed the meaning of the story. In Shestov's view, this was

7 G. Leopardi, 'Comparazione delle sentenze di Bruto minore e di Teofrasto vicini a morte', in *Operette morali*, Torino: Einaudi, 1976, p. 227. The translation is mine.

8 G. Leopardi, 'Bruto minore', in *Canti*, Milano, BUR, 1996, pp. 69–70.

9 L. Shestov, 'Julij Cezar', Introduction to volume III of the *Opera omnia* of Shakespeare, St Petersbourg: Brockaus/Efron, 1903.

10 As in Shakespeare: 'Caesar, now be still; I kill'd not thee with half so good a will' (*Julius Caesar*, Act 5, Scene 5).

the first decisive confirmation of the doubt that he had probably experienced from the very beginning:

> Strange as it may seem to some people, my first teacher of philosophy was Shakespeare, with his enigmatic, incomprehensible, threatening, and melancholy words: 'the time is out of joint'. What can one do, how can one act, when the time is out of joint, when being reveals its horrors?[11]

Fondane tells us that young Shestov was breathing 'la grandeur et le sublime du temps', in an era when the concept of causality, space and time rigidly governed the universe; when the Hegelian spirit pacified opposites, suppressed antinomies, and assigned to the individual or the living nothing but the role of a spectator. In this universe, Shestov was trying to demonstrate that there was no possible opposition between ideal moral values and life. He was trying to find a valid lifeline for everybody. The same idealism that (a few years ago) had led him to write a doctoral thesis on poverty and the exploitation of the lower classes[12] now pushed him to ask Shakespeare for the reasons about the horrors described in his works. He could not tolerate the pain and suffering in the world without a rational explanation or a reason.

It was Hamlet's phrase, 'The time is out of joint' (Hamlet, Act 1, Scene 5), as Shestov himself said, that made him doubt the accepted status quo. At the time, he thought this was the chance to put time right thanks to the sovereign virtue of ethics. This constituted the aim of his first piece of work, *Shakespeare and his critic Brandes*[13], which, according to Ivanov-Razumnik, can be defined as a genuine 'apologija tragedii' (apology of tragedy),[14] a piece of work in which Shestov tries to interpret Shakespeare's words in order to bridge the antinomies of his plays and show that only art can reconcile the highest of virtues, the supreme sense of things with the suffering and the sacrifice of the individual.

---

11 L. Chestov, 'A la mémoire d'un grand philosophe', *Revue philosophique de la France et de l'étranger*, nr. 1–2, janv.–févr. 1940, p. 9. Quoted in English from: 'In Memory of a Great Philosopher', trans. Bernard Martin, in Lev Shestov, *Speculation and Revelation*, Ohio: Ohio University Press, 1982, p. 271.

12 The title was: *The Situation of the Lower Class in Russia*. The thesis was not published because it was considered subversive by the Tzarist censorship.

13 L. Shestov, *Shekspir i ego kritik Brandes*, St Petersbourg, Mendelevich, 1898.

14 R. I. Ivanov-Razumnik, *O smysle zhizni*, Letchworth: Bradda Books, 1971, p. 178.

Reconstruction, catharsis and a final explanation: these are the decisive elements that the philosopher uses to re-interpret Shakespeare; the very elements that Ivanov-Razumnik associated with an apologetic intent: the will to 'save appearances' or, in other words, to justify the suffering and tragedy of human life, without trying to ignore or dissimulate reality in any way. Ivanov-Razumnik came up with his own hypothesis about Shestov's urgent need for justification: it was 'slučaj', *chance,* or, more adequately, the fear that things cannot be explained. Naturally this is not a victory of evil over good, which the philosopher wants to avoid at all costs, but something even worse: the 'nelepyi tragizm' – in his own words –, the *senseless tragicalness*. Shestov was in no doubt about it: this was the worst prospect. He seemed to think that for the time being at least, Shakespeare's art was able to bring together (in an ultimate reconstruction) the pieces of the enigma of the tragic: by finding a meaning and a value in the so-called 'tragic beauty'. Dostoevsky's words seemed perfectly adequate at the time: 'Beauty will save the world'. The idea that a fundamental disorder of reality could in the end reassemble itself in harmonic unity or at least reveal a final sense over the chaos wasn't so firmly rooted in the philosopher's mind to be able to withstand the violent collision with reality itself.

Shestov's book on Shakespeare was published in a limited number of copies at the author's own expense, and the small section of the public that actually read it probably found it very difficult to believe that, two years later, the same author became known for a radically different work dedicated to Tolstoy and Nietzsche:

> We have tasted the fruits of knowledge and must, whether we wish it or not, lift the veil of the mystery that Belinsky held so carefully hidden and speak openly of that about which he spoke only with his most intimate friends.[15]

These were the last enigmatic words of the preface to *The Good in the Teaching of Tolstoy and Nietzsche*. Shestov referred to a private letter that Belinsky addressed to his closest friends, and its reflection theme becomes the recurrent motif of Shestov's book:

---

15 L. Shestov, 'Preface' to *The Good in the Teaching of Tolstoy and Nietzcshe: Philosophy and Preaching*, in *Dostoevsky, Tolstoy and Nietzsche*, trans. by Bernard Martin, Ohio: Ohio University Press, 1978, p. 9.

> Even if I were able to arrive at the highest degree on the ladder of culture, I should not cease to demand of you account for all of the victims of the conditions of life and of history, for all the victims of chance, superstition, the inquisition of Philip II, etc.; else I would throw myself head first down the ladder. I do not wish to have happiness for nothing, so long as I am not set at rest about *each* of those who are my brothers in blood. Disharmony, it is said, is a condition of harmony; it may be that this is very beneficial and amusing for melomaniacs, but not at all for those who are compelled by their fate to incarnate the idea of disharmony.[16]

These were Belinsky's hidden thoughts, those he dared not disclose to his readers for whom he continued to be an idealistic and humanitarian writer. In private though, things were different – as Shestov pointed out: Belinsky demanded an explanation for all the victims of history, and renounced the idea of universal harmony and the hope of some comprehensive explanation in the name of the individual. 'The writer – Shestov remarked – is like a wounded tigress that rushes to her young in her lair. The arrow is in her back, but she must nurse with her milk the helpless creatures who know nothing of her mortal wound.'[17]

We come from an abyss of horror and suffering (Shestov seems to say) and science, art and literature provide nothing but exhaustive explanations, beautiful images and harmonious verses. The philosopher is no longer interested in finding a cure for all evils; he prefers to look sickness in the face, and explore those areas of shadow where truth hides. It is time to give life back its supremacy over meaning, and for Shestov it is time to follow in Dostoevsky's footsteps and start his journey in the universe hidden within the human soul which he will call *podpole*: the 'underground'.

However, after a long incursion into the stated premisses, the reader is left wondering what Shestov's argument is leading up to. When the time finally comes to lift Belinsky's *veil of mystery*, and openly speak about the truth, Shestov says nothing. On the contrary, at that point, he even disavows Nietzsche, whose praises he had previously sung. The admiration for the German philosopher stops when he proposes his theory of the *Übermensch*. In the name of this theory, Shestov argues, Nietzsche preaches and achieves what Dostoevsky and Tolstoy did in the name of Good. Nietzsche too gave in to the desire of finding a resolution

---

16 Ibid., p. 3.

17 Ibid., p. 9.

to conflicting hypotheses like the two famous Russian writers: 'No more than Dostoevsky and Tolstoy, to whom he is inwardly so related, could Nietzsche bear the terrifying face of life or reconcile himself to his fate.'[18] What better way to do this than by creating a theory of self-glorification without any regard for the others?

At this point it seems that Shestov's discourse falters. Without Nietzsche as the guide who opened the way, Shestov seems to face new, unexpected doubts. When he wrote his book about Shakespeare, he feared that the origin of reality was senseless tragedy; now he wonders whether this tragedy is not only the possibility of expressing a new truth *sub specie contraria*, but also the very image of contradiction-ridden truth. The time is out of joint; and, just as he is about to tear away the veil of truth, Shestov has to face up to the enigma of the veil, which, contrary to one's expectations, remains firmly in its place, although one can now see that it hides... nothing underneath, the *Bespočvennost*.[19] Beyond the deceptive appearance there is nothing but absolute groundlessness: the only path beyond is an impassable one. The tragic for Shestov mutates from antithesis to irreconcilable contradiction: a mirror that shows the continual failure of the experience of truth.

The Philosophy of Tragedy

Only our superficial familiarity with these two terms can make their conjunction seem natural: for Shestov it was a matter of absolute contradiction. Putting tragedy and philosophy together reveals the impossibility of such union. This paradox comes up in the very title of Shestov's next book: *Dostoevsky and Nietzsche. The Philosophy of tragedy*.[20]

---

18 Lev Shestov, *The Good in the Teaching of Tolstoy and Nietzcshe: Philosophy and Preaching*, in *Dostoevsky, Tolstoy and Nietzsche*, op. cit., pp. 135–136.

19 Literally: 'groundlessness' (the key-phrase to Shestov's philosophy at this first stage).

20 L. Shestov, *Dostoevsky i Nitshe. Filosofya tragedii*, St Petersbourg: Stasjulevich, 1903.

> The philosophy of tragedy! It is probable that the joining of these words will provoke an adverse reaction from the reader [...] persuaded, in his heart, that our interests cease where tragedy begins. The philosophy of tragedy: does this not mean the philosophy of despair, of madness, of death even? Can there be any kind of philosophy under these circumstances? We are told not to mix the dead with the living, and we immediately understand and joyfully welcome this teaching.[21]

Free from the deception of ethics, art, and science, having removed the mask of appearances, philosophy finds itself confronted to the tragic as its own contradiction. Truth in the Tragic domain continually eludes definition as if in a vortex, without any point of reference. Deprived of all its weapons, philosophy can do nothing but fail or else pretend it has not seen anything and go back on its footsteps. Yet, for Shestov, one question still remains:

> The majority of readers might not want to know this, but Dostoevsky's and Nietzsche's works do not hold an answer but a question: is there still hope for those who rejected science and ethics? That is to say: is the philosophy of tragedy possible?[22]

The question has a rhetorical turn, as if it followed the conclusions rather than the preliminary remarks of one's enquiry. Wondering about the possibility of a philosophy of tragedy comes down to asking whether there is any meaningful (universal) expression of truth. This question sheds light on the origin and later development of Shestov's thought.

This time, Shestov's line of argument no longer focuses on the contrastive analysis of two authors (such as in his previous study of Nietzsche and Tolstoy), but proceeds on the basis of the analogy between them. According to Shestov, Nietzsche's and Dostoevsky's circumstances were identical: 'Indeed, if it is a similarity of inner experience rather than a common origin, a common place of residence, and a similarity of character that binds people together and makes them kindred, then Nietzsche and Dostoevsky can without exaggeration be

---

21 Ibid., p. 13 (my translation). The preface to Shestov's study of Dostoevsky and Nietzsche is missing from the published English translations (by Bernard Martin and Robert Spencer). We have therefore provided our own translations for all quoted passages from the preface.

22 Ibid., p. 27 (my translation).

called brothers, even twins'.[23] From the outset, both of them relied on the value of one 'idea', and both had a teacher (Wagner and Belinsky, respectively) whom they eventually abandoned, only to find themselves alone, confronted with their own personal tragedies. Thus, like in a curious game of allusions and analogies, Dostoevsky and Nietzsche's change of convictions closely echoes Shestov's transformation, and one is more than ever under the impression that the author is actually speaking about himself.

However, it is also worth mentioning that Shestov's interpretation of Dostoevsky followed several other important studies by Russian authors such as Soloviev, Rozanov and Bulgakov[24], and tied in with the wider debate surrounding Dostoevsky's speech on Pushkin in 1880, that brought Shestov's philosophical interpretation of Dostoevsky to the limelight. This debate was symptomatic of the cultural climate that led to the Russian religious renaissance at the turn of the century.

In similar fashion to Rozanov, though with decidedly tragic undertones, Shestov identified the key to all of Dostoevsky's works in *Notes from the Underground.* He considered that the prophetic year 1864 saw the turning point of an author who abandoned his old convictions to move towards a truth that was increasingly linked to absolute freedom and individual will against the self-evidence and certainty of reason. Unlike Soloviev, who emphasised the positive aspect of Dostoevsky's message (the triumph of good was the faith in man), Shestov brought out a decisively tragic aspect: he showed that there is no connection between fault and redemption in Dostoevsky and that, in the end, it is not wisdom and virtue but desperation and madness that represent man's real destiny.

Tragedy is a fact for Shestov, an experience that is outside the concept: '*Notes from the Underground* is a heart-rending cry of terror

---

23 Lev Shestov, *Dostoevsky and Nietzsche: The Philosophy of Tragedy*, in *Dostoevsky, Tolstoy and Nietzsche*, op. cit., p. 146–147.

24 After Dostoevsky's death, V.S. Soloviev (1853–1900) wrote a series of celebrated articles as a tribute to their friendship ('Three discussions in memory of Dostoevsky', 1881–1883). In 1891, V.V. Rozanov (1856–1919) published his essay, 'The legend of the Great Inquisitor', in which he analysed the link between 'The legend' and the novel itself. S.N. Bulgakov (1871–1944) wrote a brief but important article in 1901, 'Ivan Karamazov as a philosophical type', in which, he vindicated Dostoevsky's reputation as an artist–philosopher, while highlighting the analogy between the Russian writer and Nietzsche.

that has escaped from a man suddenly convinced that all his life he had been lying and pretending [...].'[25] The underground is nothing other than a scream of terror and, at the same time, it represents the only place where the experience of truth turns out to be accessible. In his previous book, Shestov remarked that 'a new Golgotha was necessary in order that a new truth appear'.[26] This idea that true consciousness can only emerge from pain and conflict, within a non-conceptual tragicalness, remains central to the analysis. But Shestov's position does not amount to a glorification of tragedy, to the eulogy of pain and suffering in keeping with some conceptual framework – a 'romantic' or 'schillerian' one, for example. There is no reconciliation of opposites in tragedy, no possible catharsis, not even in the guise of aesthetic pleasure. The pleasure of destruction that Nietzsche talked about in *The Will to Power* does not exist. In Shestov's view, true pain is not a song, but a scream. Tragic horror has no horizon, no reason and no explanation; there is no cause or original fault that brought it into existence and no ultimate meaning. The 'philosophy of tragedy' therefore means the impossibility of reconciliation, and the persistence of this impossibility represents the real tragic nucleus of the philosopher's thought.

Along the intricate crossroads laid down by Shestov, Nietzsche could only betray the hopes of the Russian philosopher. The two ended up on opposite sides of the road that initially took them to tragedy, passing through the destruction of the epistemological horizon to arrive at the 'human much too human' and, ultimately, to the apology of the underground psychology. The turning point in Nietzsche's thought followed the discovery of the mysterious nature of groundless being, which (according to Heidegger's interpretation) prompted the identification of Tragedy and Aesthetics. The Tragic came up in Nietzsche's 'Truth and Lies in the Extra-Moral Sense' when the philosopher realised that *everything is a game* or, more precisely, that 'the world has become a fairy tale'. Nietzsche's 'yes' to life originated in the enigma of groundlessness and in connection with the ecstatic rites of Dionysus,

---

25 Lev Shestov, *Dostoevsky and Nietzsche: The Philosophy of Tragedy*, in *Dostoevsky, Tolstoy and Nietzsche*, op. cit., p. 169.

26 Lev Shestov, *The Good in the Teaching of Tolstoy and Nietzcshe: Philosophy and Preaching*, in *Dostoevsky, Tolstoy and Nietzsche*, op. cit., p. 116.

before the tragic became identified with the will to power and art in the philosopher's later work.

According to Heidegger's interpretation, this was the road that led to a radical aestheticisation of reality and language, prompting the transition from tragedy to fairy tales. It seems evident that Shestov could not follow Nietzsche, because, from Shestov's perspective, the supremacy of real life *(uzhas–horror)* constitutes the only state of the tragic and, having abandoned this premise, Nietzsche was turning his back on Shestov.

In an article that appeared in 1906, entitled 'The gift of Prophecy', and written shortly after the publication of his book on the philosophy of tragedy, Shestov also distances himself from Dostoevsky. Having reconsidered the events in the writer's life, Shestov became aware that he was wrong in thinking that, following the discovery of the underground, Dostoevsky would not want to go back on his assertions in order to see the consoling and deceiving light of day again.

Undoubtedly, the 1870s must have seemed bright to Dostoevsky when he started to reach fame and economic stability thanks to his novels. It was then that he began to take part in debates, take sides on social problems and give advice. It was then, as Shestov remarked, that Dostoevsky acquired the reputation of a prophet. Soloviev described him as 'a prophet of God'.

All of this is evident in the tone of Dostoevsky's book, *The Diary of a writer*, and in the discussions he engaged in everyday. The crowd thought he was a prophet, an inspired genius, but all he did was to confirm the established order of things and say what everybody expected of him. Given that autocracy, orthodoxy and nationalism (the values Dostoevsky heatedly preached) were well-established ideals of the Russian population, his support was not really necessary. Yet, having gone through the night, Dostoevsky finally reached daylight: he became the spokesman of the Russian government.

Consequently, Shestov did not follow either Nietzsche's or Dostoevsky's path to the end, although he seemed to appreciate Dostoevsky's psychology of the underground. Paradoxically, as the years went by, Shestov came to re-evaluate his position and felt closer to Tolstoy, whose late works and biographical itinerary made a deep impression on him.

There had been a moment in Shestov's reflections, and in his transition from Tolstoy to Nietzsche, when he clearly became aware that it was not possible to unmask the truth without immediately producing a false truth. His conception of tragedy emerged from the realisation that interpreting the unfounded radical nature of truth meant continually to confront its failure. In Shestov's next book, it became obvious that no tragedy other than *vopl' uzhasa* (the shout of horror) was possible. This meant that any other result would amount to bringing the tragic back into the domain of philosophy; or, more precisely, genuine tragedy implies that no aesthetic reconciliation of tragic contradictions is possible. Many years later, Shestov would write in an aphorism that 'truth is truth only if it is crucified'. It is tragic for the philosopher to have to abandon truth, but the impossibility of tragedy is even more tragic.

At this stage, Shestov's path seems to have reached an inevitable dead end. One can say that this was a deliberate choice on the philosopher's part after what he wrote in his first pieces of work, or perhaps it was only the prologue to a mystical transformation in the shape of an 'epoché': the philosopher's complete abandonment of his conception up to that point, in order to arrive at what one could only describe as another meta-rational or ecstatic dimension. That leap of faith never happened in Shestov's work, and – to some extent – there must have been nothing stranger to him than the real possibility of a mystical turn. He could have either followed the path of a religious mysticism close to the Russian tradition (and, in particular, to Soloviev's conception of being as part of the sophianic view of the world) or, alternatively, he could have subscribed to the idea of an 'epoché', that is, of a leap into the irrational, leading to the loss of all rational faculties of thought and speech, and the eventual discovery of a new private language, with no possibility of actual communication.

Instead, Shestov set out on the path to philosophical maturity from a dialectic perspective, starting from the dead end that he had reached. In the early 1910s, he started afresh with Luther, Greek philosophy and Husserl knowing very well that, unlike other philosophers, he had no other route to take, yet was free to continue his 'pérégrination à travers les âmes', his wandering among the souls without obligation to build or demonstrate anything. His negative and demystifying enquiry progressed, from that moment on, with the intention to define more thoroughly the borders between true and false, between the authentic and the inauthentic. 'Apofeoz bespochvennosti' (the apotheosis of groundlessness) is therefore the last word of the first Shestov: his 'no' to life does not want to acquiesce in any kind of positive solution. As the grounding of his philosophy, this 'no' is unshakeable and gives the impression of incompleteness, of an unfinished work that does not provide answers but only questions and doubts.

Schloezer tells us that Gabriel Marcel, once fascinated by Shestov's philosophy, went on to criticise the absurdity and the contradiction of Shestov's works. Marcel said: 'Where Shestov knocks there is no door'.[27] Nevertheless, Shestov's reply re-stated the paradox in his characteristically wilful manner: one actually needs to knock without knowing where the door is. Shestov was not interested in closed temples with easily identifiable doors; given his uniquely negative approach, the philosopher seems only interested in preserving the authentic horizon of truth as absurd and contradictory.

Shestov was a real *déraciné*. His life and works bring ample proof of his condition. An atypical Jew (as Lev Tolstoy perceptively remarked)[28] he was also an atypical Russian intellectual, neither slavophile, nor occidental; a thinker who had no illusions about politics and was indifferent to the Bolshevik Revolution. He epitomised the self-made man, with no teachers and, maybe, only one disciple, Fondane. His philosophy is an invitation to an eerie peregrination among the Souls. Although he frequently adopted the aphoristic form, his argument – as Boris de Schloezer said – 'ne commence ni ne finit'[29], has no beginning and no end, and therefore remains faithful to the real movement of life, that has no closure.

---

27 Referring by B. de Schloezer in 'Lecture de Chestov', op. cit., p. 16.

28 See: Natalie Baranoff-Chestov, *La Vie de Léon Chestov* t. 1: *L'Homme du souterrain, 1866–1929*, trans. Blanche Bronstein-Vinaver, Paris: Editions de la Différence, 1991, p. 127.

29 Ibid., p. 285. Baranoff refers B. de Schloezer, 'Sovremennye zapiski', nr. 16, 1923, pp. 418–419.

Olivier Salazar-Ferrer

Fondane et Nietzsche: une alliance paradoxale

La foi de Luther – et peut-être toute foi véritable et audacieuse – ne commence qu'au moment où l'homme ose franchir la limite fatale tracée par la raison et le bien.

Chestov, *Sola fide*

Il faut compter Nietzsche au nombre des sources actives d'argumentation de la philosophie existentielle de Benjamin Fondane.[1] De façon significative, ce sont des vers d'*Ainsi parlait Zarathoustra* qui terminent la *Conscience malheureuse:* 'La barque est prête, elle vogue là-bas, peut-être vers le grand néant. Mais qui veut s'embarquer vers ce peut-être'? Cette filiation réaffirmée par un philosophe d'origine juive ne laisse pas de surprendre lorsqu'on se rappelle que Nietzsche accusait les juifs d'avoir initié le renversement des valeurs vitales par les vertus ascétiques et la logique du ressentiment.[2] Premier paradoxe: Fondane, qui avant 1924 avait lu *L'Origine de la tragédie*, à travers l'œuvre de Jules de Gaultier, ne s'arrête pas à l'anti-judaïsme de Nietzsche. Il va jusqu'à associer son œuvre à une inspiration judaïque en la proclamant 'fille de la Genèse' dans *Le Lundi existentiel.* Deuxième paradoxe: comment la

1 Fondane cite les ouvrages suivants de Nietzsche: *L'Origine de la tragédie*, *Par-delà le bien et le mal*, *Ecce homo*, *La Volonté de puissance*, *le Gai savoir*, *Ainsi parlait Zarathoustra*, *Humain trop humain.* Les œuvres posthumes pour la fameuse citation de Frédéric Nietzsche: 'en somme, ce n'est que le *Dieu moral* qui est réfuté' (Aph. 190, in F. Nietzsche, *Œuvres posthumes*, sixième édition, trad. Henri Jean Bolle, Paris: Mercure de France, 1934, p. 89). Rappelons que Chestov et Fondane lisaient l'allemand et ont pu accéder aux éditions allemandes de l'œuvre de Nietzsche.

2 Frédéric Nietzsche, *Par-delà le bien et le mal*, § 195: 'Les juifs ont réalisé cette merveille du renversement des valeurs...'

philosophie existentielle de Fondane entièrement tendue vers la possibilité de Dieu peut-elle se réclamer de son destructeur le plus radical?

Depuis le volume collectif dirigé par Jacques le Rider, *De Sils Maria à Jérusalem*, nous savons mieux quel fut le succès que la pensée de Nietzsche rencontra dans les revues juives et dans les milieux intellectuels juifs d'Europe centrale et d'Allemagne.[3] Loin d'être ressentie comme une atteinte systématique au judaïsme ou même à la religion, cette philosophie contribua à renouveler et à approfondir la philosophie et la littérature des intellectuels juifs tels que Kafka, Buber, Fritz Mauthner ou Gustav Landaer. De fait, l'œuvre de Nietzsche, éditée depuis le début du siècle au Mercure de France par Henri Albert était accessible et inspirait de nombreuses révoltes littéraires: Georges Bataille et le mouvement d'Acéphale fondé en 1937. Blanchot, Artaud, Klossowski s'en nourrissaient et fondaient sur lui de nouvelles transgressions souvent politiquement ambigües.[4] Peut-être est-ce là la 'nietzschéomanie' dont parle Fondane à l'occasion de la publication de *La Volonté de puissance* traduite par Geneviève Bianquis en 1935 et en 1937.[5]

La filiation nietzschéenne

L'interprétation de Nietzsche par Fondane, à bien des égards, s'inspire des thèses, des citations, des leitmotivs de Léon Chestov. En effet, c'est l'auteur de *Zarathoustra* qui provoqua la rupture de Chestov avec l'idéalisme au tout début du siècle.[6] Ce dernier reprit la critique nietzschéenne de l'idéalisme, du sujet rationnel, des théologies dogmatiques ou critiques, et de l'édification d'un Dieu moral de Socrate à Kant. La critique

---

3 *De Sils Maria à Jérusalem*, Ouvrage collectif dirigé par Jacques le Rider, Paris: Le Cerf, 1991.

4 Voir pour le contexte de la réception nietzschéenne en France le livre de Jacques le Rider: *Nietzsche en France de la fin du XIXe siècle au temps présent*, Paris: P.U.F., 1999.

5 Fondane signale dans les *Cahiers du Sud* la parution de la nouvelle traduction de *La Volonté de puissance* par G. Bianquis (Paris: Gallimard, 1935), texte établi par F.Würzbach.

6 B. Fondane, *La Conscience malheureuse*, Paris: Plasma, 1979, p. 262.

de la causalité, du positivisme, des sciences historiques apportait aussi au scepticisme chestovien de nouvelles pierres. Par-dessus tout, Chestov avait apprécié le rejet d'un dieu identifié au Bien, et la tentative de dépasser la pitié, la compassion et en général tous les idéaux ascétiques. L'ouvrage de Chestov, *L'Idée du Bien chez Tolstoï et chez Nietzsche*, défend la thèse selon laquelle Nietzsche n'a réfuté qu'un Dieu moral.[7] Comme Dostoïevski ou Kierkegaard, le Nietzsche pathétique de *La Philosophie de la tragédie* combat les idéaux, 'la nécessité et l'ordre naturel.'[8]

Chestov qui refusait au début de partager la prédication de Nietzsche, c'est-à-dire les nouvelles valeurs du surhumain, intègrera dans ses dernières études une position plus dure et plus provocatrice en se réclamant de lui contre Jaspers, Berdiaev ou Husserl.[9] N'oublions pas qu'un des motifs chestoviens réccurents consiste en une tentative de libérer Dieu des attributs de la théologie dogmatique pour lui restituer sa nature de puissance et de possibilité infinie. Aussi, le Nietzsche de Chestov est-il luthérien puisqu'il est sensé pressentir un Dieu irrationnel et incompréhensible: 'Ce monde que Nietzsche a découvert – sans doute indépendamment de Luther – se situe par delà le bien et le mal et par delà toute vérité immuable et égale à elle-même.'[10] C'est cette thèse que reprendra Fondane.

---

7 Chestov a commencé à lire Nietzsche en 1894 avec *Par-delà le bien et le mal* et *La Généalogie de la morale*. cf. *Rencontres avec Chestov*, Paris: Plasma, 1982, p. 148.

8 Léon Chestov, *La Philosophie de la tragédie*, Paris: Éditions de la Pléiade, 1926, p. 232. Aussi p. 243: 'La philosophie de la tragédie ne songe pas à rechercher la popularité, le succès. Elle ne lutte pas contre l'opinion publique; son véritable ennemi, ce sont les lois de la nature.' Chestov évidemment cherche à rassembler une famille d'esprits contre les 'lois de la nature' sans distinction: Dostoïevski, Pascal, Nietzsche, Kierkegaard, dans le but de rendre possible le miracle. Un tel rassemblement opère une distorsion inévitable des pensées originales de chacun de ces auteurs.

9 Ces études sont publiées dans L. Chestov, *Spéculation et révélation*, Lausanne: L'Âge d'homme, 1981.

10 Léon Chestov, *Sola fide*, op. cit., p. 120. Voir aussi p. 130 et p. 150 où Nietzsche rejoint la cohorte des 'élus' chestoviens.

'Cette prédication exaspérée de la cruauté...'

C'est par Nietzsche que le lien entre Chestov et Fondane prend donc de l'épaisseur: 'C'est ce fond nietzschéen en moi que, dès l'abord, je retrouvais dans Chestov, ce goût pour le concret, le vivant, la personne, le drame, la propriété des termes' avoue ce dernier. 'Vous qui l'aimez tellement' lui rétorque Chestov à propos de Nietzsche.[11] En effet, le jeune Fondane s'était formé à Nietzsche par Jules de Gaultier en s'essayant à une justification esthétique de l'univers. Dès 1926, Chestov lui dédicace *La Philosophie de la tragédie*, son livre sur Dostoïevski et Nietzsche.[12] Aussi Fondane, dès *Rimbaud le voyou* (1933), revendiquera celui-ci comme un allié dans le mouvement existentiel. Sous l'influence de *L'Idée de Bien chez Tolstoï et Nietzsche* de Chestov, Nietzsche lui paraît illustrer la crise existentielle du moi pour sombrer dans la folie.[13] L'irrésignation de Fondane sera donc aussi 'hyperboréenne' selon l'expression du *Gai savoir*.[14] Elle revendiquera les régions 'polaires' de la pensée. La radicalité de celui qui affirmait 'je ne suis pas un homme, je suis de la dynamite' dans *Ecce homo* n'est pas pour déplaire à Fondane. De fait, comment ne pas déceler entre le style de Nietzsche et celui de Fondane des parentés saisissantes: même goût pour l'attaque, pour l'ironie irrévérencieuse, pour l'intime liaison de la pensée et de l'existence, pour la réfutation, pour l'analyse psychologique qui déconstruit les impostures herméneutiques et met à jour les motifs cachés du discours littéraire et philosophique, comme l'atteste l'examen du discours de Gide sur lui-même. Même besoin de recourir au poème pour exprimer ce que le discursif ne parvient plus à dire. 'Fièvre, délire, violence, intimidation, éloquence, prophétie et jusqu'au plus sournois des sophismes: l'enjeu n'est, en fin de compte, que le lecteur' dira Fondane à propos du style de Nietzsche.[15] Ne pourrait-on pas lui appliquer le même commentaire?

---

11 Benjamin Fondane, *Rencontres avec Chestov*, op. cit., p. 24.

12 Ibid., p.18.

13 Benjamin Fondane, *Rimbaud le voyou*, Paris: Denoël et Steele, 1933, p. 185.

14 Benjamin Fondane, *La Conscience malheureuse*, Paris: Plasma, 1979, p. 13.

15 Ibid., p. 260.

En 1936, la *Conscience malheureuse* intitulait son premier chapitre 'Nietzsche et la suprême cruauté.' La cruauté métaphysique caractérise l'effet de la destruction de l'idéalisme. Fondane reconnaît que Nietzsche a dénoncé le premier le processus de décadence par lequel le socratisme a effacé l'homme présocratique et l'homme tragique pour le penser dans un système de dévalorisation de la vie et de l'être qui traverse toute l'histoire de la philosophie de Platon à Kant.[16] Cette cruauté s'applique donc au dépassement de la morale traditionnelle et à la destruction de Dieu. L'idée d'un 'au-delà de la pitié' séduit Fondane soucieux d'écarter toute 'morale autonome' pour penser un dieu au-delà du bien et du mal, capable d'arbitraire et d'incompréhensibilité, qui se profile toujours à l'horizon de la philosophie existentielle.[17]

Le nietzschéisme de Chestov se durcit sensiblement à la fin de sa vie. Hésitant dans ses premières œuvres à adopter les nouvelles valeurs du surhumain, Chestov à la fin de sa vie brandit avec provocation le thème du 'monstre blond' de Nietzsche pour effrayer Jaspers.[18] La destruction de l'idéalisme kantien et du Dieu moral de Kant oblige Chestov à dépasser l'éthique. Cela signifie premièrement que la relation à Dieu n'est pas une relation morale, comme elle pouvait l'être chez Tolstoï: celui qui rencontre le bien ne rencontre pas Dieu. Deuxièmement que la nature de Dieu n'est pas limitée par des concepts moraux comme elle l'est dans la théologie rationnelle; aussi est-il capable d'arbitraire, de violence et d'irrationalité. Sa nature est donc restituée à sa puissance infinie. À Dieu tout est possible: tel est l'unique contenu de la foi. Modalité psychologique sans support rationnel, la foi devient le désespoir du monde dont l'envers théologique est l'espoir du miracle. C'est dans cette

---

16 Ibid., p. 139: 'L'idée [...] n'est que celle de Nietzsche qui le premier l'osa, en déclarant publiquement que le premier philosophe des temps modernes, Socrate était un homme théorique, un *décadent*.'

17 Ibid., p. 134. 'Nietzsche, déjà, avait démontré que la morale était une création des "maîtres" ravagée par une insurrection des esclaves, une création humaine, trop humaine, qui n'était pas issue de Dieu et qui ne témoignait guère de sa présence.'

18 *L'Idée de bien chez Tolstoï et chez Nietzsche* (1900) et *Les Grandes Veilles* (1911) font état de réserves importantes alors que 'Sine effusione sanguinis' (1938) affirme: 'Nietzsche a pressenti, dirait-on, que ce qu'il y a de meilleur en l'homme ce n'est pas ce qui le distingue de la bête mais ce qu'il a de commun avec la bête, au contraire' (Léon Chestov, 'Sine effusione sanguinis', *Hermès*, janvier 1938, p. 16).

tension que s'exprime la tragédie chestovienne et c'est de cette tragédie que la foi se nourrit.

On sait que Fondane et Chestov appuient leur critique de la rationalité sur l'anthropologie de Lévy-Bruhl.[19] La disparition progressive de la pensée mythique au profit d'une rationalité des systèmes philosophiques et des sciences témoigne aussi d'un processus de décadence rapporté à la naissance de la connaissance et de la réflexion. Comme la généalogie nietzschéenne, la généalogie existentielle consiste en un renversement des valeurs: 'Il nous faut vivre d'une vie étrange qui veut que les valeurs positives soient accordées à nos entreprises de néant et de mort, et que, par contre les valeurs négatives, les non-valeurs soient exclusivement affectées aux fonctions vitales de notre existence.'[20] L'homme théorique, l'*homo philosophicus*, est donc l'homme décadent, celui qui a renversé les valeurs nobles et les valeurs paria; Fondane peut donc se réjouir qu'il existe des 'hommes, des "hyperboréens" comme les appelle Nietzsche qui ne peuvent se résigner.'[21] Fondane à ce titre est encore près de l'auteur de la *Généalogie de la morale* lorsqu'il appelle à un renversement du renversement des valeurs, bref à une (re)affirmation de la pensée mythique et mystique sensée exprimer la puissance vitale de l'existence.

Nietzsche retrouvant un Dieu au-delà des religions spéculatives?

Comme Dostoïevski, Kierkegaard, Baudelaire ou Pascal, le Nietzsche de Fondane s'est révolté contre la connaissance: 'Tout comme Adam, Nietzsche a cru pouvoir devenir pareil aux Dieux; tout comme lui, Nietzche s'est vu tout nu; mais il a compris mieux qu'Adam que le serpent l'avait trompé, qu'il n'y avait que 'suprême cruauté' dans l'arbre de la

19 La forte orientation anthropologique de *La Conscience malheureuse* (1936) suit en cela l'étude de Chestov: 'Le Mythe et la vérité' parue aussi en 1936 dans *Putj'* [La Voie], nr. 50, janvier–avril, Paris, 1936, pp. 58–65; la version française de cet article paraîtra dans *Philosophia*, vol. III, nr. 1–4, pp. 60–71.

20 Benjamin Fondane, *La Conscience malheureuse*, op. cit., p. 11.

21 Ibid., p. 13.

connaissance.'[22] Mais avec l'effondrement du Dieu des philosophes, construit par concepts selon des exigences grecques, Nietzsche conserve la possibilité d'un Dieu au-delà de toute spéculation et de toute théologie dogmatique, identifié au dieu de l'*Ancien Testament*, 'explosif de puissance et de vie'. La thèse de Fondane est claire: 'Ce n'est pas une religion sans dieu que retrouve Nietzsche, mais un dieu au-dessus – et au-delà de toutes les religions spéculatives.'[23] Bref, le dieu réfuté par Nietzsche 'n'est que le Bien Moral.'[24] Lorsque Chestov apprend de Fondane cette expression tirée des *Œuvres posthumes*, il y retrouve sa position tout entière. Fondane considère en fait deux meurtres de Dieu fort différents: (a) le meurtre du Dieu authentique et originel qui aurait lieu une première fois sous la pression de la connaissance (thème proprement chestovien du serpent et de l'arbre de la connaissance) et (b) le meurtre nietzschéen tuant le dieu moral du christianisme et des théologiens. C'est ce second meurtre, celui du faux dieu qui restitue la possibilité du Dieu authentique d'Abraham et de Jacob.[25]

> Ne fallait-il pas sacrifier enfin tout ce qui consolait, sanctifiait et guérissait, tout espoir, toute foi en une harmonie cachée? Ne fallait-il pas sacrifier Dieu lui-même et, *par cruauté vis-à-vis de soi-même*, adorer la pierre, la bêtise, la lourdeur, le néant? Sacrifier Dieu au néant – ce mystère paradoxal de la dernière cruauté a été réservée à notre génération, nous en savons tous quelque chose.'[26]

---

22 Benjamin Fondane, idem, p. 66. À ce titre, Fondane reprend textuellement l'idée de Chestov: 'Pour Nietzsche lui-même, le plus terrible, le plus douloureux fut de renoncer au monde de Socrate. Il ressentit alors ce que dut ressentir le premier homme lorsque Dieu le chassa du paradis.' *Potestas clavium*, in *Pages choisies*, (Paris: Gallimard, 1931), p. 166–167.

23 Ibid., p. 385.

24 Ibid., p. 133: 'Le Dieu éthique n'est pas Dieu; seul le "Dieu est mort" de Nietzsche eût pu être le vrai Dieu – mais c'était un Dieu des grands jours, un Dieu des Hautes Alpes car, habituellement, même pour Nietzsche, ce Dieu n'était que le Bien Moral.' Remarquons que la citation provient de l'édition des *Œuvres posthumes* de Nietzsche (Mercure de France, 1934, Aph. 190, p. 89) et que Fondane ne la reprend pas de Chestov. cf. *La Conscience malheureuse*, p. 287.

25 Ibid., p. 218. Fondane cite un poème d'*Ainsi parlait Zarathoustra* où l'Autre interpelle Zarathoustra. Nietzsche apparaît finalement comme un 'élu' au même titre que Kierkegaard...

26 Fondane, *Le Lundi existentiel*, Editions du Rocher, 1990, p. 59. Ce passage est extrait de *Par-delà le bien et le mal*, §58. Fondane a largement souligné en marge ce passage qui était familier déjà aux commentaires de Chestov.

Ce passage de Nietzsche cité par la *Conscience malheureuse* et *Le Lundi existentiel* est à considérer attentivement, d'une part à cause de son importance dans l'argumentation de Fondane qui y revient sans cesse, d'autre part parce qu'il illustre sans doute une certaine mésinterprétation de Nietzsche.[27] Chestov, qui cite plusieurs fois ce texte de *Par-delà le bien et le mal*, y voit la preuve de la recherche nietzschéenne d'un 'droit d'être religieux'.[28]

Dans sa dernière étude sur Husserl, Chestov souligne que ce sacrifice est l'œuvre de la raison: 'La raison l'a exigé, il a fallu tuer Dieu.' Fondane interprète aussi ce passage en insistant sur le couple connaissance (chute originelle du serpent) et vie (puissance originelle divine et infinie):

> Qu'il faille arriver à 'l'ineptie' – au mystère de la suprême cruauté... – cela le serpent nous l'avait caché; les philosophes qui relèvent du serpent nous l'avaient caché également; et si Nietzsche est enfin venu nous le dire, comment ferions nous encore pour le confondre avec le serpent, alors que de toute évidence, il ne faisait que répéter les paroles du Dieu de la Genèse: 'Tu ne mangeras pas de cet arbre car tu connaîtras la mort'? Vous connaîtrez la mort, l'ineptie, la douleur, le destin, entendez-vous? et vous ne serez jamais pareils aux dieux!'[29]

En fait, une telle lecture ne va pas sans une certaine distorsion du sens du texte car si nous nous référons au texte complet, nul doute que Nietzsche vise ici l'athéisme de Schopenhauer qui marqua profondément toute sa génération.[30] Le troisième degré de l'échelle de la cruauté religieuse 'qui

---

27 Il clôturait déjà l'argumentation du chapitre: 'Nietzsche et la suprême cruauté' de *La Conscience malheureuse*, op. cit., p. 64–66.

28 Léon Chestov, *L'Idée de bien chez Tolstoï et Nietzsche*, op. cit., p. 158. Le contresens est particulièrement saisissant si on se réfère au paragraphe 46 qui explique le sens de cette cruauté à l'égard de soi-même dans le processus de décadence du christianisme puis de la philosophie de Schopenhauer. Nietzsche parle évidemment d'un sacrifice auquel sa génération, c'est-à-dire celle des wagnériens inspirés par Schopenhauer, a été confrontée.

29 Benjamin Fondane, *La Conscience malheureuse*, op. cit., p. 65.

30 Ce passage du §55 de *Par-delà le bien et le mal* s'enchâsse entre des considérations sur la continuité de la cruauté de l'auto-négation dans le christianisme et la philosophie de Schopenhauer, afin de caractériser 'l'être religieux', objet du chapitre auquel appartient notre passage. De façon significative, enchaînant sur notre passage, Nietzsche écrit dans §56: 'Il peut arriver qu'on s'efforce longuement, comme je l'ai fait, avec une sorte de passion énigmatique, d'aller par la pensée

sacrifie Dieu lui-même' que cite Fondane s'inscrit dans la dénonciation de la cruauté contre soi qui traverse tout le christianisme.[31] Le 'sacrifice de soi' dans le pessimisme de Schopenhauer n'est-il pas l'achèvement de l'ascétisme chrétien sans Dieu?[32]

Les divergences: les limites de la filiation nietzschéenne

Pourtant, cette filiation existentielle masque de fortes divergences. Nietzsche se serait sans doute opposé à la condamnation radicale de toute connaissance.[33] Certes, la généalogie nietzschéenne affronte la ruine des idéaux ascétiques décelés jusqu'au cœur de la connaissance. Chestov et Fondane pouvaient à ce titre noter la déconstruction des idées de causalité, d'idées régulatrices, de sujet et de finalité comme un rejet de la philosophie classique et du positivisme. Ils pouvaient également

---

jusqu'au fond du pessimisme et de le délivrer de l'étroitesse et de la simplicité mi-chrétienne mi-allemande, qui caractérisent sa dernière manifestation: la philosophie de Schopenhauer.'

31 Un paragraphe précédent l'explicite: 'La foi chrétienne est dès l'origine, sacrifice: sacrifice que l'esprit fait de sa liberté, de sa fierté, de sa confiance en soi; elle est en même temps asservissement, mépris sarcastique de soi-même, mutilation de soi-même. Il y a de la cruauté et un phénicisme dans cette foi....' (Benjamin Fondane, *La Conscience malheureuse*, op. cit., p. 65.) La cruauté, et particulièrement la cruauté contre soi, selon un autre passage décisif (§229) de *Par-delà le bien et le mal*, est d'ailleurs intimement liée à la jouissance.

32 L'achèvement du nihilisme de Schopenhauer accomplit une direction du christianisme. 'Il a interprété l'un après l'autre, l'art, l'héroïsme, le génie, la beauté, la grande compassion, la connaissance, la volonté de vérité, la tragédie comme conséquence de la "négation" ou de la négation de la Volonté – le plus grand cas de faux monnayage psychologique qu'il y ait dans l'histoire, abstraction faite du christianisme' (Frédéric Nietzsche, *Le Crépuscule des idoles*, *Flâneries d'un inactuel*, §21.)

33 Il faut toutefois relativiser l'attaque de la raison à laquelle se livre Fondane qui, venu de Chestov, cherchait d'autres conditions de connaissance, par exemple chez Lupasco, et qui déjà, dans une longue note importante de *La Conscience malheureuse* (op. cit., pp. 8–9) affirmait simplement assigner des domaines de pertinence aux différents types de connaissances. La pensée existentielle ou pensée de la qualité 'ne s'attaque nullement à son essence' [de la pensée rationnelle].

partager l'inclusion de l'acte de connaissance dans un réseau de forces vitales et d'affects qui l'orientent, le plongent dans un contexte existentiel, au lieu de postuler un sujet scientifique neutre et désintéressé. Mais n'oublions pas qu'une intelligence des 'perspectives et des interprétations affectives' portée par le sujet tout entier avec sa volonté et ses passions est possible pour Nietzsche.[34]

Une science sceptique, une science philologique, douée de probité et d'une conscience aiguë des motivations de la connaissance. On voit mal comment la pensée de Nietzsche pourrait être 'Fille de la Genèse' si cette affirmation valait comme condamnation de principe de l'acte de connaissance. Au contraire, c'est la négation de toute vraie connaissance qui a rendu possible le renversement des valeurs vitales au profit des fausses valeurs chrétiennes: 'la foi, c'est ne pas vouloir savoir ce qui est vrai' écrit Nietzsche.[35] Toute interprétation de Nietzsche dans le sens d'un irrationalisme, et de surcroît dans le sens d'un irrationalisme théologique quitte la philosophie de Nietzsche. Nous lisons encore ce dernier: 'La foi, telle que le christianisme à ses débuts l'a exigée et souvent obtenue, au milieu d'un mode sceptique de libre pensée méditerranéenne [...] serait bien plutôt la foi d'un Pascal qui ressemble effroyablement à un suicide permanent de la raison.'[36] Fondane est tout à fait conscient de cette situation: l'idée d'un recul de Nietzsche devant le rejet total de la science face aux 'vérités fondamentales d'un Isaïe, d'un Christ, ou si vous préférez d'un Dionysos, d'un Apollon' l'obsédera jusqu'à y voir le 'paradoxe de la pensée moderne.'[37] De fait, la conception nietzschéenne d'un monde qui ne serait que le déploiement de la volonté de puissance, et dans lequel la vie serait inclue au titre de réhabilitation totale des apparences comme seul monde réel apparaît bien éloigné de la postulation finale du *Lundi existentiel* qui est celle d'un

---

34 Frédéric Nietzsche, 'Quel est le sens des idéaux ascétiques?', in *La Généalogie de la morale*, §12.

35 Frédéric Nietzsche, *L'Antéchrist*, §52, aussi §47: 'Une religion comme le christianisme, qui ne touche à la réalité par aucun point, qui s'évanouit, dès qu'en un point quelconque la réalité entre dans ses droits, une telle religion doit être, à bon droit, l'ennemie mortelle de la "sagesse du monde", je veux dire de la science – elle approuvera tous les moyens pour empoisonner, calomnier, décrier la discipline de l'esprit, la pureté et la rigueur dans les affaires de l'esprit.'

36 Frédéric Nietzsche, *Par-delà le bien et le mal*, op. cit., §46.

37 Benjamin Fondane, *La Conscience malheureuse*, op. cit., p. 139.

'pouvoir magique' sur l'existant dont la suppression restituerait une possibilité infinie pour l'homme.[38] Seule Rachel Bespaloff avait clairement perçu toute l'ambiguïté du nietzschéisme de Chestov et l'avait exprimé avec clarté dans *Cheminements et Carrefours* en 1938.

Le Nietzsche de la *Conscience malheureuse* reste donc un allié ambigu: c'est le 'serpent du Savoir' conclut Fondane, 'avec effroi', 'qui l'avait converti à son athéisme.'[39] Chestov l'affirmera aussi: Nietzsche s'abandonne fréquemment au pouvoir de la raison qui n'admet aucune autorité au-dessus d'elle. Un passage de *Par delà le bien et le mal* où Nietzsche reprochait au christianisme d'avoir opéré un 'effroyable suicide de la raison' chez Pascal dut faire sentir intimement à Fondane tout ce qui l'éloignait de Nietzsche puisque celui-ci lui retourna la pointe: 'd'où cette effrayante lutte de Nietzsche avec lui-même qui ressemble, dirait Chestov, à un véritable suicide de la foi chez Nietzsche.'[40] En ce sens, l'allié se transforme en adversaire: sa critique de la raison maintient encore une conscience critique rationnelle. Fondane insiste sur cette démission: 'Et un Nietzsche qui reprochait au christianisme d'avoir "broyé" le formidable cerveau d'un Pascal fut tellement "broyé" à son tour par l'idole logique, que c'est à lui qu'il fut donné d'être l'anti-Pascal, le bouc émissaire de la Raison, et de crier dans les affres du plus grand renoncement possible: *Amor fati*: il nous faut adorer la nécessité.'[41]

A ce titre, le meurtre de Dieu redevient lui-même paradoxal et Nietzsche peut apparaître comme le dernier assassin de Dieu étant 'l'héritier de longues générations de philosophes, qui avaient chacun à sa manière, non pas nié Dieu, mais passionnément assassiné ce même Dieu.'[42] C'est à l'anthropologie de Frazer que Fondane demande d'éclairer le 'sacrifice' de Dieu. Le 'meurtre de Dieu' relèverait au fond de la logique tribale de la manducation des dieux par laquelle s'assimilerait

---

38 Le passage clé de Nietzsche est *Par-delà le bien et le mal* II, §36.

39 Fondane, *La Conscience malheureuse*, op. cit., p. 66.

40 Fondane, 'Léon Chestov, Kierkegaard et le serpent', *Cahiers du Sud*, nr. 164, 1934, p. 549.

41 Fondane, *La Conscience malheureuse*, op. cit., p. 35. et aussi p. 219.

42 Ibid., p. 164. Cette ambiguïté de Nietzsche se retrouve dans le dernier article de Chestov sur Husserl, 'A la mémoire d'un grand philosophe, Edmund Husserl', *Revue philosophique de la France et de l'étranger*, nr. 1–2, janv.–févr. 1940, p. 22–23.

leur puissance.[43] La philosophie (y compris celle de Nietzsche) ne ferait jamais que répéter le meurtre œdipien par excellence chargé de s'assimiler les vertus du Père au nom de la mère-science. Là encore, il ne faut peut être pas voir dans cette suggestion énigmatique de la *Conscience malheureuse* une simple parodie ironique de la psychanalyse de Freud. Toujours est-il que Nietzsche n'a pas tiré la conclusion de ses propres prémisses, 'que si l'humanité vit des hommes qui créent des Dieux, elle ne vit pas, elle meurt, par contre, des hommes qui tuent ces mêmes dieux.'[44]

Revenant sur Nietzsche dans le chapitre consacré à Gide dans *La Conscience malheureuse*, Fondane abat ses cartes: un passage d'*Humain trop humain*, affirmant que la 'connaissance est douleur'[45] défend soit la frivolité soit la douleur elle-même, c'est à dire l'affrontement de la vérité, au nom d'une 'probité intellectuelle.'[46] Voilà à nouveau une morale de la connaissance inacceptable pour Fondane. Ce Nietzsche revendiquant la douleur de la vraie connaissance ne peut qu'être lu contre le procès de la raison qui traverse toute la *Conscience malheureuse*: 'Dès qu'il s'agit d'une trahison à la "probité d'esprit", à la conscience intellectuelle, il n'est plus permis de rire, ni de poser des questions. "Malheur!" crie Nietzsche et tout le monde le croit sur parole'; et Fondane de continuer: 'Combien grand et honnête ce Nietzsche à qui la probité d'esprit interdit de rouler sous la table sainte.'[47] En 1938, Fondane reprendra la même critique contre la moralisation des exigences de la rationalité en attaquant Nietzsche sur la base du même texte.[48] En effet, rejeter la rationalité signifie *ipso facto* rejeter la morale de la rationalité, avec les vertus intellectuelles à laquelle appartient la probité. 'Cet homme qui n'a peur de rien, qu'aucune contrainte ne saurait ébranler, semble-t-il, se trouve n'avoir peur que d'une seule chose: souiller incura-

---

43 'Manger le dieu [...] c'était à la longue et dans le sens humaniste que lui donne Nietzsche, devenir ce dieu même que l'on a mangé', in Benjamin Fondane, *La Conscience malheureuse*, op. cit., p. 166.

44 Ibid., p. 139.

45 Frédéric Nietzsche, *Humain trop humain*, III, §109.

46 Fondane fait allusion au paragraphe §227 de *Par-delà le bien et le mal* sur la probité des esprits libres. Nietzsche lui-même prend une distance très ironique par rapport à lui-même immédiatement après: §230.

47 Benjamin Fondane, *La Conscience malheureuse*, op. cit., p. 84.

48 Benjamin Fondane, 'Léon Chestov et la lutte contre les évidences', *Revue philosophique de la France et de l'étranger*, nr. 7–8, juillet–août 1938, pp. 13–50.

blement sa conscience intellectuelle et la trahir "vis-à-vis de soi-même et d'autrui".'[49] Le saut vers l'absurde oblige Fondane à attaquer ce qu'il perçoit comme rationalisme résiduel chez Nietzsche. Une deuxième raison s'y ajoute, fondamentale: accepter une morale intellectuelle, c'est confondre le 'tu dois' moral, le 'tu dois' logique, et le 'tu dois' ontologique, bref assimiler les trois formes de la nécessité qui nous assigne des limites existentielles. En bref, c'est encore une forme 'd'obéissance' qui est reprochée à Nietzsche.

Cette divergence s'exprime parfaitement dans la différence des généalogies: chez Fondane, les valeurs perdues coïncident avec un rapport originel à Dieu et à la possibilité infinie de la condition originelle de l'homme, non astreint à la nécessité, à la rationalité, à la temporalité ou à la mort, bref à la finitude. D'autre part, et corrélativement, au lieu d'avoir recours au mécanisme du ressentiment et des forces réactives contre les valeurs des maîtres, Fondane a recours au mythe de la chute et de la faute du péché originel d'origine biblique. La conscience est donc *déchue* par une *faute* et sa relation au réel est une nostalgie métaphysique de la foi.[50]

Le paradigme du tragique

On sait que le cœur du scepticisme théologique de Chestov consiste dans le refus de la nécessité. Nous arrivons là à la pierre d'achoppement la plus radicale. Car Nietzsche écrit dans *Ecce Homo*: 'Ma formule pour la grandeur de l'homme, c'est *Amor fati*. Il ne faut rien demander d'autre, ni dans le passé ni dans l'avenir, pour toute éternité. Il ne faut pas seulement supporter ce qui est nécessaire, et encore moins le cacher – Tout idéalisme est le mensonge devant la nécessité –, il faut aussi l'aimer.' Fondane s'en indignera: 'Et je laisse de côté ce retour de Nie-

---

49 Ibid., p. 22.

50 Benjamin Fondane, *La Conscience malheureuse*, op. cit., p. 11: 'La pensée existentielle prétend que tout se passe comme si notre conscience était déchue; elle ne peut donc percevoir que la réalité de notre savoir, réalité de la faute, réalité créée donc qui peut être abolie, la faute n'étant, tout comme le savoir, qu'un accident dans l'économie du créateur.'

tzsche, vaincu, au veau gras de la philosophie traditionnelle: "ma formule est *amor fati*... Il faut encore l'aimer".'[51] Nietzsche ayant cédé 'vaincu, cherche "la raison, la garantie et la douceur de vivre", alors qu'il plie les genoux devant la *nécessité*...'[52] Chestov partageait entièrement ce point de vue.[53] On ne saurait trop insister sur le lien dialectique qui les lie au Bien et au Mal qui sont eux-mêmes des modalités de la nécessité.[54] Le 'suicide de la foi' et l''amour de la nécessité' sont deux aspects corrélatifs de la résignation. Voilà que Nietzsche devient un anti-Chestov. Voilà la relation de Benjamin Fondane à Nietzsche renversée: 'Chestov, en qui l'offense de la nécessité n'est pas encore éteinte qui, aux prises avec la "connaissance", continue à lui refuser son assentiment, et qui, au lieu de crier avec Nietzsche *Amor fati*, jette avec Dostoïevski un violent défi aux "évidences".'[55]

Les divergences entre Fondane et Nietzsche se retrouvent dans leurs conceptions du tragique. La tragédie nietzschéenne est celle d'une sagesse tragique, souverainement optimiste, 'étant l'affirmation de la vie elle-même dans ses problèmes les plus étranges et les plus ardus; la volonté de vie se réjouissant de son caractère inépuisable dans le sacri-

---

51 Ibid., p. 17. Fondane cite un passage d'*Ecce homo*, 'Pourquoi je suis si malin', §10, mais fait référence pour cet extrait à l'aphorisme 276 du *Gai savoir* ('*Amor fati:* que cela soit dorénavant mon amour. [...] Et somme toute, en un mot: je veux désormais pouvoir n'être un jour que pure approbation!').

52 Ibid., p. 79. Fondane commente toujours les paragraphes de Nietzsche: *Par-delà le bien et le mal,* §46–56. La même idée est reprise p. 17: 'Et je laisse de côté ce retour de Nietzsche, vaincu, au veau gras de la philosophie traditionnelle: "ma formule de la grandeur humaine est *Amor fati*... il faut encore l'aimer" (*Le Gai savoir*, aph. 276).' Nous retrouvons le même reproche déjà en 1933 dans *Rimbaud le voyou*, op. cit., p. 214.

53 'Nietzsche s'est pieusement soumis à la fatalité. Être esclave de la fatalité, obéir du fond du cœur à tous ses commandements, cela ne lui semblait ni honteux ni terrible. Il prêche ouvertement non seulement la soumission, mais l'amour de la fatalité (amor fati) impitoyable, inexorable.' (Léon Chestov, 'A la mémoire d'un grand philosophe, Edmond Husserl', *Revue philosophique*, nr. 1–2, 1940, pp. 24–25).

54 '"Par delà le Bien et le Mal" s'écrie Nietzsche, et ne s'apercevant pas que le Bien et le Mal nous sont offerts sous les espèces de la nécessité, il finit par s'écrier, vaincu, "Amor fati".' Benjamin Fondane, *La Conscience malheureuse*, op. cit., p. 253.

55 Benjamin Fondane, 'Léon Chestov, Sören Kierkegaard et le serpent', *Cahiers du Sud*, nr. 164, 1934, p. 554.

fice de ses types les plus élevés – c'est cela que j'ai appelé dionysien.'[56] La tragédie fondanienne est le conflit d'une aspiration à une possibilité infinie vécue subjectivement sous le mode de la foi et de la conscience réflexive et rationnelle qui l'entrave sous le mode de la connaissance. C'est dire que nous sommes loin d'une tragédie éthique opposant des valeurs incompatibles par accident ou par essence qui déchirent les héros cornéliens. Chez Chestov, la tragédie n'est pas un conflit entre les valeurs, ou bien entre le réel et les valeurs; elle est au-delà des valeurs; même si elle se répète sous des manifestations historiques variables, son processus ne concerne intimement au fond qu'un conflit invariable entre la finitude d'un sujet et son aspiration à l'infini.[57] Elle désigne une division que Chestov a accentué à l'extrême entre le savoir et la vie, l'être et le connaître, la raison et la foi, qui ne pourrait se dépasser que par un franchissement dans l'absurde ou dans la folie. La tragédie existentielle est une dualité irréductible dans la connaissance, car l'acte qui en prend conscience redouble le conflit dit originel entre l'être et la connaissance: 'Il est le premier qui ose arracher à la vérité ses prétentions au réel, de même qu'il est le premier à lui arracher la vertu. Pour la première fois au monde dans le domaine de la spéculation – l'être se redresse par rapport à la connaissance et lui tient tête; pour la première fois l'existence pose hautement ses exigences, non pas seulement vitales mais aussi épistémologiques, c'est la connaissance qui devient une tragédie.'[58]

Aussi malgré la défaite de Nietzsche, Fondane est tenté de lire l'existence de Nietzsche comme un sacrifice ou une 'passion' conduisant à un franchissement dans la folie.[59] N'avoue-t-il pas que Chestov espère de ses lecteurs 'une plus grande liberté et l'acquisition d'une béatitude dernière [...] à travers l'angoisse, la démence et la mort'?[60] 'Qui voudra s'atteler à sa propre destruction' conclut Fondane en demandant qui voudra suivre Chestov. Le Dieu qui 'choisit seul ses victimes' conduit à une théorie de l'élection proche du luthéranisme.[61] La philosophie du

---

56 Nietzsche, *Ecce Homo*, §3.

57 Benjamin Fondane, *La Conscience malheureuse*, op. cit., p. 252.

58 Benjamin Fondane, 'Au seuil de l'Inde', *Cahiers du Sud*, numéro spécial 'Message actuel de l'Inde', juin–juillet 1941, p. 383.

59 Benjamin Fondane, *La Conscience malheureuse*, op. cit., p. 259.

60 Ibid., p. 259.

61 Idem.

tragique n'est pas loin de penser que l'instant de la révélation fulgurante coïncide avec le terrible, l'abandon absolu, le doute suprême. Nietzsche appartient somme toute à cette 'aristocratie du malheur.'

L'ensemble de ces divergences et de ces convergences aboutissent à une relation foncièrement paradoxale. Dans l'œuvre de Fondane, Nietzsche est un élu chestovien, personnage tragique, contradictoire, renversant l'idéalisme moral de Kant, luttant pour une foi luthérienne qu'il se refuse à nommer par un dépassement de la raison et du bien et du mal.[62] C'est au nom de ce Nietzsche que Chestov rédige ses dernières études contre le rationalisme de la pensée allemande représenté par Jaspers et Husserl. D'un autre côté, ne restait-il pas aussi un 'anti-Pascal' ayant 'suicidé sa foi', et farouchement attaché à l'idée de probité intellectuelle?[63] Il est tout de même remarquable que la pensée fondanienne, cherchant à puiser aux sources judaïques, trouve en Nietzsche à s'alimenter. Lien paradoxal comme l'atteste l'aveu de Fondane: 'J'aurais éperdument aimé cet homme – et tout en lui, son messianisme, ses prétentions, son orgueil, sa cruauté, sa façon de parler femmes, m'eût déplu, énervé, agacé.'[64] Et pourtant c'est un passage de *Zarathoustra* qui conclut la *Conscience malheureuse*: 'La barque est prête, elle vogue là-bas, peut-être vers le grand néant. Mais qui veut s'embarquer vers ce peut-être?'

---

62 'Mais à l'un et à l'autre [Nietzsche et Kierkegaard] il sera fait le même reproche de n'avoir pas tout dit [...] d'avoir dissimulé en eux-mêmes, par crainte, les vérités qui leurs ont été révélées par l'heure la plus silencieuse.' *La Conscience malheureuse*, op. cit., p. 218. et p. 226 pour le reproche adressé à Nietzsche et à Kierkegaard d'être retombés dans la prédication.

63 Benjamin Fondane, *La Conscience malheureuse*, op. cit., p. 219.

64 Ibid., p. 61.

BERNICE GLATZER ROSENTHAL

Shestov's Interpretation of Nietzsche

Nietzsche was the catalyst for an early twentieth-century religious renewal movement called God-seeking (*Bogoiskatel'stvo*). The initiator of the movement was Dmitry Merezhkovsky, a symbolist writer who exalted beauty and artistic creativity and sought a new ideal (myth) by which to live. Most God-seekers were symbolist writers or neo-Idealist philosophers.[1] For them, the key Nietzsche texts were *The Birth of Tragedy* (1872) and *Thus Spoke Zarathustra* (1885). Shestov was a God-seeker too, but in a very different way. He opposed all myths and ideals as falsifications. For him, the key Nietzsche texts were *Human, All Too Human* (1878) and *Ecce Homo* (1888). He emphasized different passages of *Zarathustra* than his contemporaries did and said very little about *The Birth of Tragedy*.

Years later, Shestov recalled that when he first read Nietzsche he did not understand *Beyond Good and Evil. On the Genealogy of Morals* left him 'in tatters' and searching for ways to refute Nietzsche's 'terrible, pitiless thought.' But when he read a short biography of Nietzsche, 'on that day [he] understood.'[2] Shestov's epiphany was the result of his own experience – a sudden, incapacitating and painful sickness (apparently a nervous breakdown) he suffered in 1895. The defining experience of his

1 Details in: Bernice Glatzer Rosenthal, *D. S. Merezhkovsky and the Silver Age*, The Hague: Nijhoff, 1975; Bernice Glatzer Rosenthal (ed.), *Nietzsche in Russia*, Princeton: Princeton University Press, 1986; Edith Clowes, *The Revolution of Moral Consciousness, Nietzsche in Russian Literature, 1890–1914*, DeKalb, Illinois: Northern Illinois University Press, 1988; Jutta Scherrer, *Die Peterburger Religiös-Philosophischen Vereinigungen*, Berlin: Otto Harrassowitz, 1973; I. T. Boiskaia (ed.), *Fridrikh Nitssche i russkaia religioznaia filosofiia*, Minsk: Alkiona Pristsel's, 1996; Kristiane Burchardi, *Die Moskauer 'Religiös-Philosophische Vladimir-Solov'ev-Gesellschaft', 1905–1908,* Berlin: Otto Harrassowitz, 1998; N. V. Motroshilova and Iu. V. Sineokaia (eds.), *Fridrikh Nitssche i filosofiia v Rossii*, St Petersburg: Russkogo khristianskogo gumanitarnogo instituta, 1999.

2 Benjamin Fondane, *Rencontres avec Léon Chestov* , Paris: Plasma,1982, p. 149.

life, it led him to question, and ultimately to reject, rationalism, science, and conventional morality. As Shestov wrote in *Shakespeare and His Critic Brandes* (1898), the law of gravity can explain why a brick fell on someone's head and killed him (an allusion to a passage in Spinoza's *Ethics*), but not why the brick fell on that particular man, nor does it care. His anguished protest against inexplicable suffering made Shestov receptive to Nietzsche's anti-rationalism and gave him a unique slant on Nietzsche's thought. The 'terrible metamorphosis called sickness' (Shestov's words) was the motivation for Nietzsche's 'revaluation of all values', and *Human, All Too Human*, the first book Nietzsche wrote after his sickness, was the first step in the process.

Shestov set forth this interpretation in *The Good in the Teachings of Tolstoy and Nietzsche: Philosophy and Preaching* (1900) and *Dostoevsky and Nietzsche: The Philosophy of Tragedy* (1903).[3] In these books, he contrasted the Russian writers with Nietzsche and with one another, to Tolstoy's detriment, and traced the philosophy of all three authors to a defining personal experience.

Shestov saw the young Nietzsche as a romantic idealist, a transcendental dreamer, who viewed the world through the eyes of Schopenhauer and Wagner until devastated by sickness. Only in *Human, All Too Human*, did the convalescent timidly begin to view the world through his own eyes. Ostensibly turning from idealism to positivism, under positivism's cover he pursued very different goals. A few years later, he dared to proclaim his 'underground' ideas openly.

Human, All Too Human was an experiment in self-therapy, but not only that, as Shestov argued; it postulated cruel truths about egoism and the human condition. Nietzsche himself said that he invented the idea of 'free spirits' to keep in good spirits during his illness, as Shestov pointed out (6), and Nietzsche referred to a 'tenacious will to health which often ventures to clothe and disguise itself as health already achieved'(8). In order to 'justify his own poor and wretched life', Nietzsche subjected 'all that is higher, greater, and richer' to doubt, carefully concealing his egoistic motive (262). Not yet ready to repudiate idealism, he put it 'on ice', along with other 'errors', and questioned the pity, self-denial, and

3 The English translation, published in one volume, is entitled *Dostoevsky, Tolstoy, and Nietzsche*, trans. and ed. Bernard Martin and Spencer Roberts, Columbus: Ohio University Press,1969. Henceforth cited parenthetically in the main text.

self-sacrifice enjoyed by philosophers and theologians from time immemorial. Coldly and calmly, Nietzsche reduced:

> all the loftiest and noblest manifestations of the human soul to their basest and most rudimentary form. Supposedly, this was for the purpose of gaining theoretical knowledge. Actually, Nietzsche was trying to convince himself that idealism was alien to him, that in his soul the seat of ideal aspirations was occupied by human, all-too-human impulses. This discovery almost destroyed him, because he considered his incapacity for self-sacrifice a monstrous anomaly (266).

Years later (in *Ecce Homo*), he called *Human, All Too Human* 'a monument to a crisis' (quoted on 266)

In the preface to the second edition, Nietzsche said that 'a sick man has *as yet* no right to pessimism.' According to Shestov, by 'no right', Nietzsche meant that he had lost everything, that he had been condemned to perpetual torture, and had 'not even the right to complain, to curse, to protest against the blind force which – God knows why – has laid such a punishment upon him' (74–75). (This is an allusion to Spinoza's dictum '*Non ridere, non lugere, neque detestari, sed intelligere.*') The qualifier '*as yet*' signalled Nietzsche's realization that pessimism would impede his recovery. Only after he recovered could he invoke a pessimism of strength.

Nietzsche's 'immoralism' stemmed from his realization that human beings are alone in a pitiless universe, Shestov declared. 'Stability' did not attract Nietzsche; indeed, it frightened him because 'what could stability promise him?' (281). Hence, his determination to go beyond the limits of science and morality, 'beyond good and evil.' From then on, only one question existed for Nietzsche – 'Lord why have you forsaken me?' (282). Nietzsche's ultimate answer was that 'nothing is true, everything is permitted'; both science and morality are false and 'God is dead.' Nietzsche understood that both evil and good are necessary conditions of human existence and development. A philosopher of great existential courage, he did not strive to deliver himself and others from suffering by inventing comforting illusions.

Nietzsche's 'special attitude' to morality, his raising the issue as a problem stemmed not from logical arguments but from 'the most secret depths of his soul and through the most painful experience. Here, as almost always, a new Golgotha was necessary in order that a new truth appear' (116). 'To Nietzsche was revealed a great truth, a truth hidden in the words of the Gospel' (that the sun shines on the good and the evil alike). Nietzsche did not attack Christianity or the Gospels *per se*, but commonplaces of Christian doctrine that hide the meaning and the light of truth. 'A new Golgotha was necessary for a new truth to be born' (133–34). [Note the repetition, a frequent device of Shestov's]. Shestov regarded Nietzsche as a martyr for truth. Shestov interpeted the first metamorphosis in *Zarathustra*, when man turns into a camel, as Nietzsche's taking upon himself the burden of articulating new truths about God and about man.

Apropos of God, Shestov recounted Zarathustra's conversation with 'the old pope', who says: 'whoever praises Him as a God of love does not think highly enough of love itself. Did not this God wish also to be a judge? But one who loves, loves regardless of reward and recompense.' When God was young, the 'old pope' continues, He was cruel, but then He 'became old and soft and mellow amd pitiful, more like a grandfather than a father, but most like a tottering old grandmother.' Moreover, since God created man, He is responsible for man's defects. 'Away with such a God!', the 'old pope' concludes. 'Better to have no God, better to set up destiny on one's own account, better to be a fool, better to be God onself' (quoted on 95–96). Shestov interpreted this 'momentous passage' as an attack on the judgmental aspects of religion, a rejection not necessarily of God himself, but of a god who is identical with the 'good.' Such a god serves preachers as a screen behind which to hide from his disciples and judge others.

Nietzsche's experience was not unique, new, or unprecedented, Shestov asserted (perhaps having his own experience in mind), but he dared speak truths that other people speak only to themselves or do not acknowledge at all. This is the meaning of his formula, 'beyond good and evil'. It is not that Nietzsche did not understand Kant 'deeply' enough; Kant's categorical imperative was useless to him. He had looked for divine traces in morality and did not find them. Compassion and shame almost destroyed him (110–11). Pity offended Nietzsche's sense of shame, so he prohibited pity.

In discussing Tolstoy, Shestov concentrated on 'unmasking' his moralism as stemming from self-absorption and other non-lofty motives. Tolstoy's defining experience was the poverty he saw in a homeless shelter in Moscow but rather than admit his inability to do anything about it, he retreated to his estate to perfect himself. From then on,

Tolstoy preached the identity of goodness and God, and tried to impose his self-denying morality on others. Motivating all Tolstoy's writing, was a need to rid himself of tormenting doubts and fill the emptiness in his own life. 'He seeks a strong and omnipotent ally, in order to speak in his name of this right. All the power of Tolstoy's genius is applied to finding this ally and drawing this ally to himself. In this undertaking, Tolstoy is merciless. There is nothing that he is not willing to destroy in order to arive at his goal' (19). He has no pity for his characters. Anna Karenina broke the rules; she must be destroyed. People condemn Nietzsche for his cruelty, but Tolstoy is just as cruel, Shestov charged, and he is selfish as well.

Despite his preachments of altruism, Tolstoy went to the homeless shelter not to give but to take. 'He needed the beggars', but only some of them, 'those who will not destroy his vital energy but augment it, those who will help him sink himself into the ground like a plow and give him the possibility of feeling joyfully that the good is again with him' (31). And he needs something else, 'an object on which he can place the heaped-up bitterness of his heart' because he cannot solve the tormenting problems of life. Tolstoy does not wish to persuade men but to intimidate them. He is motivated, not by love, but by pain, anger, and a desire to control people.

Shestov viewed *What is Art?* (1898) as the conclusion of Tolstoy's life-long sermon. 'Do what I tell you, or you will be immoral, perverse, corrupt creatures.' When Shestov tried to underline words of this kind, he said, he ended up marking entire pages. Tolstoy 'wishes above everything else to wound and insult our society, in order thus to have someone upon whom he can let out his pain' (69). 'Go to your neighbors and love them!' Tolstoy declares, 'this is – your duty!... As for the works of art that you admire, not only are they not beautiful, they are completely bad and immoral... They must therefore be set aside' (71).

Throughout, Shestov contrasted Tolstoy's 'cowardly' submission to idealist pieties with Nietzsche's passionate search for truth beyond conventional notions of good and evil. Nietzsche's sickness led the young romantic to realize the futility of lofty ideals. His punishment was unjustified. He had never sinned (unlike Tolstoy); he had led the pure life of a German professor conscientiously searching for truth. The injustice of Nietzsche's fate is Shestov's point – great suffering is inexplicable, causeless, a bolt from the blue. From personal experience,

Nietzsche learned that nature is pitiless, that brotherly love is a lie, and that goodness (God) is dead. His 'immoralism' was the result of his unexpected 'plunge into the dark abyss of suffering' (135). *Amor fati*, love of fate, announced Nietzsche's refusal to pity himself or to accept pity from others. One must not only accept one's fate, one must love it.

Ultimately, however, Nietzsche lost his nerve and created a new idol – the Superman – his equivalent of Tolstoy's 'goodness.' Like Tolstoy, Nietzsche could not reconcile himself to reality, so he abandoned philosophy and began preaching. Knowing that he was a pitiful figure, he decked himself out with the exalted virtues of the Superman and used his 'suffering, his shame, his unhappiness, everything that life had brought him, to construct out of them a right to crush and annihilate others' (137). Unable to deal with 'great misfortune, great ugliness, great distrust', he sought forgetfulness in preaching.

Tolstoy's route was similar, Shestov continued. Unable to live without answers to their questions, each one found that any answer was better than none. But neither the 'good' nor the Superman, can reconcile human beings with the unhappiness and absurdity of existence. 'For one who has come into serious conflict with life, the whole parade of solemn and elegant words which Tolstoy and Nietzsche prepare for the triumphal march of their "gods"' is meaningless (139–40). But Nietzsche was more honest than Tolstoy. The latter imparts only his 'conclusions', hiding the anguished and painful travail of his soul. Nietzsche 'also wears a "mask", […] but he does not protect the sanctuary of his creativity from the looks of others' (67).

Shestov credited Nietzsche with forcing people to reexamine their prejudices and to discover new horizons which, though not eternal, are at least wider. From his torment, Nietzsche learned that 'the "good", "fraternal love"' is not God. '"Woe to all who love and have no elevation that is higher than their compassion." Nietzsche has shown us the way. We must seek that which is *higher* than compassion, *higher* than the "good"; we must seek God' (140).

Shestov's God-seeking did not lead to Jesus, but he was not a 'Jewish Jew' either.[4] On a different wavelength than the other God-

4 He identified neither with Judaism (he did not practice any religion), nor with the Jewish community. Moreover, a 'Jewish Jew' would not allude to a 'new truth' being born in Golgotha or discuss Christian theology, as Shestov did after 1910.

seekers, he ignored or downplayed the mythopoetic aspects of Nietzsche's thought, rejected Vladimir Soloviev's idea of 'all unity', had no eschatological expectations, and was not a mystic or an aesthete. There is nothing lyrical or cultic or utopian in Shestov's philosophy and nothing communal either, no church or synagogue. His focus was on the suffering individual.

If Tolstoy was Nietzsche's antipode, Dostoevsky was his spiritual twin – Shestov argued, pointing out that Nietzsche himself recognized Dostoevsky as a kindred spirit. Both were great psychologists and 'underground' thinkers, who rejected 'necessity' and logic, and saw into the egoistic and irrational depths of the human soul. With Nietzsche, 'to think is to worry, to be tormented, to writhe in convulsions' (286). Dostoevsky's characters cry and gnash their teeth in violation of the 'rules' of theoretical philosophy as postulated by Spinoza; they do not even try to 'understand.' Nietzsche prayed for madness and his prayer was heard. The 'denizens of heaven' sent him the idea of 'eternal recurrence.' Although he never developed it, one can safely say that for Nietzsche 'eternal recurrence' was first and foremost a symbolic protest against rationalistic epistemologies (291–293).

That Dostoevsky's defining experience was hard labor and exile in Siberia is generally accepted. Shestov added a second stage, Dostoevsky's discovery of his own egoism after returning to St Petersburg. Before his arrest, Dostoevsky espoused humanistic values, but on the eve of the abolition of serfdom, when one of his dreams was about to come true, he realized that he did not care about humanity. When the protagonist of *Notes From the Underground* (1866) announced that the whole world could 'go to pot' as long as he had his regular cup of tea, he spoke for Dostoevsky.

Such extraordinary egoism, Shestov maintained, was Dostoevsky's reaction to injured pride, to an accumulation of humiliations – by the literary critic Vissarion Belinsky in the 1840s, by his fellow convicts in the 1850s –, and his egoism continued to grow, asserting its rights in ever-new forms. The most compelling was Raskolnikov's assertion, in *Crime and Punishment*, that there are two moralities, one for ordinary people, the other for extraordinary people. Raskolnikov felt entitled to murder a 'useless' old woman, because he needed her money to finish his studies, rationalizing his crime by planning to devote the rest of his life to serving humanity. Later in the book, however, he flies into a rage at the very thought of the good. Raskolnikov's 'crime', says Shestov, was not that he broke the law, but that he could not abandon idealism. Dostoevsky struggled with idealism all his life. He has Ivan Karamazov ask his 'dreadful question: "Why must we get to know this *devilish* good and evil, when it costs so much?"'. Throughout history, people have believed that no sacrifice is too terrible for the triumph of the good. And suddenly, out of the blue, Dostoevsky questions that belief. He has Ivan revolt against the 'devilish good and evil' which so impudently dares to demand human sacrifice to itself (225, 231, 306–307).

Nietzsche's 'underground' was illness, physical pain, and loneliness. Like the protagonist of *Notes From the Underground*, Nietzsche honestly and openly admitted that the happiness of humanity did not interest him. In the years of his agony, Nietzsche accepted the ideal of self-sacrifice philosophically but he could not accept it viscerally. The more he tried to convince himself to bow to the will of God as dictated by his Protestant conscience, the more he refused to die. The accumulated wisdom of the world collided with Nietzsche's will to live, and Nietzsche's will prevailed. This unequal struggle taught Nietzsche that the 'truths' of 'the good and the just' were lies, that when they 'spoke of love, self-sacrifice, and self-renunciation, there was concealed in their pretty phrases, like a serpent among flowers, that same devilish egoism which I so unexpectedly discovered in myself, and which I am so desperately and fruitlessly fighting.' This, Shestov explained, was from 'Nietzsche's diary' of 1888 (*Ecce Homo*) when he was more confident in his own 'truth' (270).

Shestov interpreted the section of *Zarathustra* titled 'The Ugliest Man' as a symbolic depiction of Nietzsche's terrible life. Zarathustra enters the valley of death, where he comes across 'the ugliest man' and asks him why he has withdrawn from people. People persecute him with their pity, so the 'ugliest man' replies:

> 'it is their pity from which I flee... today pity is called virtue by all the little people; they have no respect for great misfortune, great ugliness, great failure.' *They have no respect* for great misfortune, great ugliness, great failure! (321–322)

Nietzsche's aristocratism stemmed, in part, from his refusal to accept pity, Shestov believed. The same motivation led Nietzsche to defend the 'egoism of poverty', but he did not advocate renunciation for its own sake. The ascetic ideal enabled the philosopher to affirm '*his* existence, and his alone, perhaps even to the point of *hubris*' (314). Dostoevsky's *hubris* is expressed by the underground man. 'So let the whole world perish', Shestov observes, 'the underground man will not renounce his rights or exchange them for the "ideals" of pity and all other such blessings that have been specially prepared for them by present-day philosophy and morality' (314–315). For Nietzsche, egoism was a new and very great 'declaration of rights'. For Dostoevsky, it was a dreadful truth that he learned in Siberia and then forgot, until living amidst positivists forced him to acknowledge it, along with the basic irrationality of human psychology. '"The Russian people love to suffer" – this was no paradox, as Dostoevsky's adversaries thought, it was a truth, but a truth from a different world which writers had forgotten, which they would remember only to say with eyes flashing with indignation: it must not be. It must not be, but it is!'(316–317).

Shestov concluded that Dostoevsky and Nietzsche 'were driven from the path of Wagnerian commonplaceness by chance'. ('Wagnerian' refers to Faust's lackey and to Nietzsche when he was the composer's lackey). If it were not for Dostoevsky's penal servitude and Nietzsche's terrible sickness, they would never have guessed, as most people never do, that they are bound hand and foot with chains. They would have written well-intentioned books that sing of beauty and of lofty souls who meekly submit to necessity. Circumstances, not innate nobility forced Nietzsche and Dostoevsky to rise above ordinary ways of looking at life. Theirs was no slave revolt; character is irrevelant here. If there are two moralities, it is not a morality of ordinary and extraordinary people but 'a morality of *commonplaceness and a morality of tragedy*' (301). Neither takes into account the needs of 'the good and the just' because they understand 'that man's future [...] rests with those who know neither sleep, rest, nor joy, and who continue to struggle and search' (307). Unlike Tolstoy, Nietzsche and Dostoevsky 'go to meet a new reality, however terrible and disgusting it may be'. (308).

Shestov wanted people to stop dreaming and emerge from their limited horizons, which they call 'truth', but which merely signifies their fear of that mysterious unknown called tragedy. 'Then, perhaps, they will understand why Dostoevsky and Nietzsche abandoned humanism for cruelty and inscribed on their banner the strange words: *Wille zur Machti*' (319). Philosophy's task is not to preach humility, submission, or renunciation, but to teach people not 'to transfer all the horrors of life into the sphere of the *Ding an sich*... but to respect them!' (322). Nietzsche and Dostoevsky 'speak only of the "ugliest" people and their problems. [...] extremely ugly people themselves, they had none of the commonplace hopes. They tried to find their refuge where no one ever seeks, where [...] there is not, and cannot be, anything but eternal chaos and darkness'. (322)

There is much more to be said about Shestov's interpretation of Nietzsche, Tolstoy, and Dostoevsky, but space limitations do not allow it. The books discussed above established his reputation as a major literary critic and set the direction of his subsequent intellectual and religious quest. All his life, he attacked philosophic systems which impose a non-existent unity on the world and gloss over tragedy and suffering. Around 1910, he came to write about religion *per se*. His main theme was that the progressive hellenization of Christianity subjected religion to reason, thereby obscuring the living God of the Bible. Shestov's mistrust of, and eventual war on, reason led him to an existentialist leap into faith, much like Kierkegaard's, whom he discovered in the late 1920s. In his last book, *Athens and Jerusalem* (1938), he argued that philosophy and religion, reason and revelation, are incompatible. Nietzsche and Dostoevsky remained Shestov's life-long reference points, but his fullest statement about them is in the two books discussed above.

Nicole Hatem

Kierkegaard et Chestov, philosophes du tragique

Si Chestov avait connu Kierkegaard à l'époque où il écrivait sa *Philosophie de la tragédie*,[1] il est fort probable que le philosophe danois aurait figuré dans cet ouvrage aux côtés de Nietzsche et de Dostoïevski. En effet, dans *Kierkegaard et la philosophie existentielle*, Chestov affirme que le philosophe danois est le 'double' de Dostoïevski.[2] Il établit constamment des parallèles entre Nietzsche, Dostoïevski et Kierkegaard, appliquant à ce dernier le schéma qui lui avait permis dans *La Philosophie de la tragédie* de repérer la fracture, le retournement dans la vie et la pensée du philosophe allemand et du romancier russe; enfin, il reprend la catégorie de désespoir, comme catégorie par excellence du tragique en l'enrichissant de tout l'apport de *La Maladie à la mort*[3] de Kierkegaard.

Faire correspondre, en dépit des nombreuses années qui les séparent, deux grandes œuvres de Chestov, *La Philosophie de la tragédie* et son *Kierkegaard*, ne semble donc pas, de prime abord, une entreprise impossible. Bien plus, la grande fidélité de Chestov à sa propre pensée laisse supposer que cette tâche est aisée. Pourtant, la question qui ne peut tarder à se poser lorsqu'on associe la figure et la pensée de Kierkegaard au tragique est de nous demander en quelle mesure elles peuvent se prêter à l'interprétation chestovienne. L'exégèse du philosophe russe qui s'intéresse à des ouvrages comme *La Maladie à la mort* ou *Le Concept d'angoisse* d'une manière très sélective, semble ignorer l'un des premiers textes pseudonymes de Kierkegaard, *Le Reflet du tragique ancien dans le tragique moderne*.[4] Elle persuade quant à son

---

1 Léon Chestov, *Philosophie de la tragédie: Dostoïewsky et Nietzsche*, tr. B. de Schloezer, Paris: Éditions de la Pléiade, 1926.

2 Léon Chestov, *Kierkegaard et la philosophie existentielle*, tr. T. Rageot et B. de Schloezer, Paris, Paris: Vrin, 1972.

3 Sören Kierkegaard, *La Maladie à la mort*, in *Œuvres complètes*, vol. 16, tr. P.-H. Tisseau, Paris: Éditions de l'Orante, 1971.

4 Sören Kierkegaard in *L'Alternative*, in *Œuvres complètes*, vol. 3, Paris: Éditions de l'Orante, 1970, pp. 129–155.

propre tragique mais ne convainc pas quant à sa similitude avec le tragique de Kierkegaard. Néanmoins, répéter après tant d'autres qu'il 'chestovise' les penseurs qu'il étudie n'est pas d'un grand intérêt.

Aussi, allons-nous tenter de montrer que la rigueur conceptuelle et l'extrême cohérence de la pensée kierkegaardienne résistent davantage à la lecture de Chestov que telle ou telle réplique des romans foisonnants de Dostoïevski ou tel aphorisme de Nietzsche. Pour ce faire, et dans la perspective du tragique qui est la nôtre, nous confronterons la vision qu'a Chestov du tragique kierkegaardien avec la compréhension de ce même tragique par Kierkegaard.

Kierkegaard et le tragique selon Chestov

S'il est un concept indissociable pour le philosophe russe de celui de tragédie, c'est le concept de désespoir qui suppose la disparition de tout possible et, par voie de conséquence, le concept inhérent à toute tragédie, la nécessité. Dans la pensée de Chestov, désespoir et nécessité forment un couple très ancien que la découverte de la vie et de l'œuvre de Kierkegaard a, semble-t-il, fortement consolidé. Selon quelles modalités cette rencontre s'est-elle effectuée? C'est ce que nous allons examiner dans cette première partie.

Kierkegaard une existence tragique

Comment parler du désespoir de Kierkegaard, de son affrontement avec la nécessité, de son 'désastre intime'[5] sans se souvenir des paroles de Chestov à Fondane: 'Cinq ou six pages pour parler du désespoir de Kierkegaard ce n'est pas beaucoup – mais, après tout, on peut si on s'en donne la peine dire quelque chose même en cinq ou six pages!'[6] Nous allons donc essayer de réduire les cinq pages à une seule afin de montrer,

5 Benjamin Fondane, *Rencontres avec Léon Chestov*, Paris: Plasma, 1982, p. 43.
6 Ibid., p. 53.

à des lecteurs avertis, comment la même trame, le concept de désespoir, qui avait été utilisée pour tisser la vie et la pensée de Dostoïevski sert également pour Kierkegaard. Quant au bien-fondé de l'approche biographique d'une œuvre philosophique ou de fiction, Chestov n'en doute guère et assure que, grâce à cette méthode, on apprend 'comment "naissent" les convictions'.[7] Une philosophie existentielle comme celle de Kierkegaard, dont les catégories sont celles-là mêmes dans lesquelles le penseur vit, devrait convenir plus qu'aucune autre à un pareil traitement.

'Il est un domaine de l'esprit humain où jamais encore on n'a pénétré en volontaire [...], c'est précisément le domaine de la tragédie',[8] affirme Chestov. Pour Dostoïevski, ce fut l'expérience du bagne qu''il s'efforça d'oublier' mais qui ne 'l'oublia pas',[9] pour Nietzsche celle d'une 'atroce maladie' et pour Kierkegaard la rupture de ses fiançailles avec Régine Olsen. À la suite de son expérience, Dostoïevski renonça totalement à l'humanitarisme de Biélinski, Nietzsche à Wagner et Kierkegaard, selon Chestov, se détourna de la philosophie de son maître Hegel, incapable de comprendre son drame personnel. Aucun des trois ne put et ne voulut voir dans la beauté, dans le sublime ou la grandeur tragique une issue à son malheur qui devint alors désespoir et solitude absolus. Or, affirme Chestov, le désespoir fait naître des forces et des pensées nouvelles.

Aussi nos trois victimes du sort se révoltèrent-elles contre la nécessité, l'impuissance qu'elle générait (le tu ne peux) et l'éthique qui la secondait (le tu dois). Leur drame personnel, celui de leur moi fini, pesa pour eux davantage que toutes les idéalités et prit l'importance d'un 'événement historique'.[10] Dans la rébellion de Kierkegaard, deux figures bibliques joueront le rôle de modèles: Job avec ses cris adressés à Dieu pour qu'advienne la répétition et Abraham qui croit en vertu de l'absurde que son fils qu'il sacrifie (en suspendant l'éthique) lui sera rendu par Dieu. À travers ce recours explicite à la révélation biblique, Kierkegaard marque dans la philosophie du tragique une avancée par rapport à la pensée de Nietzsche, et convertit cette philosophie en philosophie exis-

---

7 Léon Chestov, *Philosophie de la tragédie*, p. 169.

8 Ibid., pp. 32–33.

9 Ibid., p. 49.

10 Léon Chestov, *Kierkegaard et la philosophie existentielle*, p. 64.

tentielle qui, selon Chestov, comporte la foi comme deuxième dimension.

Mais le drame de Kierkegaard ne s'achève pas, pour son biographe, sur cette note d'espoir (ou d'espérance), puisque la répétition n'eut pas lieu et que Régine ne lui fut pas rendue. La production, très importante et très variée qui suivit les ouvrages de révolte et de foi que sont *La Répétition* et *Crainte et Tremblement* va alors osciller, du point de vue de Chestov, entre la lutte pour le possible (sous une forme directe ou non) et le retour rassurant à la raison, incarnée par la sagesse socratique. Telle est la conception du tragique que Chestov impose à la figure de Kierkegaard. Est-elle recevable du point de vue kierkegaardien? La reprise de certaines analyses de *La Maladie à la mort* nous éclairera sur la question.

La Maladie à la mort *et la suppression par Chestov de la dialectique kierkegaardienne*

Considérons en premier lieu le désespoir comme condition de possibilité de libération. Pour Kierkegaard, le désespoir en tant que tel 'est tout entier dialectique', car il est tout à la fois un mal et un bien, ou encore il est, comme mal, la condition d'un bien. Anti-Climacus, pseudonyme de Kierkegaard pour *La Maladie à la mort*, affirme clairement à ce sujet: 'Le désespoir [...] est la maladie dont il est vrai de dire que le plus grand malheur est de ne l'avoir jamais eue; la contracter, c'est une vraie faveur de Dieu, bien que cette maladie soit la plus dangereuse de toutes quand on ne veut pas guérir'.[11] Chestov ne le dit pas aussi explicitement, mais nous pouvons aisément le déduire de ses propos sur les philosophes du tragique: leurs yeux n'ont été dessillés et ils n'ont compris la vraie valeur à donner au savoir et à la morale que grâce à l'expérience du désespoir. Néanmoins, ce point excepté, toute la dialectique mise en œuvre par Kierkegaard pour le traitement du désespoir a été omise par Chestov. Or, ceci n'est pas sans conséquence sur sa compréhension du tragique kierkegaardien. Nous allons tenter de le montrer relativement à des problèmes fondamentaux.

11 Sören Kierkegaard, *La Maladie à la mort*, in *Œuvres complètes*, vol. 16, p. 183.

Considérons en second lieu le désespoir par manque de nécessité. Il n'y a pas d'autre remède au désespoir sinon la foi. Cette thèse de Chestov est également celle d'Anti-Climacus.[12] Mais, pour le philosophe russe, tous les développements de *La Maladie à la mort* qui justifient cette affirmation tiennent dans une formule qu'il répète à l'envi: A Dieu tout est possible.[13] Certes, Kierkegaard lui-même marque l'importance de cette idée en variant sa formulation pour mettre l'accent sur telle ou telle de ses implications et en l'associant le plus fréquemment à l'image de la respiration.[14] Mais ignorer, comme le fait Chestov, le contexte où apparaît l'identité entre Dieu et le possible fausse le sens de la pensée kierkegaardienne. Or, elle s'inscrit dans une démarche dialectique complexe et n'est, par suite, ni le seul ni le dernier mot de la philosophie du désespoir.

En effet, le rappel de la toute-puissance divine est fait par Anti-Climacus alors qu'il analyse une des formes du désespoir, celle par excès de nécessité. Or, dans cette partie de son ouvrage, à aucun moment, la nécessité n'est rejetée. Au contraire, la nécessité même de la nécessité est clairement posée: d'abord, en ce qui concerne la possibilité elle-même et, ensuite et surtout, à travers la forme antithétique du désespoir par excès de nécessité: le désespoir par excès d'infini (entendu comme excès de possibilité) et par manque de fini.

Pour ce qui est de la première nécessité (celle de la possibilité), elle s'explique par le fait que l'homme est esprit, c'est-à-dire liberté reliée à la liberté absolue qu'est Dieu. Et, quel que soit son rapport, négatif dans le péché ou positif dans la foi, à Dieu, Kierkegaard affirme qu'il est impossible pour l'homme de se défaire de ce lien.[15] Mais ce que nous avons appelé la nécessité de la nécessité est plus intéressante que cette première nécessité, parce qu'elle permet de mieux mesurer la distance qui sépare le désespoir selon Kierkegaard de sa compréhension par Chestov.

Dans *La Maladie à la mort*, Kierkegaard affirme: 'Un moi dénué de possibilité est désespéré, et de même un moi dénué de nécessité'[16] et

---

12 Ibid., p. 216

13 Léon Chestov, *Kierkegaard et la philosophie existentielle*, pp. 117, 118, 191, 297.

14 Sören Kierkegaard, *La Maladie à la mort*, pp. 196–197.

15 Ibid., p. 175.

16 Ibid., p. 192.

encore: si 'celui pour qui tout est devenu nécessaire, dans l'étreinte du désespoir, se brise les reins à soulever la réalité' celui qui 's'élance avec l'audace du désespoir' s'égare dans la possibilité.[17] Ce danger d'égarement vient de ce que le moi perd le chemin le reconduisant à son moi concret qui 'connaît la nécessité et la limite'.[18] Et c'est le même Kierkegaard, disciple de la possibilité, de Job et d'Abraham qui écrit: 'Ce qui manque, c'est la force d'obéir, de s'incliner devant le nécessaire inhérent au moi, devant ce qu'il convient d'appeler la limite de la personne'[19]. Il ne s'agit guère ici d'adopter l'attitude stoïcienne à laquelle se ramène essentiellement la critique chestovienne de la sagesse antique. En effet, Anti-Climacus est d'accord avec le philosophe russe pour dire que le sage stoïcien vit dans l'illusion de la puissance et il utilise à son sujet l'image d''un roi sans royaume'. Mais accepter le fini, c'est pour l'homme accepter sa dérivation, sa subordination, et sa fondation sur une autre puissance, bref, ce qui fait le propre de sa condition de créature et, comme le rappelle constamment Kierkegaard dans le *Post-Scriptum*, le propre de la condition humaine.

C'est parce que Chestov évoque le désespoir selon Kierkegaard, indépendamment de son anthropologie, qu'il est conduit, d'une part, à méconnaître la vraie portée à donner aux différentes affirmations de *La Maladie à la mort* et, d'autre part, à dénoncer la trahison (par lâcheté) du philosophe danois lorsque la divergence est trop patente entre eux. Pour se convaincre de l'importance de l'anthropologie kierkegaardienne et de sa dimension dialectique, qu'il nous suffise de citer ces deux définitions du moi tirées de *La Maladie à la mort*: 'Le moi est la liberté. Mais la liberté est le ressort dialectique des notions de possibilité et de nécessité' et 'le moi est une synthèse, par suite de quoi un facteur est toujours son contraire'[20]. C'est pourquoi, s'il est vrai que nul ne peut ni se créer ni se recréer, il ne peut non plus se détruire. A ce sujet, Kierkegaard envisage beaucoup plus sérieusement que Chestov la possibilité du suicide, et l'écarte comme issue au désespoir puisqu'en tant qu'esprit et liberté, l'homme ne peut se débarrasser de soi.

---

17 Ibid., p. 199.

18 Ibid., p. 224.

19 Ibid., p. 194.

20 Ibid, pp. 186–187.

Aussi, dans ses analyses nous atteignons à un degré absolu de désespoir que nous ne retrouvons pas sous la plume de Chestov. Ce paroxysme s'exprime dans des formules comme celles-ci: 'La désespérance, c'est que le dernier espoir, la mort fait défaut'.[21] Ce paroxysme manifeste l'impuissance du désespoir lui-même: 'Ce que veut le désespoir, c'est se consumer lui-même, ce qu'il ne peut'.[22] Le désespoir est donc bien la maladie à la mort où l'on meurt de ne pas mourir.

Certes, à notre argumentation on pourrait objecter que Chestov défend le fini contre la nécessité plus qu'autre chose et dans ce fini ce qui, au regard de l'idéalisme, passe pour infime: par exemple, les enfants de Job et une épouse pour Kierkegaard. Cependant, ce fini, de même que la nécessité, sont envisagés par lui du point de vue de la seule extériorité. L'homme échappe ontologiquement à cette finitude;[23] c'est seulement parce qu'il a sombré avec Adam dans ce que Pascal appelle un sommeil surnaturel qu'il n'en a pas conscience. Comment, dès lors, Chestov pourrait-il accepter un autre retournement de la dialectique kierkegaardienne telle qu'elle s'exprime dans cette proposition apparemment paradoxale: 'Dans la terminologie chrétienne, la mort est le terme désignant la plus grande misère de l'esprit, et la guérison consiste justement à mourir, à mourir à soi-même!'[24]

Le renoncement à la volonté de toute-puissance n'est pas, comme on le voit, propre à Socrate. Par ailleurs, cette mort à soi-même, ne peut être attribuée, comme le fait Chestov, au christianisme exagérément cruel prêché vers la fin de sa vie par Kierkegaard et ne relève donc pas de l'expression indirecte. Il faut, par suite, admettre que le désespoir selon Kierkegaard n'est pas le même que celui qui caractérise le tragique de Chestov, comme il faut admettre que leurs figures de Socrate sont différentes. Pour l'auteur de *La Maladie à la mort*, Socrate incarne l'homme dont 'l'ignorance était une espèce de crainte de Dieu et de culte à lui rendu',[25] tandis qu'il est pour l'auteur d'*Athènes et Jérusalem* le

---

21 Ibid., p. 176.

22 Ibid., p. 177.

23 C'est sur le point de la participation à la toute-puissance divine que Chestov se sépare de Kierkegaard, affirme Boris de Schloezer dans sa 'Lecture de Chestov' qui précède sa traduction de *La Philosophie de la tragédie*, p. 19.

24 Sören Kierkegaard, *La Maladie à la mort*, p. 166.

25 Ibid., p. 253.

modèle de tous les rationalistes et donc de toutes les démissions face à la nécessité.[26]

A présent, si nous considérons la conception proprement kierkegaardienne de la tragédie développée dans *Reflet du tragique ancien dans le tragique moderne*, on découvrira la confirmation de l'essentiel des conclusions tirées de notre examen du concept de désespoir, à savoir que la dialectique est nécessaire au tragique et que le concept de nécessité est inhérent à cette dialectique. En outre, l'originalité de ce texte par rapport à la philosophie de la tragédie de Chestov va nous à conduire à remettre en cause, d'une part, la simplicité de l'interprétation du penseur russe relative au tragique dans la vie de Kierkegaard et, d'autre part, son affirmation du désespoir comme concept propre au tragique au profit de celui d'angoisse. C'est pourquoi, nous évoquerons dans notre deuxième partie, la plus originaire des tragédies: la Chute et son interprétation selon Kierkegaard et Chestov.

Le tragique selon Kierkegaard

Le concept de tragique: la dialectique de la faute et du destin

C'est autour d'une double dialectique non exclusive que s'organisent les analyses du *Reflet du tragique ancien dans le tragique moderne*. La première, inspirée d'Aristote, pose les concepts de faute et de destin. La deuxième, d'inspiration plutôt hégélienne, pose les concepts de tristesse immédiate et de douleur réfléchie. Dans un premier moment, Kierkegaard se fonde sur la dialectique aristotélicienne qui exige de toute tragédie qu'elle suscite crainte et compassion, et qui présuppose pour ce faire, la conjonction du pâtir et de l'agir. Elle implique donc aussi le concept de destin (qui innocente l'homme) et de la faute (qui en fait un coupable). Kierkegaard rejette comme non tragiques les œuvres modernes dont le héros est absolument libre, responsable de ses actes et donc de sa chute. Il écrit à ce sujet:

---

26 Léon Chestov, *Athènes et Jérusalem*, tr. Boris de Schloezer, Paris, Flammarion, 1967.

> Le tragique réside entre ces deux extrêmes (innocence absolue, responsabilité absolue). [...] Aussi bien notre époque commet-elle une méprise incontestable en matière de tragique, quand elle tend à transsubstantier tout l'élément de fatalité en individualité et subjectivité. On prétend tout ignorer du passé du héros; on charge sur ses épaules toute sa vie comme son œuvre propre [...] Le héros tragique devient de la sorte un être mauvais [...] on a le mal à l'état pur, et non la faute tragique elle-même dans son innocence ambiguë.[27]

Dans ces conditions, pour le philosophe danois, le héros tragique n'est plus qu'un coupable qui subit le châtiment mérité et impitoyable de l'éthique. Or, le tragique requiert l'ambiguïté, une innocence coupable ou une culpabilité innocente; la dialectique de la nécessité et de la faute n'a d'autre but que de sauvegarder cette ambiguïté, seule garante de la liberté. Quant au passé que rejette la conception moderne du tragique, il recouvre l'ensemble du donné qui fait de l'individu un être relatif, à savoir le fait qu'il est 'enfant de Dieu, de son temps, de son peuple, de sa famille, de ses amis'.[28] C'est la nécessité telle que nous l'avons vue dans l'étude du désespoir. Or cette nécessité, identifiée ici au passé, nous ouvre une perspective nouvelle, celle de l'hérédité et, pour des penseurs religieux comme le sont Kierkegaard et Chestov, celle du péché héréditaire.

Dans le deuxième moment de sa réflexion, Kierkegaard imagine une Antigone qui illustrerait le vrai tragique moderne. Cette figure nous intéresse tout particulièrement, car il semble que sous ses traits Kierkegaard se soit peint lui-même.[29] Bien que moderne et donc possédant une subjectivité réfléchie, cette Antigone reflète l'Antigone antique puisque son innocence demeure ambiguë. Quel est donc le drame de cette sœur de Kierkegaard, et de cette fille d'Œdipe? Contrairement à son modèle grec, elle est la seule à connaître la faute de son père et désire, par piété filiale, à y participer et à la garder, en se l'appropriant, au plus profond de son cœur comme un secret angoissant. A cause de cette faute, elle éprouve, semblable à l'héroïne de Sophocle, une tristesse qui, précise le philosophe, 'implique toujours quelque chose de substantiel'.[30] C'est-à-

---

27 Sören Kierkegaard, *L'Alternative*, in *Oeuvres complètes*, vol. 3, p. 136.

28 Ibid., p. 137.

29 Cela apparaît très clairement dans *Papirer* III A 207, mais également dans le texte sur le tragique où Kierkegaard écrit à propos d'Antigone: 'Ses pensées sont mes pensées' (*L'Alternative*, p. 145).

30 Ibid., p. 139.

dire une tristesse en relation avec des réalités extérieures telles que l'Etat, la famille ou le destin; mais étant donné que sa subjectivité est réfléchie, la douleur née de cette réflexion est plus grande que celle que ressent sa sœur grecque plongée dans l'immédiateté. Cette dialectique des passions se superpose à celle de la faute et de la nécessité que nous avons décrite. Le conflit tragique éclate pour l'Antigone moderne lorsqu'elle s'éprend d'un jeune homme auquel elle ne saurait dissimuler son tourment. Elle le résoudra par le sacrifice de son amour. Et ainsi, écrit Kierkegaard, dresse-t-elle 'une barrière au malheur que la fatalité aurait peut-être transmis à la génération suivante'.[31]

Par ailleurs, la conception du tragique qui s'exprime à travers l'Antigone kierkegaardienne remet en question plusieurs affirmations de Chestov concernant le tragique dans la vie et la pensée du philosophe danois. En effet, parce qu'il est possible de rattacher l'essentiel de ce texte aux analyses du *Concept d'angoisse* sur le péché héréditaire, nous allons montrer, contre Chestov, la continuité et l'extrême cohérence de la pensée du philosophe danois. A partir de là, nous verrons comment l'interprétation de la tragédie personnelle de Kierkegaard acquiert une dimension qu'elle n'avait pas dans l''histoire d'une âme'[32] relatée par Chestov.

Péché héréditaire, angoisse et tragédie selon Kierkegaard

Le rapport entre le texte sur le tragique et le *Concept d'angoisse* peut être établi au niveau de deux questions fondamentales pour Kierkegaard et son commentateur russe, celle du péché héréditaire et celle de l'angoisse.[33] Relativement à la première question, il est clairement affirmé dans *Le Reflet du tragique ancien dans le tragique moderne* que le péché

31 Ibid., p. 155.

32 Selon l'expression de Philonenko, *La Philosophie du malheur I, Chestov et les problèmes de la philosophie existentielle*, Paris, Vrin, 1998, p. 17.

33 Les éléments qui appellent ce rapprochement entre les deux textes sont nombreux: d'abord, dans *Reflet du tragique ancien dans le tragique moderne*, le parallèle établi entre le tragique moderne et la position pélagienne (p. 136), puis entre la douce mélancolie du tragique relevant de l'esthétique et la consolation religieuse qui fait apparaître au pécheur que 'c'est la culpabilité de tous qui s'est également produite en lui' (p. 138).

héréditaire est une 'notion substantielle'[34] et joue donc le rôle d'un destin. Ce que signifie le drame de l'Antigone kierkegaardienne, c'est la solidarité de l'individu avec un tout. Cette totalité est, dans son cas, la famille, et la solidarité se traduit par le sentiment de piété filiale; dans le cas du péché héréditaire, c'est le genre qui représente le tout, mais comme on est introduit dans le genre par la génération, le lien particulier avec la famille réapparaît. Héréditaire, le péché l'est donc à proprement parler.

Kierkegaard est conscient qu'une telle dialectique 'qui reporte sur l'individu la transgression de sa famille', 'de telle sorte que non seulement il en pâtit', mais qu'il 'y participe', est 'étrange'.[35] Aussi, pour s'expliquer, le philosophe évoque-t-il la crainte de chacun 'qu'un autre membre de la famille jette sur elle l'opprobre, [...] parce qu'il sent qu'il en pâtira aussi' et il ajoute: 'L'homme ne peut entièrement se rendre maître de ses liens naturels. Si, en revanche, l'individu voit dans ces liens naturels un facteur supplémentaire de sa véritable condition, le fait s'exprime dans le monde de l'esprit en disant que l'individu participe à la faute'.[36] Mais ce qui, dans le péché héréditaire est transmis, comme l'affirme l'une des thèses les plus originales du *Concept d'angoisse*, c'est uniquement une angoisse plus ou moins grande – cette variété du *quantum* étant précisément liée aux déterminations familiales, sociales, etc.

L'angoisse, dans *Reflet du tragique ancien dans le tragique moderne*, est donc considérée comme 'une donnée tragique authentique' et comme appartenant essentiellement au tragique. Ainsi, Kierkegaard décrit le héros tragique moderne comme un être en proie non pas au désespoir, mais à l'angoisse qui suppose la réflexivité, tout en étant caractérisé par une ambiguïté faite d'attrait et de répulsion pour son objet. Dans le cas de son Antigone, l'angoisse est liée à un soupçon concernant l'ignorance ou non du secret par son père. Cette idée est si importante pour Kierkegaard que, pour la renforcer, il recourt à deux autres exemples de héros tragiques dont celui de Hamlet.

Et si, à présent, nous poursuivons notre tentative de lecture croisée du texte sur le tragique et du *Concept d'angoisse*, nous pouvons ajouter

34 Sören Kierkegaard, *L'Alternative*, op. cit., p. 142.

35 Ibid., p. 151.

36 Ibid., pp. 151–152.

relativement à l'angoisse que, contrairement à ce qu'affirme Chestov dans son *Kierkegaard*, elle ne paralyse pas. En effet, d'abord, à l'instar du désespoir, elle produit une énergie et donc constitue une impulsion à agir. Ensuite, s'il est vrai qu'en s'intensifiant, elle provoque un affaiblissement qui va jusqu'au vertige, elle n'élimine jamais la liberté de l'homme.[37] Celle-ci est garantie par l'ambivalence de l'angoisse.[38] Aussi ne saurait-elle en aucun cas être considérée comme la cause du péché, mais uniquement comme sa condition de possibilité. Le péché, lui, n'est posé que dans un saut qualitatif qui est aussi le saut de la liberté qui qualifie définitivement le réel. C'est pourquoi Antigone aurait pu ne pas sacrifier son amour, et Kierkegaard aurait pu faire le saut de la foi et épouser Régine.

Ces quelques remarques rapides sur l'angoisse suffisent à indiquer combien l'interprétation qu'en donne Chestov laisse échapper l'extrême subtilité des analyses kierkegaardiennes. Le philosophe russe ne veut voir dans le premier drame de l'humanité selon la Bible qu'un destin extérieur prenant la forme du serpent qui s'impose à Adam et Eve. Mais surgissent les deux apories que Kierkegaard relevait dans son ouvrage et que ses développements tentent de surmonter: la première est que si on imagine, comme toute la tradition, Adam parfait au paradis (doué de pouvoirs non seulement surnaturels comme le veut la théologie catholique classique,[39] mais encore illimités comme l'affirme Chestov) et absolument heureux (donc sans angoisse), qu'est-ce qui, en lui, a rendu possible sa méfiance envers Dieu ou sa peur du pouvoir illimité et arbitraire de Dieu, d'après les hypothèses chestoviennes?[40] La deuxième aporie est constituée par le fait que si la volonté de l'homme est

37 Certes, la 'syncope' par laquelle survient le péché selon Kierkegaard, image que Chestov apprécie tout particulièrement et cite à maintes reprises, pose problème. Mais, nous pensons qu'une image, simple élément dans un réseau métaphorique: vertige, abîme, syncope, chute, relèvement, ne peut supplanter les thèses et les raisonnements développés dans un ouvrage entier. Pourquoi concéder à la syncope, symbole de la chute, plus de valeur philosophique que le vol plané de la vierge dont il est question dans *Le Journal du séducteur* (Sören Kierkegaard, *Œuvres complètes*, vol. 3, Paris: Éditions de l'Orante, 1970, pp. 364–365).

38 Sören Kierkegaard, *Le Concept d'angoisse*, in *Œuvres complètes*, vol. 7, Paris: Éditions de l'Orante, 1973, p. 144.

39 Ibid., ch. I §1.

40 Léon Chestov, *Athènes et Jérusalem*, p. 189 et *Kierkegaard et la philosophie de la tragédie*, p. 170.

paralysée (par le premier péché ou le péché héréditaire), l'imputation de la faute est-elle encore possible et la liberté ne devient-elle pas caduque?

Relecture de la tragédie de Kierkegaard

La tragédie d'Antigone est aussi celle de Kierkegaard, celle de la faute du père, celle du péché héréditaire. En effet, la tragédie de Kierkegaard n'est pas seulement celle de la rupture de ses fiançailles en raison d'une impuissance honteuse; cette impuissance elle-même s'origine dans une angoisse plus ancienne, réfléchie, en rapport avec une faute paternelle qui elle-même répète la première faute d'Adam. On est étonné que Chestov qui plus d'une fois a eu recours, dans *La Philosophie de la tragédie*, à l'image du tremblement de terre et à celle du sol qui se dérobe sous les pieds n'ait pas eu l'attention retenue par le fameux tremblement de terre dont il est fait mention dans le journal de Kierkegaard, que les commentateurs considèrent généralement comme produit par la découverte d'une défaillance paternelle (d'ordre religieux et/ou sexuel).[41] Le drame d'Antigone ne serait donc plus que le reflet de son drame personnel, c'est-à-dire une réelle transposition. C'est pourquoi le durcissement de Kierkegaard concernant la question du mariage, dans les dernières années de sa vie, n'est pas dû encore une fois à une cruauté désespérée ou à une intention de communiquer indirectement, elle s'inscrit plutôt dans la logique de son interprétation du sacrifice d'Antigone: barrer le chemin à la transmission du péché.[42]

Au terme de notre comparaison entre Chestov et Kierkegaard sur la question du tragique, nous voulons formuler clairement l'idée qui s'est imposée à nous dans l'examen des textes du philosophe danois. Dialectique et ambiguïté sont inhérentes à sa pensée et visent à sauvegarder la liberté dans l'agir et la consolation dans la faute. Chaque écrit de Kierkegaard vient confirmer cette position.[43] Mais il va sans dire que la dialectique kierkegaardienne ne se résout pas en une réconciliation, au

---

41 Sören Kierkegaard, *Papirer* II A 805.

42 C'est également le point de vue de David Brézis, *Kierkegaard et les figures de la paternité*, Paris: Le Cerf, 1999, p. 125.

43 Cf. notamment, Sören Kierkegaard, *Le Concept de l'angoisse*, *Œuvres complètes*, vol. 7, p. 174.

niveau logique, comme le veut la spéculation hégélienne; pathétique, elle a pour seul corollaire le saut. Que faut-il dès lors penser, globalement, du rapport de Kierkegaard et de Chestov? Notre étude sur le tragique a montré toute la différence qui sépare leurs philosophies existentielles. Cette différence qui n'est pas une divergence ne doit pas remettre en cause la fraternité fondamentale des deux penseurs. Cette fraternité tient davantage aux questions semblables qu'ils ont posées à l'existence et à ses 'effrois' qu'aux réponses données. Mais cette différence qui n'est pas minime ne doit pas non plus être masquée ou gommée. Toute tentative dans ce sens serait également injuste pour l'une et pour l'autre des deux pensées: d'une part, elle occulterait l'effort philosophique gigantesque de Kierkegaard pour reconnaître à la raison des droits lors même qu'elle est mue par une passion qui finit par la révoquer, d'autre part, elle ne laisserait par retentir dans toute sa force et dans toute son originalité la grande clameur chestovienne pour réveiller les hommes assoupis et malheureux.

GENEVIEVE PIRON

Léon Chestov et 'Viatcheslav le Magnifique'

'Viatcheslav le Magnifique' est le titre d'un article que Léon Chestov consacre en 1916 au poète symboliste Viatcheslav Ivanov.[1] Ce texte s'inscrit dans une série qui fixe et prolonge des discussions, souvent à couteaux tirés, avec les 'frères ennemis' héritiers de la philosophie religieuse russe: Dimitri Merejkovski, Nicolas Berdiaev, Serge Boulgaov. Mais il y tient une place particulière: Viatcheslav Ivanov, en effet, n'est pas seulement un savant, un philosophe, le principal théoricien du symbolisme russe, c'est avant tout un poète. Il est l'auteur d'une œuvre littéraire constituée de poèmes lyriques et d'essais théoriques qui se réfondent pour donner forme à sa vision du monde. Pour V. Ivanov, l'art joue un rôle prédominant dans la révélation de la vérité car l'inspiration met l'homme en contact avec le monde spirituel. A travers sa polémique avec le poète symboliste, Chestov aborde une 'question maudite' centrale dans son œuvre: celle de la liberté humaine atteinte et réalisée dans l'acte de création.

La Place de Léon Chestov dans 'l'orchestre symphonique de la création' philosophique (Saint-Pétersborg, 1904–1909)

V. Ivanov partage avec Chestov une vision religieuse du monde basée sur l'expérience personnelle de la tragédie et de l'extase. Comme lui, il veut libérer les forces créatrices de l'homme. Mais contrairement à Chestov, le poète pense que l'art peut agir sur la réalité politique et sociale. Il défend une nouvelle forme de théâtre qui réaliserait l'union

1 Lev Šestov, 'Vjačeslav Velikolepnjy (к harakteristike russkogo upadničestva)', *Sočinenija v 2h tomah*, t.1, Moscou: Nauka, 1993, pp. 243–277.

mystique des individus dans l'esprit du chœur antique et des mystères médiévaux. Ses idées, liées à ses recherches savantes sur la religion antique, s'incarnent sur différents plans. Nicolas Berdiaev, familier des 'mercredi' de V. Ivanov (les réunions hebdomadaires dans son appartement) souligne le rôle unificateur qu'il a joué dans la vie culturelle de leur époque: 'Il y avait une prise de conscience exaltée de l'énorme importance de l'art pour la renaissance russe. Et immédiatement le mouvement littéraire et artistique russe s'est mis en contact avec le mouvement philosophico-religieux. En la personne de Viatcheslav Ivanov, les deux courants ont fusionné, et les 'mercredi' ont toujours fait sentir ce contact entre différents aspects de la vie spirituelle russe.'[2]

Le rôle de 'constructeur de ponts', de 'rassembleur d'énergies culturelles',[3] que joue V. Ivanov dans la vie intellectuelle de son temps est en accord avec sa vision religieuse du monde dans laquelle tous les plans de l'existence sont en corrélation. Le poète est convaincu qu'une nouvelle ère religieuse commence pour l'humanité et cherche à en précipiter l'avènement. En accord avec les traditions philosophiques russes du XIXe, il pense que la phase de 'décadence' que traverse la culture ('étape socratique de la culture' comme l'a formulé Nietzsche) est l'aboutissement logique de l'humanisme individualiste occidental. Pour lutter contre cette tendance, V. Ivanov cherche à canaliser les énergies créatrices dans une forme d'union mystique, la 'conciliarité',[4] favorisant la liberté de l'individu. Entre 1906 et 1909, la 'Tour', son appartement à la rue Tauride à Saint-Pétersbourg, est un lieu de ferment culturel et de dialogue philosophique consciemment orchestré dans un esprit expérimental:

> Pour Ivanov, la période pétersbourgeoise était l'époque de communication dialogique la plus ouverte avec différentes couches culturelles d'orientations très variées. Son but était de vaincre la 'solitude' de la personne et l''isolement' de l'individualisme et – au sens suprême – d'accéder à la 'conciliarité' (*sobornost*). [...] Les 'discours' isolés devaient s'entrelacer et se disjoindre dans l''orchestre

---

2 Nikolaï Berdiaev, 'Ivanovskie sredy', in Vengerov, *Russkaja literatura XX veka*, t. 8, pp. 97–100.

3 Victor Erlich, 'The Symbolist Ambience', in Robert Louis Jackson and Lowry Nelson (eds), *Vyacheslav Ivanov: Poet, Critic and Philosopher*, New Haven: Columbus/ Ohio: Yale Centre for International and Area Studies, 1986, p. 17.

4 Le terme de 'conciliarité' vient de l'enseignement sur l'Eglise du théologien laïc Alexeï Khomiakov (1804–1860).

> symphonique de la création'. Les conversations à la 'Tour', construites selon le modèle platonicien de la discussion de banquet, étaient la 'forge' (selon l'expression de Somov) ou le 'laboratoire spirituel' (selon l'expression de Berdiaev) de cette création collective.[5]

Chestov a-t-il participé à cet 'orchestre symphonique de la création' philosophique? Dans l'atmosphère d'utopies sociales et dans la quête philosophique et religieuse de la Russie de son temps, on a l'habitude de le considérer comme un penseur 'à part'.[6] Et, de fait, il ne semble guère s'intéresser au phénomène de la 'Tour' d'Ivanov: il est rarement présent aux 'mercredi' et dit s'y ennuyer.[7] Et si les thèmes de ses articles de 1904–1905 sont souvent proches de ceux qui sont débattus dans le cercle de V. Ivanov, ils défendent en général un point de vue opposé.

L'article de Chestov 'Le don de prophétie'[8] (1906) est une critique ironique du messianisme russe. L'auteur y attaque Vladimir Soloviev, qui voyait en Dostoïevski un prophète, et mentionne ses 'successeurs', parmi lesquels V. Ivanov occupe une place certaine. Cet essai, en effet, semble faire écho au célèbre article 'Le Poète et la Populace', publié deux ans plus tôt dans la revue du jeune symbolisme russe, *Vesy*.[9] V. Ivanov y annonçait l'avènement de nouveaux poètes 'prophètes': le type de l'aristocratique et de l'individualiste représenté par Pouchkine était désigné comme révolu. Le poète de l'avenir devait jouer un rôle unificateur entre les fragments éparpillés du 'moi' moderne et les couches disloquées de la société:

> Le véritable symbolisme doit réconcilier le Poète et la Populace dans un grand art populaire universel. L'époque de la séparation est révolue. Nous allons par le

---

5 Andréi Chichkine, 'Le banquet platonicien et soufi à la "Tour" pétersbourgeoise', *Cahiers du monde russe et soviétique* XXXV (1–2), janv.–juin, 1994, p. 51.

6 L'expression est de Pierre Pascal, 'Une place à part', *Le Contrat social*, juill.–août 1967, pp. 245–249.

7 Voir Kent R. Hill, *On the Treshold of Faith, An Intellectual Biography of Lev Shestov from 1901 to 1920 focusing on his Concept of Man*, Michigan: Ann Arbor, 1980, pp. 107–108.

8 Lev Šestov, 'Načala i koncy', *Sočinenija v 2h tomah,* t. 2, Tomsk: Vodolej, 1996, pp. 214–224 (en français: 'Le Don de prophétie', *Les Commencements et les fins,* Lausanne: L'Âge d'Homme, pp. 43–53).

9 Viatcheslav Ivanov, 'Poet i Čern', *Vesy*, 1904; in *Sobranie sočinenij*, red. D. V. Ivanova i O. Dešart, Bruxelles: Foyer oriental chrétien, 1971–1987, t. 1, pp. 707–714.

> chemin du symbole vers le mythe. Le grand art est un art créateur de mythe. Du symbole croît le mythe, qui existe en puissance depuis la nuit des temps: c'est la révélation en images de la vérité immanente propre à l'affirmation de soi du peuple et de l'univers .[10]

Cette aspiration à la synthèse universelle est bien éloignée de la vision de Chestov, qui avait lui aussi défini le rôle du poète dans un article de 1899 sur Pouchkine:

> Le poète n'est pas un prédicateur. Il ne peut se borner à un choix de paroles fortes et passionnées qui émeuvent le coeur de ses auditeurs. On lui demande davantage. Avant tout, on exige de lui de la sincérité, on attend qu'il représente la vie telle qu'elle est en réalité. Mais nous savons qu'en fait la vie enseigne rien moins que l'humanité. La réalité est cruelle, implacable.[11]

Dans 'Le Don de prophétie', Chestov s'indigne contre l'exaltation des écrivains russes qui les pousse à jouer aux prophètes; en même temps, il ridiculise la mystification dont Tolstoï et Dostoïevski font l'objet. Chestov replace les prédictions de Tolstoï sur la 'nouvelle conscience religieuse', celles de Dostoïevski sur la mission salvatrice de la Russie, dans le contexte des événements dramatiques qui secouent le pays: 'Et notre révolution actuelle, avec ses soulèvements armés, ses échafauds, ses exécutions, ses bombes, une révolution qui est venu prendre la place d'une guerre sanglante en Extrême-Orient!'.[12] Il est un autre sujet qui sert peut-être de détonateur caché à la réaction indignée de Chestov: les pogroms, qui, en 1905 et 1906, menacent encore une fois la famille Schwarzman,[13] établie en Ukraine.

Chestov ne critique pas seulement le messianisme des représentants du nouveau mouvement philosophique et religieux, il attaque aussi leur 'mysticisme'. Il lui semble que l'emphase avec laquelle ils prononcent le nom du Christ trahit une absence de sentiment religieux profond. Dans un article de 1907 'L'éloge de la Folie',[14] Chestov se moque du réalisme mystique et de la terminologie grandiloquente à l'aide de laquelle Nico-

---

10 Ibid., p. 714.

11 Léon Chestov, *Spéculation et révélation,* Lausanne: L'Âge d'Homme, 1981, p. 224.

12 Léon Chestov, 'Le Don de prophétie', op. cit., p. 44.

13 La famille de Chestov, dont le vrai nom est Leib Isaakovitch Schwarzman.

14 Léon Chestov, 'Pohvala Gluposti', *Načala i koncy*, op. cit., pp. 225–239.

las Berdiaev, alors proche de V. Ivanov et de son cercle, formule ses théories: 'Tout simplement – écrit Chestov – je n'aime pas les mots solennels comme "Grande Raison", "métaphysique", "suprasensibilité", "mysticisme"'.[15] Ces critiques paraissent dans l'almanach *Flambeaux,* où V. Ivanov a présenté sa vision de 'l'anarchisme mystique'[16] qui propose d'implanter dans la réalité politique et sociale l'idéal de 'la conciliarité'.

La position de Léon Chestov face à la quête des nouveaux philosophes religieux russes apparaît de façon plus nuancée dans les comptes rendus qu'il écrit en 1905 à propos de la revue *Questions de vie*,[17] dont Nicolas Berdiaev et Serge Boulgakov sont les rédacteurs en chef et Viatcheslav Ivanov un collaborateur régulier. Chestov les incite à se méfier de l'influence du néokantisme et à prendre en compte 'le poids des chaînes terrestres, c'est-à-dire du positivisme',[18] comme l'ont fait les grands écrivains russes. Il regrette que la diversité des vues ait été sacrifiée à l'unité de leur recherche: par exemple, que la rubrique de Vassili Rozanov, 'Dans son coin', ait été supprimée. Chestov prône la divergence, ce qui le place en opposition avec l'idéal de la 'conciliarité' que défend V. Ivanov. Mais son individualisme n'est pas une 'pose' d'artiste décadent comme on l'interprète volontiers à cette époque. Car Chestov croit aussi que la séparation est un malheur et que sa source se trouve dans le rationalisme. Seulement, il ne pense pas qu'il s'agisse d'une tendance passagère surmontable par de nouvelles formes de création collective: pour lui, le phénomène est plus profond.

> L'exemple de Socrate qui est resté un modèle pour toutes les générations d'hommes pensants ne nous laisse aucun doute: les hommes n'ont que faire d'une vérité toute faite, ils se détournent des dieux pour se consacrer à la création indépendante. La Bible nous raconte un événement à peu près semblable. Que manquait-il à Adam? Il vivait au Paradis, dans la proximité immédiate de Dieu, de qui il pouvait apprendre tout ce dont il avait besoin. Eh bien non, cela ne lui

---

15 Ibid., p. 229.

16 Viatcheslav Ivanov, 'Ideja nepriatija mira', *Sobranie sočinenij*, op. cit., t. 3, pp. 78–90.

17 Lev Šestov, 'Novij žurnal', *Kievskie otkliki* nr. 101, 11 (24) apr. 1905, et 'Literaturnii secession', *Naša žizn*, nr. 160, 15 juill. 1905, réédition 'Perepiska L. I. Šestova s A. M. Remizovym', *Russkaja literatura* nr. 4, Nauka, 1992, Priloženija, pp. 156–162, pp. 162–169.

18 Ibid., p. 159.

> convenait pas, il a suffi au serpent de faire sa proposition perfide pour que l'homme, oubliant la colère de Dieu et tous les dangers qui le menaçaient, cueille le fruit de l'arbre défendu. Et la vérité, qui avant la création du monde et de l'homme était une, se brisa en une multitude, peut-être infinie, de vérités les plus différentes, naissant et mourant sans cesse. Ce fut le Septième jour de la Création, qui n'est pas signalé dans l'histoire. L'homme devint collaborateur de Dieu, il devint créateur lui-même. Socrate refuse la vérité divine et en parle même avec dédain, uniquement parce qu'elle n'est pas prouvée, et qu'elle ne porte pas trace de la main humaine. Socrate n'a, à proprement parler, rien prouvé, mais il cherchait à prouver, il créait, et il voyait en cela le sens de sa propre vie et de toute vie humaine.[19]

Le désir de l'homme de voir le monde à travers une lunette à sa mesure lui a fait perdre son lien originel avec l'unité: cette critique de 'l'humanisme' occidental est commune à la plupart des héritiers de Dostoïevski et de Soloviev. Mais V. Ivanov y voit une étape historique prête à être dépassée, alors que pour Chestov, au contraire, il s'agit d'un phénomène constant: le récit biblique est actuel dans nos esprits, soumis aux critères de la raison. Nous sommes donc condamnés à nous enfoncer chacun dans notre voie personnelle en accentuant au maximum les divergences: 'C'est pour cette raison sans doute que la sentence de l'oracle de Delphes semble être juste même de notre temps: Socrate était le plus sage des hommes. Et celui qui désire être sage doit, tout en imitant Socrate, ne lui ressembler en rien. C'est ainsi qu'ont fait tous les philosophes, tous les grands hommes'.[20] Autrement dit, s'il existe une forme de réparation, elle se trouve dans l'approfondissement d'une voie personnelle, qui, peut-être, nous permettra de resurgir vers une autre vision. Ayant admis la singularité et la solitude comme un fait, Chestov se tient à distance de tout mouvement artistique ou philosophique.

Mais à la même époque, Chestov se tourne lui aussi vers une problématique religieuse. Son nouvel ouvrage, *L'Apothéose du déracinement*,[21] est une série d'aphorismes née de l'éclatement d'un texte dont

---

19 Léon Chestov, *Les Grandes Veilles*, Lausanne: L'Âge d'Homme, 1985, p. 33.

20 Ibid., p. 33.

21 Lev Šestov, *Apofeoz bespočvennosti*, Saint-Pétersbourg: Občestvennaja pol'za, 1905. Cet ouvrage est connu en français sous le titre: *Sur les confins de la vie* (Paris: Flammarion, 1966). Le mot russe signifie à la fois 'absence de sol sous les pieds' et 'absence de fondement (philosophique, intellectuel)'.

le thème est: la soif de miracle dans la culture russe.[22] Le fil rouge qui sous-tend les fragments n'apparaît pas de façon évidente et la plupart des lecteurs ne le reconnaissent pas. Des extraits de sa correspondance montrent que Chestov est déçu et se sent mal compris. S'il critique sans vergogne les représentants de la 'nouvelle quête philosophique et religieuse', il n'en confie pas moins à Alexis Remizov qu'il se sent affilié à eux par l'esprit:

> Il en va ainsi avec tous mes écrits, on m'interprète de travers. Pourquoi? Sans doute parce qu'on ne croit pas que l'on puisse avoir des goûts différents. J'aime et j'estime la contradiction par exemple, ou le hurlement des chiens. Les gens pensent que c'est pour rire. [...] Mais toi, tu liras (tes goûts aussi sont de travers) et tu verras qu'il n'y a là rien de caustique ni de négatif. Si ce n'était pas maladroit, j'écrirai sur moi-même la même chose que sur B[oulgakov], B[erdiaev], V[oljski] ou toi. Car nous sommes tous les fruits d'un même arbre: seulement, certains sont mûrs alors que d'autres sont encore verts.[23]

Cette apparente contradiction s'explique par l'état de tension spirituelle dans lequel Chestov se trouve à cette époque. Son héritage intellectuel, mélange d'idéalisme allemand et de populisme (dans son premier livre, qui prônait l'héroïsme moral, transparaissait l'influence de Fichte) a éclaté sous la pression d'une crise intérieure. C'est malgré lui que Chestov se sent réduit au repli et à sa philosophie du désespoir:

> Contrairement à moi, [écrit-il à Remizov], tu as un goût naturel, inné pour le souterrain, alors que chez moi, il est acquis. [...] Je suis dans le souterrain, mais je suis toujours prêt à bondir dehors, seulement j'ai une pierre attachée au cou qui ne me permet pas de me lever.[24]

Mais dans son 'souterrain' où l'a cantonné son expérience tragique, il a perçu la relation indissociable entre la condition absurde de l'homme et son aspiration à un 'tout autre'. C'est pourquoi il se sent compris[25] par Remizov qui a écrit à propos de *L'Apothéose du déracinement:* 'Il y a

---

22 Chestov écrit lui-même que le miracle est le thème de cet ouvrage dans la lettre à A. Remizov nr. 4, Kiev, 14.04.1905, 'Perepiska L.I. Šestova c A.M. Remizovym', *Russkaja literatura* 2, St Pétersbourg: Nauka , 1992, p. 140.

23 Lettre à A. Remizov nr. 8, 1905, op. cit., p. 148.

24 Lettre à A. Remizov nr. 6, op. cit., p. 144.

25 Voir lettre à A. Remizov nr. 11, op. cit., p. 151.

encore, dans ce souterrain, d'étranges fenêtres qui mènent, à travers la terre, vers l'autre monde'.[26]

En réalité, Chestov participe au concert de la création orchestré par V. Ivanov: sa pensée est orientée directement ou indirectement par ce ferment d'échanges et de dialogues. Par exemple, le thème du 'Pouvoir des clés' (qu'il élabore entre 1910 et 1914 dans son étude *Luther et l'Église* et qui donnera lieu à un important corpus philosophique développé dans l'émigration) est basé sur celui du 'Grand Inquisiteur', que Nicolas Berdiaev a soulevé comme sujet de discussion à l'un des 'banquets' d'Ivanov de l'hiver 1906. Ayant passé par la même école de Dostoïevski et de Nietzsche, Chestov est lui aussi un partisan de la 'polyphonie', mais en mettant l'accent sur la multiplicité et sur la rupture. Sa pensée s'articule principalement par opposition aux affirmations de ses amis russes, mais il ne défend pas une position strictement négative car ses aspirations l'affilient à leur quête. On pourrait lui appliquer la phrase de Dostoïevski: 'La négation est indispensable. Sinon, l'homme se cantonnerait à la terre comme une punaise.'[27]

Théurgie et création ex nihilo

En 1908, André Biély écrit un article qui met bien en valeur la position en creux de Léon Chestov dans la quête religieuse de son temps. Pour Biély, si Chestov 'ne peut pas croire à la nécessité générale des présupposés de la raison', c'est parce qu'il est 'convaincu de la réalité religieuse de l'expérience de la création.'[28] Le poète pense que les malentendus dont l'œuvre de Chestov a été l'objet sont dus à son originalité, qui a caché son véritable visage: 'Nombre d'entre nous ont sous-estimé Chestov d'après ses premiers livres: devant nous s'est dressée d'abord

26 Alekseï Remizov, 'Po povodu knigi L'va Šestova "Apofeoz bespočvennosti"', *Voprosy žizni*, juillet 1905.

27 Neizdanniï Dosotoevskij, *Zapisnye knižki i tetradi, 1860–1881*, Moscou: Literaturnoe nasledtstvo, t. 83, 1977, p. 404.

28 Andréi Biély, 'Šestov, Načala i koncy', *Kritika, Estetika, Teorija simvolizma,* (v 2h tomah), t. 2, Moscou: Iskusstvo, p. 431.

l'ombre de Chestov (le scepticisme) et ensuite seulement lui-même'[29]; mais Biély ajoute: 'Pourquoi donc nous parle-t-il sous forme de jugements? Le seul moyen qu'il ait de s'adresser à nous n'est pas la démonstration: il ne peut rien démontrer. Il peut se *montrer*, mais pour cela il faut être prophète, artiste. Or il ne peut ou ne veut être ni l'un ni l'autre. Il ne lui reste qu'à réfuter tout le monde. Et la forme de ses réfutations est l'ombre de Chestov (le scepticisme).'[30]

La création vécue comme une expérience religieuse, l'opposition 'démontrer–montrer' font référence à tout un corpus de théories sur le sens de l'art développées en Russie pendant ces années par les symbolistes dits 'soloviens' dont V. Ivanov est le principal théoricien. Elles se réfèrent en particulier à la conception de la 'théurgie', soit au pouvoir transfigurateur de la création artistique. Selon Vladimir Soloviev, Dieu a donné à l'homme la mission de continuer sa création:

> L'art parfait doit se donner pour tâche ultime d'incarner l'idéal absolu non pas dans l'imagination seulement, mais aussi dans la réalité, il doit spiritualiser, transsubstantialiser notre vie réelle. Et si l'on nous dit que cette tâche sort des limites de l'art, nous demanderons: qui a établi ces limites?[31]

Par l'accomplissement de la mission 'théurgique', la pensée surgit hors de la sphère subjective où l'a cantonnée le néokantisme pour venir agir sur le monde. Selon V. Ivanov, la chose est possible parce que les idées sont vivantes et que le processus de l'incarnation leur fait désirer prendre forme. Les mots, en particulier, peuvent se charger d'une énergie spirituelle et devenir 'révélation sacrée ou "mantra" miraculeux désensorcelant le monde.'[32] Ils ont le pouvoir d'agir sur différents points de la conscience, de toucher les plans correspondants du cosmos et de transformer l'ordre de l'univers. L'inspiration joue un rôle de premier plan car c'est par elle que l'homme entre en contact avec les harmoniques de l'ordre divin qui lui permettent d'organiser le 'donné du monde' indéfini et chaotique. La musique, quintessence de Dionysos, dieu de la transformation et des métamorphoses, est le premier des arts dans cet accomplis-

---

29 Idem.

30 Ibid., p. 432.

31 Vladimir Soloviev, 'Obščij smysl' iskusstva', *Sočinenija v 2x tomah*, t. 2, Moscou: Mysl, 1988, p. 404.

32 Viatcheslav Ivanov, 'Zavety simvolizma', *Sobranie sočinenij*, op. cit., t. 2, p. 598.

sement. C'est pourquoi V. Ivanov donne un rôle 'cosmique' au compositeur Alexandre Scriabine, en qui il voit l'un des premiers représentants du nouvel art 'théurgique':

> Il ne voulait pas être le serviteur de la seule Muse, bien qu'il ait mené ce service jusqu'au point le plus aigu de l'exploit spirituel, jusqu'à la plus pure et parfaite sainteté. Mais ce faisant, il ne faisait que consolider le centre d'où il traçait de son compas de feu les cercles théurgiques qui, l'un après l'autre, embrassaient toute l'étendue du royaume des arts, séparés mais pour lui indissociables, puis tout le domaine de l'esprit humain et, plus loin encore, (comme il le croyait et l'espérait) tout l'espace cosmique. La musique était pour lui, comme pour le mythologique Orphée, l'élément premier mouvant et construisant le monde. Elle devait s'épanouir en mots pour faire naître de nouvelles images aux diverses formes de beauté. Elle devait attirer la nature dans son cercle magique et se répandre avec une sonorité nouvelle dans l'harmonie des sphères.[33]

V. Ivanov fait jouer à Scriabine le rôle d'accoucheur de la nouvelle époque religieuse, l'ère 'organique' ou 'symphonique', qui fait suite à celle de l'individualisme. En faisant naître des sonorités nouvelles, le compositeur a initié l'œuvre de libération spirituelle de l'homme. Pour le poète symboliste en effet, la musique est l'art libérateur par excellence: Orphée ne faisait pas seulement bouger les rochers et les arbres, il a aussi délivré l'être aimé des liens de la mort.

Chestov est familier de la conception des symbolistes qui font de la musique 'l'élément premier mouvant et construisant le monde.'[34] Il fait lui aussi référence à cet héritage de Schopenhauer et de Nietzsche quand il veut désigner le mystère de l'existence, par exemple quand il écrit sur le poète symboliste Fedor Sologoub: 'sa poésie, comme les réponses de la Pythie, est une énigme éternelle et torturante. Il y a en elle une musique merveilleuse dont ni lui ni ses lecteurs ne sont appelés à deviner le sens.'[35] Mais dans son article 'Viatcheslav le Magnifique', il réagit avec violence contre l'inscription de la musique dans un dessein 'théurgique':

---

33 Viatcheslav Ivanov, 'Vzgljad Skrjabina na iskusstvo', conférence prononcée à la Soirée de la Société Skrjabin de Petrograd, déc. 1915, et à Moscou et Kiev en 1916 – in *Sobranie sočinenij*, op. cit., t. 3, p. 175.

34 Idem.

35 Léon Chestov, 'La poésie et la prose de Fedor Sologoub', *Les Grandes Veilles,* Lausanne: L'Âge d'Homme, 1985, p. 154.

> Pourquoi donc la musique doit-elle servir la philosophie?! Jusqu'alors, je voulais croire et j'aimais à penser que la philosophie trouvait sa justification dans la musique. Quand j'entendais de la musique dans les réflexions philosophiques, je disais: voilà qui est bien, voilà un véritable philosophe! Si, parmi les anciens, j'aimais Platon et Plotin, et parmi les modernes, Schopenhauer et Nietzsche, c'est précisément parce que j'entendais dans leurs œuvres une véritable musique. J'aime V. Ivanov lui-même parce qu'il ne parle pas, il chante [...][36]

Ceux qui connaissent Chestov savent qu'un envol rhétorique de ce type cache le nœud d'une problématique. Certes, les schémas tirés du néoplatonisme et de l'idéalisme allemand, sur lesquels se calquent les intuitions philosophiques de V. Ivanov, irritent Chestov qui s'oppose à toute idée de système. Mais là n'est pas l'essentiel, car le poète serait prêt à modifier ces schémas, perçus par lui-même comme provisoires et dynamiques: il faut bien donner forme au sens, mais le sens est toujours prêt à prendre une autre forme, comme le veut la logique de l'inspiration. Si Chestov élève si fort la voix, si V. Ivanov semble offensé,[37] c'est que le point de litige est plus profond.

Selon la vision 'théurgique' développée par V. Ivanov, l'acte de création de l'homme achève et réalise le dessein divin. La liberté de l'homme s'inscrit donc dans la volonté de Dieu. C'est contre ce postulat que Chestov se révolte. Car l'homme, séparé de Dieu, ne peut pas connaître Sa volonté. Tout effort de compréhension, même par des moyens intuitifs, ne débouche que sur la production d'un raisonnement humain supplémentaire, par essence incapable de saisir le mystère, et en général cherchant plutôt à le masquer. Pour Chestov, le raisonnement, au lieu de tourner l'homme vers Dieu, ramène Dieu à la mesure de l'homme:

> V. Ivanov à la suite de Dostoïevski, condamne le fait que l'on cherche à s'installer sur terre sans Dieu. Mais cela lui semble encore trop peu. Il tend à 'plus', il veut aider les autres à *s'installer sur terre avec Dieu* et il voit là la *tâche suprême* non seulement de la philosophie, mais de tout l'art et même de la musique.[38]

---

36 Lev Šestov, 'Vjačeslav Velikolepnjy, к harakteristike russkogo upadničestva', op. cit., p. 252.

37 Voir Lydia Ivanova, *Vospominanija*, Paris: Atheneum, 1990, p. 426.

38 Lev Šestov, 'Vjačeslav Velikolepnjy, к harakteristike russkogo upadničestva', op. cit., p. 274.

Et le philosophe hausse le ton: 'Si vous voulez vous installer, installez-vous, que diable, mais laissez Dieu en paix!'[39] D'après Chestov, le reproche que V. Ivanov fait à Kant de vouloir poser sur le monde des concepts à sa mesure se retourne donc contre lui dans ses théories de la création, qui sont une philosophie de la connaissance fondée sur une forme d'impératif catégorique. Au tribunal suprême, écrit V. Ivanov, Dieu nous reprochera de ne pas avoir été d'assez bons artistes car il est l'artiste suprême:

> Dieu est un artiste et son tribunal, pensons-nous, sera celui d'un artiste. Sa condamnation sera celle du maître trompé dans ses attentes par un élève sans talent et paresseux. Qui peut dire que nos critères du bien et du mal sont ceux de la critique divine de l'Artiste? N'exige-t-Il pas de nous une seule chose, que nous appellerions talent? Et tout talent n'est-il pas une réminiscence de l'unique Maître et de Son art?[40]

Pour Chestov, une telle vision est en opposition avec la liberté fondamentale de l'homme, liberté qui surgit de sa séparation d'avec Dieu. Une véritable philosophie de la création exige que l'on crée sans vouloir comprendre, que l'on aille 'sans savoir où l'on va'. Dans la démarche de Chestov, l'acte de création se confond avec un acte de foi tiré de la négation de toute possibilité de connaissance: '*credo quia absurdum est*'. Tel est le sens de la philosophie du déracinement: elle ne se fonde sur rien.

Mais en appliquant la rigueur logique jusqu'au bout, Chestov opère une étrange maïeutique. Car ayant admis qu'on ne pouvait pas connaître, il montre que le fondement de tout système est un *a priori* arbitraire. Autrement dit, le cercle ne peut se fermer que parce que l'homme le désire. Apparemment, Chestov rejoint V. Ivanov qui croit que les 'cercles théurgiques' sont le fait du pouvoir créateur de l'homme. Mais Chestov, lui, pense que ces cercles sont sa malédiction et cherche à libérer la philosophie de la prison dans laquelle elle s'enferme.

Ayant désigné les failles dans les raisonnements 'géométriques' du poète et de ses proches, Chestov tente à sa façon, par le langage, de

---

39 Idem.

40 Viatcheslav Ivanov 'Sporady', *Sobranie sočinenij*, op. cit., t. 3, pp. 115–116.

'franchir la limite où commence le miracle'[41]. Dès 1904–1905, son style commence à se transformer et il y prête une importance réelle, comme le révèle sa correspondance avec Remizov. Ses écrits se mettent à osciller entre l'exposé philosophique de type discursif et la formule aphoristique, qui tend à 'montrer' plutôt qu'à 'démontrer': 'De grandes privations et de grandes illusions changent à tel point la nature de l'homme que ce qui paraissait impossible devient possible et ce qui paraissait inaccessible devient accessible.'[42] C'est en recourant au paradoxe et à la contradiction, en usant de la parabole, en variant les tonalités de son discours qu'il soumet son arme critique à l'affirmation du désir de liberté. Cette rhétorique, basée sur la tension entre critique dissolvante (l'héritage de Nietzsche, l'ombre du sceptique) et le non-dit (hésitations, formules interrogatives ou négatives, détours) lui permet d'ouvrir la voie à un espace du 'tout est possible', de l'imprévisible. Un art qui atteindra la virtuosité dans son dernier ouvrage, *Athènes et Jérusalem*:

> Qu'est-ce que la vérité? Parler aux pierres dans l'espoir qu'elles finiront par retentir en *amen* devant vous, comme devant Bède le Vénérable? Ou aux animaux en comptant que votre don les ensorcellera et qu'ils vous comprendront (il y a bien eu une époque où Orphée possédait un tel don)? Car il ne faut pas espérer que les hommes vous entendent: ils sont trop occupés, ils font l'histoire, qu'ont-ils à faire de la vérité! Tout le monde sait que l'histoire est bien plus importante que la vérité. D'où cette nouvelle définition de la vérité: la vérité est ce qui passe à côté de l'histoire et que l'histoire ne remarque pas.[43]

C'est cette utilisation même du langage qui a fait sentir à Biély que Chestov n'était pas un sceptique et que son œuvre ne se limitait pas à l'affirmation systématique de son adogmatisme. Le but de Chestov est de délier la pensée des déterminations communes pour la faire glisser vers une autre dimension: 'La philosophie est un art qui aspire à s'ouvrir un passage à travers la chaîne des raisonnements logiques et pousse

---

41 'L'artiste est troublé et tourmenté par le désir de franchir la limite où commence le miracle', cité par O. Dešart in Viatcheslav Ivanov, *Sobranie sočinenij*, op. cit., t. 3, p. 789.

42 Léon Chestov, 'Avant-Dernières Paroles', aph. 2, *Les Commencements et les fins,* Lausanne: L'Âge d'Homme, p. 75.

43 Lev Šestov, *Afiny i Ierusalim*, 'O vtorom izmerenii myšlenija', af. 54, Moscou: Nauka, 1993, p. 655.

l'homme dans l'océan sans bornes de la fantaisie, du fantastique, où tout est à la fois possible et impossible.'[44]

Grand boulevard, ruelle noire (Moscou, 1914–1916)

En 1914, quand Chestov revient s'établir en Russie après quatre ans passés en Suisse à étudier Luther et la philosophie médiévale, le dialogue avec V. Ivanov prend un tour plus serré. Tous deux appartiennent au même cercle d'intellectuels que les événements politiques et le drame de la guerre ont rapprochés. Ce petit groupe s'est donné le nom humoristique de 'Boulevard et Ruelle' en référence à une coïncidence symbolique: il se trouve que les optimistes irréductibles, Vladimir Ern, Serge Boulgakov, Viatcheslav Ivanov vivent sur les grands boulevards de Moscou, alors que les penseurs 'catastrophistes', Nicolas Berdiaev, Mikhail Guerchenzon, Léon Chestov, ont élu domicile dans des ruelles exiguës près de l'Arbat. Dans ce cercle informel, les positions de V. Ivanov et de Chestov sont perçues comme des polarités extrêmes, comme le raconte dans ses mémoires une de leurs amies communes:

> Nous ressentions un véritable plaisir esthétique, ma soeur et moi, quand Viatcheslav Ivanov et Chestov se rencontraient: l'Hellène fin et rusé et l'Hébreu pénétré de son unique pensée. [...] Paradoxalement, Viatcheslav Ivanov, tout en changeant, en jouant, construisait un forteresse dogmatique alors que Chestov, qui aurait pu louer le Seigneur sur une seule note, ne faisait que tout nier, tout saper. Du reste, c'était sa façon de le louer.[45]

La conférence sur V. Ivanov que Chestov prononce à la Société philosophique et religieuse de Moscou en 1916 prend place dans ce contexte de dialogues croisés. La polémique entre le philosophe et le poète est rendue véhémente par un point commun qui s'impose au centre de leurs divergences: tous deux formulent leur philosophie et leur conception religieuse de la vie en référence à un vécu. Viatcheslav Ivanov et Léon Chestov, qui sont nés la même année (1866) à trois jours

44 Léon Chestov, *Sur les confins de la vie*, Paris: Flammarion 1966, p. 354.
45 Evgenija Gercyk, *Vospominanija*, Paris: YMCA Press, 1973, p. 111.

d'intervalle, ont connu chacun de leur côté, alors qu'ils approchaient la trentaine, une expérience intérieure qui a transformé leur vision du monde. Chez Chestov, c'est l'expérience intime de la tragédie: la prise de conscience terrifiée, devant la mort, de l'absurdité de l'existence humaine, débouchant sur un amour irraisonné de la vie. V. Ivanov, lui, a connu un dépassement du moi et une union fusionnelle avec l'autre dans une rencontre amoureuse passionnelle. Le poète l'a identifiée aux expériences des grands mystiques, en particulier au '*transcende te ipsum*' de Saint Augustin. Cette expérience fonde son rapport à Dieu avec Lequel il cherche la fusion suprême dans l'Unité (le 'tu es' déclaré à l'autre devenant un 'Tu es' adressé à Dieu). Dans ces dernières années de dialogue en Russie, il semble que V. Ivanov ait incité Chestov à étudier Plotin. Les thèmes de l'extase et de la mort sont alors au centre de leurs réflexions.

Dans ses écrits sur Plotin des années 1920, Chestov commente le '*transcende te ipsum*' des néoplatoniciens et trace sa filiation jusqu'à Goethe, qui cherche à s'évader de son 'moi haïssable'. Chestov y oppose une autre expérience: celle de l'abandon et de la révolte du 'moi' face à la mort.

> Un effort véritablement surnaturel est nécessaire pour que l'homme ait l'audace d'opposer son moi à l'univers, à la nature, à la suprême évidence: le 'tout' ne veut pas se préoccuper de moi, mais je ne veux pas compter avec le 'tout'.[46]

Pour le philosophe du déracinement, la quête de Dieu prend sa source dans le doute quant à l'évidence suprême, ce qui n'est pas une négation de Dieu ni un chemin vers Dieu. Car, comme l'a écrit Ignace de Loyola (cité par Chestov quelques pages plus haut et dont il a repris le titre *Exercices spirituels*): 'Plus l'âme se reconnaît séparée et solitaire, plus elle devient capable de chercher et de connaître son Créateur et son Seigneur.'[47] Ainsi, chez Chestov, l'expérience religieuse n'est pas celle de l'union avec le divin mais celle de la rupture. Elle subira tout un travail de formulation et de réévaluation à travers son œuvre: au départ identification au malheur, elle sera perçue plus tard comme une ren-

---

46 Léon Chestov, *Les Révélations de la mort*, in *Sur la balance de Job*, Paris: Flammarion 1971, p. 51.

48 Ibid., p. 40.

contre avec la mort dans la vie provoquant le surgissement d'une 'seconde dimension de la pensée'.

La philosophie de la création, chez V. Ivanov, repose sur sa confiance dans la 'mission' de l'homme et s'inscrit dans une hiérarchie de concepts unifiés, alors que l'expérience du désespoir a conduit Chestov à ne plus supporter aucun système et à assumer la création *ex nihilo*, fondée sur l'incertitude et le risque. La source de la création, chez Léon Chestov, est sa position face à la mort, position qui lui fait tracer une voie originale ouverte vers l'ontologie moderne. Mais les analogies s'arrêtent là car Chestov refuse toute édification philosophique.

Son œuvre témoigne d'un effort permanent pour se libérer de 'la prison de la pensée'. Sa soif de miracle, qu'il partage avec ses amis russes, le place très loin de leurs prophéties apocalyptiques; il ne veut, lui, formuler d'hypothèses que dans son propre champ de vision. Et pourtant, sa tâche, très modeste, a peut-être un but plus ambitieux que ce que ses proches expriment dans leurs constructions visionnaires: il cherche à dégager la voie pour laisser surgir l'imprévisible.

Part 3

Literature and Philosophical Discourse

Romain Vaissermann

L'Aphorisme chestovien. Comment penser la littérature?

'[...] pour nous qui ne pensons ni ne parlons aphoristiquement, mais qui vivons aphoristiquement; pour nous qui vivons αφορισμ΄ενοι [*aphorisménoï*] *et segregati*, comme des aphorismes dans la vie [...]'
Kierkegaard, *Ou bien... ou bien...* I, 'Le plus malheureux'

L'écriture de Chestov est une expérience du tragique. Elle a bien rapport à l'expérience, qu'elle résulte d'une expérience philosophique ou existentielle, ou encore qu'elle constitue elle-même une expérience philosophique ou littéraire. Elle a aussi rapport au tragique, qu'elle cherche à l'exprimer ou qu'elle le dise en elle-même. Si elle n'est pas *stricto sensu* tragédie, cette écriture participe bien du tragique. Le fait que Chestov soit philosophe pourrait interdire, au seuil de cette étude, de traiter d'écriture, n'était que tous les écrits de Chestov lancent justement un pont de la philosophie à la littérature et de la littérature à la philosophie. C'est plus que de dire que 'forme et fond' vont de pair.

Venons-en donc aux termes de notre sujet: son objet – la forme brève – est à la fois philosophique et littéraire; il est difficile à définir et peut même se voir remettre en cause (– ne faut-il parler d'aphoristique plutôt que d'aphorisme, de même qu'on parlera de tragique plutôt que de tragédie chez Chestov?). En fait, entendons-nous pour étudier la présence dans l'œuvre de Chestov de la forme d'expression adogmatique qu'est *le texte singulier, numéroté ou titré, habituellement bref, commentant habituellement un aphorisme dans un groupe plus important de textes similaires*. Nous voyons vite que ce type de texte apparaît à un moment particulier de l'œuvre: dans l'*Apothéose du déracinement*; qu'il est consacré à des réflexions spécifiques, cachant sous des considérations littéraires l'expérience du tragique; qu'il parvient à dresser une œuvre philosophique 'belle' face aux raisonnements secs du dogmatisme –

'esthétique' au point que ce soit ce stade qui explique l'emploi de la forme brève chez Kierkegaard. Oui, la littérature est à la fois source, thème et résultat de l'aphorisme chestovien. Oui, l'aphorisme chestovien est apothéose du déracinement.

Faut-il tenir les propos de Chestov au sujet de son propre style pour définitifs et intangibles? Benjamin Fondane en rapporte un, exemplaire: 'j'ai tellement pris l'habitude qu'on me parle de mon "talent" d'écrivain, de mes "dons" de critique, de la justesse ou de l'arbitraire de mon interprétation de tel ou tel, que votre lettre m'a véritablement *surpris*. Vous ne vous êtes pas intéressé à mon "style", ni à mon flair psychologique, mais à la *question elle-même*. C'est remarquable!'[1] Cette anecdote de portée somme toute limitée et l'énervement du philosophe lorsque la majorité des critiques se contenta de louer son style tout en restant sourde à ses idées, ne justifiaient pas ce qui a suivi: le quasi-total désintérêt de la critique pour la forme stylistique que prend le discours chestovien. La posture qui semble cautionnée par de tels témoignages antistylistiques[2] et que nous pourrions à notre tour facilement adopter, revient à noter parfois – seulement en passant – telle réussite d'expression (la polyphonie, l'humour, la répétition...), à ignorer volontairement notre thème comme hors sujet.

Il faut pourtant reprendre à nouveaux frais la question formelle chez Chestov, revenir sur la distinction et l'opposition des aspects littéraires et philosophiques dans son œuvre. Partant non de l'évidence que Chestov serait un styliste, mais du principe qu'il ne faut jamais croire un écrivain sur son propre style, nous nous demanderons si le prédicat de styliste est applicable au philosophe Chestov. Nous avons, pour ce, choisi d'étudier ici l'aspect sous lequel le texte chestovien se présente le plus immédiatement au lecteur: une forme que l'on appelle 'aphoristique' et par laquelle on qualifie le style chestovien sans vraiment la définir. D'abord, le dit aphorisme chestovien a-t-il *toujours* été une modalité d'expression

---

1 B. Fondane, *Rencontres avec Léon Chestov*, Paris: Plasma, 1982, p. 19.

2 L'anecdote reparaît plus brièvement dans B. Fondane, op. cit., p. 43. Voir aussi les pages 68, 132, 156 pour l'affirmation la plus extrême: '[...] le langage n'est rien, moins que rien', et page 162 pour le 'testament littéraire' de Chestov: 'Prends l'éloquence et tords-lui le cou' – adaptation d'un vers fameux de Verlaine ('Jadis et naguère', *Art poétique* v., p. 21): 'Prends l'éloquence et tords-lui son cou!' et rappel de la pensée pascalienne sur l'éloquence, sans réhabilitation par la 'vraie éloquence', si moqueuse.

pour notre auteur? A-t-il jamais été sa *seule* forme d'expression? Ensuite se justifiera la prudence de notre titre: jusqu'aujourd'hui, les critiques pouvaient par exemple nommer d'un mot d'un seul – *deux* formes brèves pratiquées par Chestov: un texte court, mais ne commentant nul aphorisme (ce point passé sous silence), ou un texte long (ce point également passé sous silence) commentant un aphorisme. Or ces deux types textuels, et d'autres encore, se voyaient affubler (de façon à ne rien simplifier) du nom d''aphorismes', en un sens non plus classique mais moderne. Aussi proposerons-nous une nouvelle définition de la forme brève employée parfois par Chestov. Enfin, nous répondrons à la *première* question de cette étude: s'il y a bien une forme brève chestovienne, n'est-elle pas autant philosophique que seulement stylistique?

À l'origine de la forme brève chestovienne

Entendons-nous sur le sens de l'expression d''œuvre chestovienne': nous ne considérons que les textes ayant fait l'objet (ou ayant été composés dans le but) d'une édition autonome, séparée des nombreuses publications en revue dont notre auteur a l'habitude. Nous analyserons donc onze œuvres (dont une seule – *Sola fide* – est posthume). Notre sujet, attentif à la forme textuelle, nous oblige à ne considérer que les éditions originales.[3] La forme brève chez Chestov relève de l'aphorisme en tant que notion moderne relativement indépendante de l'exigence de brièveté quantitative (condition non nécessaire ni suffisante) et relevant d'une

---

3 En voici les références: *Shakespeare et son critique Brandes*, St Petersbourg: Mendeleïev, 1898, noté (1); *Le Bien dans l'enseignement du Comte Tolstoï et de Fr. Nietzsche*, St Petersbourg: Stassioulévitch, 1900, noté (2); *Dostoïevski et Nietzsche*, St Petersbourg: Stassioulévitch, 1903, noté (3); *L'Apothéose du déracinement*, St Petersbourg: Obchestvennaia pol'za, 1905, noté (4); *Les Commencements et les fins*, St Petersbourg: Stassioulévitch, 1908, noté (5): *Les Grandes veilles*, St Petersbourg: Chipovnik, 1910, noté (6); *Sola fide* [1914], Paris: Y.M.C.A.-Press, 1966, noté (7); *Potestas clavium*, Berlin: Skify, 1923, noté (8); *Sur la balance de Job*, Paris: Sovrémenniya Zapiski, 1929, noté (9); *Kierkegaard et la philosophie existentielle* [en français], Paris: Vrin, 1936, noté (10); *Athènes et Jérusalem* [en français], Paris: Vrin, 1938, noté (11).

disposition spécifique (ni strictement discursive ni purement aléatoire). Cet aphorisme chestovien se définit comme un texte ou numéroté ou titré ou à la fois numéroté et titré, de dimension moyenne[4] inséré dans un groupe plutôt important de textes[5] identiques ou similaires formellement, jamais liés déductivement mais, parfois, thématiquement, et dont l'ordre est donné – groupe constituant la partie,[6] d'un livre, présentée avec ou sans titre,[7] sans introduction[8] ni conclusion. Définition qui pourrait encore être affinée,[9] mais dont il faut préciser, pour rester dans le cadre de ce travail, la portée littéraire et la valeur philosophique.

L'aphorisme chestovien, pour être spécifique ne s'en inscrit pas moins, sinon du point de vue génétique, en tous les cas du point de vue historique, dans une tradition philosophique de la forme brève. Nous retiendrons particulièrement six penseurs[10] que Chestov évoque souvent dans ses œuvres ou ses entretiens, à qui il montre un profond intérêt et qu'il entoure toujours d'un respect significatif. Ce sont dans l'ordre

---

4 Celle-ci pouvant aller d'une phrase de 2 lignes à plusieurs paragraphes sur 19 pages.

5 De 10 aphorismes dans le préambule de (6) et dans la deuxième partie de (8), à 122 dans la première partie de (4).

6 N'étant subordonnée qu'au livre lui-même, à la différence des sous-parties.

7 Possèdent un litre: (5), le préambule de (6), (9) et (11); n'en ont pas: 'La philosophie et la théorie de la connaissance' dans (6) et les deux parties aphoristiques de (8). (4) possède un titre en tant que livre entier mais ses deux parties n'ont pas de titre en propre.

8 L'introduction dans (4) ne présente que le livre dans son entier (certes tout aphoristique), sans aucune référence aux diverses sections.

9 L'aphorisme chestovien ne traite que de thèmes réputés littéraires ou philosophiques, alors que 'l'hospitalité thématique du fragmentaire' (Fr. Susini-Anastopoulos, *L'Écriture fragmentaire*, Paris: P.U.F., 1997, p. 5) s'étend aux domaines diariste, moral, narratif...

10 Nous écartons: l'influence de Luther, découvert à partir de 1910 d'après N. Baranoff-Chestov (*Vie de Léon Chestov*, t. 1, Paris: Editions de la Différence, 1991, p. 141) et qui est à l'origine de la 'vénération du fragmentaire' dans le monde moderne d'après Fr. Susini-Anastopoulos (op. cit., p. 4); les lectures attentives de Heine et de Gœthe; enfin, la proximité formelle des *Carnets du sous-sol* de Dostoïevski, admirés de Chestov. La forme brève chestovienne ne descend pas des *Propos de table* (*Tischreden* ou *Colloquia mensalia*) de Luther (lu surtout en 1913), ni des apophtegmes des Pères de l'Église ni des λογια [*lógia*] de l'*Évangile*. Mais, hors de cette veine religieuse de la brièveté, Chestov se livre à une lecture notablement aphoristique de la *Bible*: nul n'a encore étudié toutes les implications théologiques de la sélection des citations que Chestov fait du Livre.

chronologique: Héraclite pour l'Antiquité; Pascal et La Rochefoucauld pour le XVIe siècle; Schopenhauer, Werkegaard et Nietzsche pour le XIXe. L'on y préférera l'ordre dans lequel il a évoqué ces grands noms dans ces œuvres:[11] Nietzsche d'abord, puis Schopenhauer, Pascal et La Rochefoucauld, Héraclite et enfin Kierkegaard – mais si cette hiérarchie a le mérite de montrer que l'aphorisme chestovien se rattache principalement à la philosophie allemande voire à la grecque, en tous les cas plus qu'aux moralistes français, il ne faudrait pas sous-estimer par là les ressemblances évidentes, tard découvertes, entre la pratique aphoristique chestovienne et l'écriture kierkegaardienne, bien plus nettes que l'influence d'un La Rochefoucauld, cité par exemple de manière anonyme comme 'un contemporain de Pascal'.[12]

Ont-ils tous pratiqué l'aphorisme à proprement parler? Tous les propos d'Héraclite qui nous restent relèvent ou du fragment ou encore de la sentence ou enfin des deux à la fois. De même, on doit hésiter à attribuer aux *Pensées* de Pascal un genre précis: sont-elles une apologie fragmentée ou un ouvrage volontairement aphoristique? Quoi qu'il en soit, il ne serait pas non plus contradictoire de déclarer que les textes héraclitéens et pascaliens aient, en tant que fragmentés, constitué un modèle pour l'écriture aphoristique de Chestov. Nos autres auteurs ont tous pratiqué volontairement la forme brève: La Rochefoucauld, la maxime dans ses *Réflexions ou Sentences et maximes morales*; quant à Schopenhauer dans les *Parerga et paralipomena* ou les *Pensées et fragments*, Kierkegaard dans son *Journal* parfois ou dans les 'Diapsalmata' (*in Ou bien... ou bien...*, I), Nietzsche dans *Humain, trop humain*, *Au-*

11 Nous ont aidé les précieux *indices* fournis par André Désilets (*Léon Chestov. Des paradoxes de la philosophie*, Québec: Éditions du Beffroi, 1984, pp. 209–252) et par M. A. Pylaïev (Léon Chestov, *Œuvres en deux tomes*, t. 2, Moscou: Naouka, 1993, pp. 552–558). Il faut compléter ces informations par les détails donnés par N. Baranoff-Chestov (op. cit.). Ils permettent d'établir que Chestov a lu Nietzsche dès 1894 (t. 1, pp. 37–45), a étudié en 1918–1919 seulement (t. 1, p. 190) Héraclite – qui sera cité à partir de (7); mais ils n'apportent rien de nouveau en revanche sur Schopenhauer cité dans (2) et lu probablement peu de temps auparavant, ni sur Pascal ou La Rochefoucauld, tous deux nommés (Léon Chestov, *Œuvres choisies*, Moscou: Renaissance 1993, pp. 344 & 359) dans (4) et dont il est question tard seulement dans la biographie de Nathalie Baranoff-Chestov (op. cit., t. 1, p. 251).

12 Voir, dans (4), l'aphorisme nr. I–26.

rore, *Le Gai savoir*, *Par-delà bien et mal*, *Crépuscule des idoles*, *L'Antéchrist* – tous utilisent bien l'aphorisme moderne.

Nous pouvons encore préciser ce que nous entendons par l'influence prédominante de Nietzsche parmi ces aphoristes; car elle provient elle-même de l'influence prédominante d'un livre déterminé, explicitement identifiable d'après la correspondance de Chestov avec Fondane:[13] 'J'avais vingt-huit ans quand j'ai lu Nietzsche. D'abord j'ai lu *Par-delà le bien et le mal*, mais je n'avais pas très bien compris... la forme aphoristique peut-être ...' – d'où il appert que la forme brève, dans un premier temps, surprit Chestov sans qu'il en comprît vraiment le sens; ce n'est que plus tard qu'il put prendre conscience de la signification du livre et relier cette signification à la forme qu'y prennent les idées pour s'exprimer. Entre 1894 et 1905 Chestov a lentement médité[14] les motifs de la forme brève nietzschéenne et a commencé de pratiquer au brouillon sa future écriture aphoristique personnelle.

Après s'être expliqué à soi-même la volonté de l'aphoriste, Chestov a clairement expliqué son choix de la forme aphoristique, dès la première fois qu'il l'a utilisée. Ainsi le lecteur de (4) se trouve-t-il prévenu dès le préambule, dans son premier point. Conçue comme défense de l'aphorisme, cette préface en constitue également une *illustration*. Elle ne prend pas exactement le ton d'un manifeste mais répond *de facto* à la question placée comme en exergue: 's'il convient de commencer par justifier la forme ou bien le contenu du présent ouvrage'; or c'est la question formelle qui se pose le plus nettement au regard extérieur et celle qui, tout sauf extérieure, va permettre au préfacier d'en venir au sens. Cette priorité accordée à la forme aphoristique justifie également notre propre démarche.

Chestov fait ensuite référence, allusivement, à la tradition philosophique/aphoristique mais en la qualifiant – pour son lecteur russe et en

---

13 B. Fondane, Rencontres avec Léon Chestov, op. cit., pp. 148–149.

14 Par cette *interprétation* même dont parle Nietzsche dans *La Généalogie de la morale* (trad. par Isabelle Hildenbrand et Jean Gratien, Paris: Gallimard, coll. Folio, 1971, 17): 'Un aphorisme, si bien frappé soit-il, n'est pas "déchiffré" du seul fait qu'on le lit; c'est alors que doit commencer son *interprétation*, ce qui demande un art de l'interprétation. [...] Évidemment, pour pouvoir pratiquer la lecture comme un art, une chose avant toute autre est nécessaire, que l'on a parfaitement oubliée de nos jours [...], une chose qui nous demanderait presque d'être de la race bovine et certainement pas un "homme moderne", je veux dire: savoir ruminer...'

tant qu'écrivain de langue russe – d''occidentale'. Si Chestov peut à plusieurs égards se situer *sub specie aphorismi* en continuité avec une certaine tradition européenne, il se situe pourtant en rupture, dans le même temps, avec la tradition philosophique russe, qui tient que l'œuvre doit de par sa fonction revêtir une forme raisonnée, systématique.[15] Or Chestov constate qu'effectivement une telle opinion condamne sans appel cette paresse qui consiste à présenter ce qui n'est rien d'autre que des brouillons en lieu et place du livre achevé. Chestov *reprend* de haut cette condamnation et proclame alors advenue 'l'ère du soupçon' et du doute: la critique radicale des idées générales se reporte sur la façon de les exprimer et la trouvaille des aphorismes permet de réduire à néant ces mêmes idées. C'est dire combien d'aspects littéraires et philosophiques se correspondent. Telle a été du moins l'expérience du penseur, qui nous confie ici le versant expérimental de son expression philosophique: ses *essais* se succèdent jusqu'à la mort, en s'enchaînant sans progresser – filet de fer d'un rétiaire à lancer contre la nécessité ou chapelet du désespoir.[16] Suit l'aveu des résistances personnelles que l'auteur a opposées à cette révolution le conduisant à ne plus essayer de vivre les *catégories* dans lesquelles il pensait mais à penser les catégories dans lesquelles il vivait. À la fois préjugé et habitude, la disposition systématique des œuvres précédentes tendait à se répéter; mais c'est au fur et à mesure que les pensées du livre s'écrivaient qu'apparut une véritable crise: le travail de l'écriture devint torture, un poids insupportable pesa sur son auteur. Celui-ci pensait bien certaines catégories dans lesquelles il vivait mais non encore sous l'aspect de la *forme*. Chestov avait vécu sa première révolution philosophique qu'il s'aperçut qu'elle n'avait été accomplie qu'à moitié et que d'autres sacrifices s'imposaient.

---

15 Voir la confidence à Fondane (*Rencontres avec Léon Chestov,* op. cit., p. 119): 'Mon livre [*L'Apothéose du déracinement*] avait fait scandale. J'avais osé écrire des aphorismes: c'était inaccoutumé.' Dans une vision plus générale, M. Haar (op. cit., p. 182) parle ainsi des conceptions esthétiques nietzschéennes: 'Le "bon style" devra agir à contre-courant des tendances grégaires et métaphysiciennes qui habitent tout langage, renverser et briser ces tendances, qui sont intrinsèquement réactives, nihilistes.'

16 Ces essais ne répudient pas complètement les moyens discursifs – fait qui contredit littéralement cette préface mais (nous le verrons plus loin) pour une fidélité en esprit, supérieure.

D'abord ce fut la nuit: impossible de localiser le point de douleur. La difficulté stylistique semblait désespérément superficielle, extérieure au sujet. Alors il prit conscience qu'il s'agissait moins de travailler la formulation que d'y trouver la liaison *essentielle*, si importante, entre pensée et style. Or se soumettre à l'idée – imposant son plan au livre – et à la consécutivité – maîtresse de la progression raisonnée du livre – revenait à abandonner toute liberté de pensée. Chestov, en *extrémiste*, appelle donc à lutter contre *la forme reçue* pour réellement vaincre les idées reçues. Certes, l'œuvre y perdra son unité et son achèvement... Usant alors de l'image d'un bâtiment que l'on détruit, Chestov reconnaît qu'il dut déconstruire son livre déjà à demi écrit; et ce contre l'avis de tous, lecteurs comme critiques, pour qui l'écriture aphoristique représentait encore, comme pour un regard rapide, l'aspect d'un désassortiment de pensées. Mais nier l'enchaînement idéel logique cher à la tradition philosophique dominante impose mille contradictions – soit cela même que Chestov recherchait et ne craignait pas: le principe de non-contradiction aristotélicien saute de lui-même.

Chestov entreprend ensuite de justifier son refus de conclure – deuxième entorse de taille que commettent les aphorismes, qui découle de la première: l'absence de consécution implique l'absence de conséquence(s); le refus de la déduction, celui de la conclusion. La qualité que l'on nomme 'savoir conclure' ne repose que sur l'analogie. À l'image de la maison sans toit, analogique de l'existence humaine et censée condamner toute spéculation indépendante, peut s'opposer celle d'une maison sans foyer – sans que preuve soit administrée de la nécessité de ces images ni de la plus grande justesse de l'une d'entre elles: les preuves par l'analogie ne prouvent rien; bien plus, nul raisonnement autre qu'imagé ne peut militer en faveur de l'achèvement. Les aspirations de la raison n'ont plus ici droit de cité. Le temps des grandes espérances a passé, à l'heure où la raison se plie aux raisonnements des sciences naturelles, elle perd le droit d'exiger de l'art quoi que ce soit. L'art, de même que la philosophie, doit en somme oublier sa longue captivité et réapprendre la liberté présocratique héraclitéenne. La pensée naîtra dans l'aphorisme avec la vie, sans la *capturer* dans le système.

Certains commentateurs ont jugé les aphorismes un signe de faiblesse: deviendrait aphoriste l'auteur lassé d'expliquer ses raisons et de lier ses réflexions... 'Que le dernier livre – *L'Apothéose du déracinement* – soit écrit sous forme d'aphorismes, ce n'est qu'un signe de fatigue. Il n'y a plus l'élan de ses premiers livres – tout s'est dispersé...'.[17] Irait dans le même sens ce fait que, du point de vue du lecteur cette fois-ci, l'aphorisme serait décevant pour l'intelligence: 'Un essai de philosophie adogmatique est un complexe d'aphorismes cyniques et décevant pour l'esprit humain, qui a faim d'un "système" [...]'.[18] L'aphoriste se contenterait donc de jouer avec les mots, mi-polémiste mi-esthète: 'Aphorisme, jeu d'un fleuret qui pique ou jeu rigoureux du cristal avec ses facettes, mais un jeu – est-ce chestovien?'.[19] Hertsyg pose ici une question plus profonde que l'accusation de superficialité; mais Chestov y répond dans le courant de sa propre correspondance: '[...] après tout, on peut, si l'on s'en donne la peine, dire quelque chose en cinq ou six pages. Quelquefois, c'est même utile, comme exercice de style'.[20] Chestov, qui manifestement parle d'expérience et sans insister sur la longueur quantitative, a donc pu parfois prendre goût à la rigueur de la concision, au texte 'où chaque mot compte et où il faut donc avoir une très bonne maîtrise de la langue'.[21] Cette attention formelle reviendrait à un jeu d'esthète à la pensée qui ne se faisait pas précisément adéquate à la forme: '[...] nous avons qualifié l'œuvre de Chestov de philosophico–littéraire. À la lecture des livres de Chestov, le sentiment de satisfaction artistique va presque toujours de pair avec le travail de réflexion [...]' déclare Razoumnik Vassiliévitch Ivanov, dit 'Ivanov-Razoumnik'.[22]

---

17 Eugénie Hertsyg, *Souvenirs*, Paris: YMCA Press, 1973, pp. 99–116, citée par N. Baranoff-Chestov, op. cit., t. 1, p. 90.

18 Alexeï Rémizov (version française d'un article paru à *Voprossy jizni*, nr. 7, St Petersbourg, juillet 1905, p. 204) cité par B. Fondane, *Rencontres avec Léon Chestov*, op. cit., p. 181. Noter que Chestov (ibidem, p. 119) tient ce texte pour 'le seul article aimable' qui ait paru à l'époque de (4). Le texte russe semble moins négatif que sa version française (c'est nous qui traduisons): '*Un essai de Philosophie adogmatique* est une réunion harmonieuse d'aphorismes propres par leur cynisme à irriter l'esprit, l'esprit que l'on ne nourrit pas de *kacha* mais à qui l'on doit offrir un "système", une "idée élevée"...'

19 Cité par N. Baranoff-Chestov, *Vie de Léon Chestov*, op. cit., t. 1, pp. 90–91.

20 Cité par B. Fondane, *Rencontres avec Léon Chestov*, op. cit., p. 53.

21 Au cours d'une mise en garde de Chestov (citée par N. Baranoff-Chestov, *Vie de Léon Chestov*, op. cit., t. 1, pp. 225–226) destinée à sa fille Tatiana qui entreprenait une traduction de (4) et à qui il déconseille de traduire des aphorismes.

22 L. Chestov, *Sur le sens de la vie*, St Petersbourg: Stassioulévitch, 1908, pp. 162–255 (traduction revue par nous). Cf. Nietzsche (*Humain, trop humain II*, trad. par

En ayant analysé la tradition philosophique de la brièveté à laquelle se rattache Chestov, ses déclarations théoriques et l'accueil critique qu'elles ont reçu – en réalité inexistant puisque le débat se concentra autour de ce qu'il fallait penser de la pratique aphoristique de Chestov, nous avons tourné autour de la question centrale: que signifie la forme brève?

L'aphorisme comme pensée de la littérature

Si la littérature est à la source de l'aphorisme chestovien, c'est d'abord d'un point de vue biographique. L'usage de la forme brève par Nietzsche ou, pour plus de précision, l'impression forte laissée à Chestov par la lecture de *Par-delà le bien et le mal* (bien que l'incompréhension première ne minimise pas son influence sur Chestov) a nécessité chez notre auteur cette rumination voulue par Nietzsche. Début 1895: la lecture des aphorismes nietzschéens a précédé de très peu cette trop réelle expérience du tragique, fin 1895, que Chestov évoque peu et sur laquelle la lumière n'est pas faite précisément parce que la Lumière ne *peut* y pénétrer.

Début 1895: découverte des aphorismes (littéraires) nietzschéens. Chestov désormais rumine. Fin 1895: Chestov est désormais déraciné. 1895 donc: expérience du tragique, expérience de l'aphorisme dans la vie.

1899–1902: brouillons d'aphorismes chestoviens; autant dire au tournant du siècle, au tournant du style et de la pensée aussi.

1905: Chestov commet publiquement les aphorismes comme autant de propos déracinés.

À travers cette chronologie, d'autres influences tout sauf racines: Gracián lu à travers Schopenhauer lu à travers Nietzsche, Pascal et La Rochefoucauld, tous auteurs de philosophie si l'on veut ou... de littérature, mais qui tous relient décidément les deux, avec cette particularité

Robert Rovini, Paris: Gallimard, coll. Folio, 'Le voyageur et son ombre', §131, 237): 'Corriger le style, cela veut dire corriger la pensée, et rien d'autre! – Qui ne l'accorde pas aussitôt, on ne s'en convaincra jamais.'

pour la philosophie qu'elle réfléchit l'autre qu'est la littérature. C'est ici qu'il faut noter que la littérature devient rapidement pour Chestov un thème privilégié de ses aphorismes.

Chestov puise dans la littérature. Des personnages, dont il fait des exemples. Des phrases, qu'il cite. Des situations, qu'il analyse. Pour en montrer toujours le sens tragique, sens qu'ils ont et qui reste occulté par les lectures extensives des auteurs: cette façon de procéder par extraction est déjà une tendance aphoristique, mais cette chestovisation des écrivains, qui lui fut tant reprochée, notamment par Berdiaev, attend d'être étudiée sous l'angle de la forme.

Prenons les aphorismes de (4): arbitrairement choisis, les trente premiers de la première partie nous suffiront. Combien souvent il y est question de littérature! Alors que ce n'est pas à première vue un livre de critique sur Dostoïevski (25, 30) ni sur Tolstoï (3, 17, 21, 25) ni sur Shakespeare (25), tous se trouvent convoqués. Toutes les lectures (prose, poésie ou théâtre) du philosophe s'y retrouvent: Platon, Socrate, Musset, Pascal, Heine, Ibsen, Gontcharov, Hertzen, Pouchkine, Tchekhov, la littérature en général, l'écrivain, le lecteur, le réalisme littéraire... Et quelle littérature! Ni les auteurs favoris en tant que tels, ni leurs œuvres achevées, ni la somme universelle des œuvres: non! Mais les travers des écrivains, mais les pensées secrètes des lecteurs, mais quelques paroles tirées d'un ouvrage, on ne sait de quel droit... Ces extraits, ces prises à parti ressemblent à des détournements de sens, à la fameuse chestovisation des auteurs. Et cela ne serait-il pas également vrai de la forme? Sont-ils, ces auteurs, sinon aphoristes, du moins coupables de sentences ou de maximes? Sans revenir sur Pascal qui laisse une œuvre inachevée, convenons que Musset a bien écrit des comédies–proverbes, que les quelques vers de Socrate font un tout très bref... Mais qui ne pourrait-on citer par phrases d'anthologie, en aphoriste involontaire? Il importe davantage de détailler ce qu'on entend par littérature des aphorismes chestoviens.

La façon dont les écrivains vivent, dont ils parviennent à penser les catégories dans lesquelles ils vivent, cette façon est aphorisme; entre les aphorismes, le tragique, à la fois tu, caché et désigné par eux. La brièveté sera le mode d'expression sincère de la solitude propre à l'homme conscient du tragique: Kierkegaard (renvoyons à notre épigraphe) a noté cette parenté entre le rythme de la vie et la forme aphoristique dans une comparaison bien près de constater l'union du comparant et du comparé.

La singularité de l'existence des écrivains se montrera mieux dans certains passages de leur œuvre, jouant le rôle de *révélateurs*; et, à un niveau différent du sens, sur le plan de la forme même. Ainsi Tolstoï prêche-t-il selon Chestov; et ses sermons ne sont-ils pas des maximes réglant la conduite, c'est-à-dire presque des aphorismes?

Chestov prend aussi des personnages fictifs pour exemples: certains incarnent un concept, comme la vieille du conte du poisson en or. Mieux: les auteurs eux-mêmes deviennent des héros du livre de la vie, des personnages à part entière d'une œuvre qui serait la Nécessité, la réalité. À preuve Socrate sur son lit de mort, connu comme personnage de Platon, se voit comparer à Pascal et Musset. Même le courant littéraire du réalisme se trouve personnifié et ce despote parvenu et indétrônable illustre les habitudes difficiles à perdre. Si la littérature se fait une large place dans les sujets des aphorismes chestoviens, n'est-ce pas, en même temps, que les aphorismes élèvent l'œuvre philosophique de Chestov au rang du grand style?

D'abord, la lecture des aphorismes chestoviens est plus agréable que celle d'un discours structuré en ce qu'elle s'adresse même au non-spécialiste: pas de présupposés souvent dans la forme la plus brève, pas non plus de fil déductif à suivre puisqu'il ne s'agit pas de convaincre mais de faire réagir par sympathie son lecteur, pas de conclusion enfin. L'aphorisme recèle une force concentrée qui lui permet d'agir sur le lecteur et de lui communiquer les catégories dans lesquelles il vit et doit penser son existence. Le lecteur pleurera donc à la lecture de certains aphorismes, il rira parfois, il haïra d'autres fois. C'est l'humour du coq à l'âne des aphorismes qui fait sourire; les situations inextricables toujours répétées qui font se lamenter; l'usage polémique de paroles sans fondement qui fait que son lecteur dogmatique haïra Chestov. Redoublement non redondant du sens par la forme, mais chiffrage sous lequel l'expérience du tragique peut se dire.

Bref, l'aphorisme conjugue chez Chestov l'art de la concision, celui de la répétition et celui du secret. Outre l'incompréhension de cette part belle de la forme brève chestovienne, le souhait littéraire ou musical de varier peut contribuer à expliquer l'usage modéré de l'aphorisme par Chestov. Le 'jeu d'un fleuret qui pique' n'a rien de sérieux pour Hertsyg; mais celle-ci ne sait pas si la partie se joue pour de rire ou pour le sport ou encore si c'est un vrai duel où la vie constitue l'enjeu. Par l'esthétique, Chestov lutte encore contre la nécessité, qui elle ne varie pas.

L'aphorisme a le 'jeu rigoureux du cristal' insensible pour Hertsyg; mais Chestov dirait la même chose non de la forme brève mais du discours systématique dogmatique. Bien plus, tout le mûrissement de l'aphoristique en Chestov est imprégné de sa découverte que la philosophie est davantage expérience (personnelle, existentielle, tragique) qu'idée générale (systématique, dogmatique). Et il nous semble que l'aphorisme relève chez Chestov de quelques idées maîtresses.

Tragique philosophie de la brièveté

Des quatre idées sur lesquelles nous voudrions insister, deux apparaissent négatives (participant de la lutte philosophique de Chestov) et deux, positives (traduisant le mode d'être aphoristique); les deux premières concernent au premier chef l'objet du philosopher et les deux autres, le sujet philosophant. La forme brève chestovienne s'élève d'abord contre l'académisme structural ratiocinant, qui oppose au surgissement du recueil d'aphorismes la notion commune d''œuvre': '[...] l'espace familier du recueil, plus hospitalier et moins écrasant que le voisinage de l'Œuvre',[23] contredit les exigences de construction – fût-elle dialectique – qui s'imposent par le *consensus* universitaire à tous les penseurs s'ils veulent se voir reconnus. Chez Chestov précisément, 'la disjonction et le caractère non-systématique sont le régime de l'aphorisme.'[24] Le texte du recueil d'aphorismes, à la fois ressassant et centrifuge, contredit dans sa contradiction le plan mais passe outre ces deux contradictions. Derrière l'idée de plan se cachent en réalité à la fois le procédé de déduction et celui de totalisation: 'L'aphorisme rompt avec l'enchaînement linéaire du discours, avec la logique déductive et totalisante'.[25] C'est alors une pluralisation dynamique qui emporte l'aphoriste Nietzsche: 'Le texte de Nietzsche opère un *mouvement* de pluralisation par rapport au discours, produit par un *travail* dont la loi est l'ordre

23 F. Susini-Anastopoulos, op. cit., p. 259.

24 V. Jankélévitch, 'L'occasion et l'aphoristique', *Bulletin de la société philosophique de Bordeaux*, nr. 99, 1975, p. 11bis.

25 M. Haar, *Par-delà le nihilisme*, Paris: P.U.F., 1998, p. 193.

imaginaire unifiant–plurifiant de la métaphore qui, comme schème, permet de penser l'unité plurielle du sensible et de l'intelligible, du corps et de 'l'esprit' pour *dire* la vie'; ou bien une pluralité de perspectives qui l'entourent: 'L'aphorisme (de *horismos*, qui signifie 'limite') atteint l'horizon le plus élevé, mais un horizon à part, éloigné (*apo*). Non pas l'horizon suprême parmi d'autres. L'écriture aphoristique oppose une pluralité indéfinie d'horizons et de perspectives, pluralité impossible à subordonner à *un* horizon unique.' Voilà ce qui ouvre aussi l'œuvre chestovienne, même s'il faut faire la part des concepts typiquement nietzschéens chez ces commentateurs.

Il existe donc un lien essentiel entre la contestation de la *dispositio* académique (où le problème aphoristique apparaît en somme par le petit bout de la lorgnette) et celle du discours entendu comme *logos* cette fois – expression de la pensée raisonnante, de la raison. Comme le note Éric Blondel: l'aphoriste 's'essaie à un discours double, qui se subvertit par la métaphore et perd d'un côté ce qu'il construit de l'autre. [...] Ainsi le texte, à l'instar de ce qu'il vise à signifier, est *polémos* textuel–corporel.'[26] Pourquoi l'aphorisme chestovien se déploie-t-il contre le raisonnement? Sans doute parce que 'les pensées sont "des éclairs soudains", qui suscitent l'étonnement de celui qui les pense, car elles viennent quand *elles* veulent et non pas quand *nous* voulons.'[27] Chestov met pourtant l'accent sur les coups de butoir portés contre la raison par le marteau philosophique aphoristique: l'aphorisme, écrit contre le système, pensé contre la raison, ne fait appel au système et à la raison que pour les convoquer au tribunal des faits, du *pathos* et de la pensée libre. Or événements, sentiments et réflexions constituent la sphère de l'existence.

On assiste alors à la double promotion – du registre négatif au positif – de la lutte contre les évidences de la raison à l'affirmation de la réalité existentielle, et de la lutte contre le systématisme à l'engagement d'une communication. Notre citation des *Diapsalmata* en épigraphe ne signifie certes pas que l'expérience tragique de Chestov soit une représentation de tragédie. Chestov entend l'existence aphoristique sous son abord concret, non esthétique: 'L'être est un système décousu ou plutôt n'est pas un système du tout et [l']on ne peut que tâtonner en

26 É. Blondel, *Nietzsche. Le corps et la cité*, Paris: P.U.F., 1986, pp. 43 & 46.

27 M. Haar, *Par-delà le nihilisme*, op. cit., pp. 180–181. L'expression citée vient de *Par-delà le bien et le mal*, §296.

reconnaissant les objets les uns après les autres dans le décousu le plus complet'.[28] Aussi les conditions mêmes d'existence sont-elles des analogies de l'écriture aphoristique: l'existant, étant aphoriste même sans le savoir, poursuit sa quête de connaissance sans parvenir à rien comprendre que la forme de cet être-là – aphoristique. Applicable à l'existence d'abord, la notion d'aphoristique s'applique ensuite seulement au langage; Nietzsche le suggère: 'L'aphorisme, la sentence, formes dans lesquelles je suis le premier Allemand qui soit passé maître, sont les formes de l'"éternité": mon ambition est de dire en dix phrases ce qu'un autre dit en un livre... – ce qu'un autre *ne dit pas* en un livre [...]'.[29] Aussi le dire aphoristique surpasse-t-il le parler – qui n'a pas d'objet existentiel – par sa capacité à transcender les âges: c'est parce que l'aphorisme *dit la vie*.

Or l'existence aphoristique se communique dans la forme brève au lecteur, moins par l'apprentissage d'un savoir dur que grâce à la description du sentiment personnel: 'Comment développer d'une manière cohérente, coordonnée, progressive, une description d'un sentiment qui implique la brisure, l'arrêt, le retour en arrière, la séparation. C'est pourquoi Kierkegaard choisit, pour cerner cette réalité, de procéder par éclairages successifs, par tracés d'ombres, comme dit le titre. Et si toute la première partie de *Ou bien... ou bien...* est faite d'essais juxtaposés, traitant de thèmes divers, c'est que la vie esthétique dans son ensemble est réduction à l'instant, à la succession (et non à l'organisation) d'instants [...]'.[30] Le sens de l'aphorisme est bien de donner à sentir, à penser les catégories de l'existence, donc de s'engager dans une communication: '*Communiquer* par des signes – y compris le *tempo* de ces signes – un état, ou la tension interne d'une passion, tel est le sens de tout style.'[31]

---

28 V. Jankélévitch, 'L'occasion et l'aphoristique', op. cit., p. 12.

29 F. Nietzsche, *Crépuscule des idoles*, trad. par Jean-Claude Hémery, Paris: Gallimard, coll. Folio, 1974, 'Divagation d'un "inactuel"', §51, p. 142.

30 M. Cornu, *Kierkegaard et la communication de l'existence*, Lausanne: L'Âge d'Homme, 1972, p. 266.

31 F. Nietzsche, *Ecce homo*, trad. par Jean-Claude Hémery, Paris: Gallimard, coll. Folio, 1974, 'Pourquoi j'écris de si bons livres', p. 135.

Chez Chestov, les trois moments ou instances[32] qui composent le tout aphoristique (pensée, écriture, lecture) sont *a priori* rendus accessibles à tous les existants, puisque le sentiment et la liberté est la chose du monde la mieux partagée, et même si de fait certains se refusent à reconnaître les *révélations de la mort*:

> alors que le texte métaphysique traditionnel oblige le lecteur à se régler selon un point de vue directeur unique,[33] un texte tissé ou parsemé d'aphorismes ne contient pas de direction contraignante, pas d'ordre dominant. Le lecteur doit avoir la patience et le courage, mais aussi l'indépendance d'esprit nécessaires pour aller chercher dans les intervalles du texte aphoristique des problèmes et des solutions *possibles*'.[34] Le lecteur serait libre, actif et s'ouvrirait à lui un pouvoir illimité.

En conclusion, relativisons l'importance de notre champ d'étude, ce qui est de bonne méthode. Tous les aphorismes ne traitent pas de littérature; tous ne constituent pas non plus des réussites stylistiques; surtout: Chestov n'a pas écrit exclusivement en aphorisme. Ni avant 1905, où ses ouvrages sont de disposition traditionnelle; ni après l'*Apothéose* tout-aphoristique de 1905: Chestov continua d'écrire de façon classique. Pourquoi? Est-ce une concession à la philosophie établie, aux critiques qu'il a reçues? Non. L'aphorisme étant anti-systématique, ne peut justement pas se dresser en 'désordre établi' – ce qui serait encore un ordre. L'aphorisme participe de l'*anti*rationalisme de Chestov: ni désordre préétabli à la raison (une folie), ni simple irrationalisme (un désordre statique). C'est bien plutôt une lutte formelle livrée contre la dispositio rationaliste, lutte livrée tous azimuts: à la place de l'introduction (*Les Grandes Veilles*), du corps (*Potestas Clavium*) et de la conclusion du livre (*Les Commencements et les fins*), lutte livrée jusqu'à la mort. Comment ne pas souligner que les aphorismes sont les derniers mots de l'œuvre de Chestov dans *Athènes et Jérusalem*?

Mais nous voilà parvenus à une première définition de la forme brève telle que la pratique Chestov. Des analyses génétiques la préciseront qui trancheront de la période dont l'on peut dater les aphorismes écartés de la publication et laissés à l'état de brouillons; surtout, connaître l'histoire de la rédaction des aphorismes aiderait à les différencier

---

32 Tirés de M. Haar, *Par-delà le nihilisme*, op. cit., p. 181: '[L'aphorisme] n'est pas seulement une affaire d'écriture, mais aussi de lecture, et surtout de pensée'.

33 'L'idée générale' dont parle Chestov dans (4).

34 M. Haar, *Par-delà le nihilisme*, op. cit., p. 194.

textuellement des autres écrits, non aphoristiques,[35] de Chestov. Espérons que notre définition permette désormais de comparer Chestov à d'autres philosophes – moins succinctement que nous n'avons dû le faire ici –, en étudiant plus finement non seulement les sources dont il a pu tirer parti mais aussi la réception de son œuvre. Le *dialogisme* que nous avons essayé de mener pour inscrire Chestov dans une certaine tradition, ne reste pas figé dans le *décousu*; il ne doit pas non plus donner l'impression, aux esprits soucieux d'imiter, qu'il existerait une signification monolithique de l'aphorisme. Il semble plutôt que Chestov ait médité auprès de Nietzsche, avec profit, les possibilités polémiques de l'aphorisme; et qu'il ait retrouvé après coup, chez Kierkegaard, la fonction de communication dont il a investi sa pensée – existentielle – de l'aphoristique.

Une double réhabilitation stylistique et philosophique de Chestov se profile peut-être à l'horizon, malgré une récente 'gêne technique'[36] à l'égard de la forme brève, ou plutôt grâce à cette gêne *seulement* univoque. Nous ne prétendons point avoir trouvé du nouveau dans les *idées stylistiques* que nous avons énoncées; mais nous avons découvert la formulation des pensées chestoviennes ailleurs que dans le discursif, ou plutôt sous un mode différent: comme stylème. Sans compter que l'évolution du rôle imparti à ce stylème aphoristique en fonction du temps, se constitue elle-même en philosophème. Que l'on ne comprenne donc pas notre attention à l'aphorisme comme exclusive de l'aphoristique, comme inattentive à ce fait troublant, qui incite à ne pas surcharger de séries, à ne pas surdéterminer la forme brève chestovienne ni non plus les autres écritures de la brièveté: il est peu d'aphoristes purs, et Chestov n'en est pas; le mode d'être aphoristique semble imposer *à*

35 Car comment qualifier positivement ces textes? Sont-ils vraiment dogmatiques, systématiques? La réponse à cette question compléterait exactement le présent article...

36 Lire Pascal Quignard, *Une gêne technique à l'égard des fragments*, Fontfroide-le-Haut: Fata Morgana, 1986 – livre iconoclaste et corrosif. Les 'idées communes' au sujet de l'aphorisme (42–43), l'idéologie de la ruine (50), la prétendue signification des blancs (54), le manque paradoxal de cassant des fragments (60), l'inaccessibilité de l'idéal fragmentaire (70–71) y sont fermement vilipendés. Le plaisir de la lecture réhabilitera sa pleine communication (71). L'écriture chestovienne mêlée, qui tantôt est tantôt n'est pas aphoristique, peut s'expliquer, de même que la rareté de l''écriture systématiquement fragmentée' (59) par cette notation (61): 'jamais d'exception nue: elle ne contrasterait pas'.

l'occasion de ciseler des aphorismes et, plus souvent, de moduler sous le discursif la voix aphoristique. Est-ce tiédeur personnelle ou nécessité communicationnelle? Que l'on nous permette de renouer *in fine* avec l'épigraphe en donnant l'*avant-dernière* réponse à Chestov – et à la forme brève: 'Notre pensée, quand elle s'habille de mots, devient mensonge non tant à cause de l'impossibilité dans laquelle nous serions de lui trouver une expression adéquate, qu'à cause de la peur que nous avons de montrer l'aspect sous lequel elle nous apparaît.'[37]

37 Léon Chestov, *Potestas Clavium*, I–14, op. cit.(c'est nous qui traduisons).

Ann Van Sevenant

Sculpter le paradoxe existentiel

La surexposition

On ne choisit pas la philosophie, tout comme on ne choisit pas la poésie. Telle est l'expérience fondamentale de Benjamin Fondane. Si son ami Léon Chestov avait clairement été attiré par le questionnement philosophique, lui-même semblait avoir été choisi pour 'chanter la poésie', se trouver ensuite exclu de cette 'force obscure', pour la retrouver enfin 'ressuscitée' et la découvrir ensemble avec la spéculation et l'argumentation de la réflexion philosophique. Fondane devenait ainsi le champ de bataille de forces obscures qu'il cherchait à faire cœxister en lui.

Dans l'article 'Poésie et Métaphysique' de 1936, Fondane esquisse les traits essentiels de cette expérience, qu'il désigne comme l'expérience tragique, dans ce cas précis, du poète.[1] Tout d'abord, il observe que le poète *n'a pas choisi la poésie*. Le poète est celui qui a '*vu* que nous souffrons, que nous mourrons, que l'homme est soumis à la chance et à la malchance, au bonheur et au malheur'. Contrairement au philosophe qui part à la recherche des vérités premières, le poète commence par affirmer 'que la vie, la mort, et la souffrance, la misère, l'amour, la colère, l'ennui, la lâcheté, le sacrifice, la solitude, l'inconnu, le mystère, la fatalité, la liberté – *existent*'. Il n'a pas choisi de 's'attarder à l'inessentiel et à l'insignifiant qui est le jaunissement d'une feuille, l'écoulement d'une durée, les souffrances de l'amour, les voluptés de la solitude, la folie des passions', mais il est en quelque sorte choisi pour remarquer 'l'homme enchaîné par la nécessité inexorable, mais aussi réveillé à l'absurde et à la liberté'. Fondane déclare ainsi: 'On ne choisit pas la

1 Benjamin Fondane, 'Poésie et Métaphysique', *Schweizer Annalen*, I, 1936, pp. 357–364. Les citations qui suivent se trouvent à la page 359.

poésie, comme on ne choisit pas la tragédie; qui *accepterait* de choisir de tels malheurs?'. Il met en évidence que le poète 'est poète *malgré lui*'.[2]

Ensuite il constate, chez le poète, le fait de *ne pas pouvoir conclure*: 'Mais Kleist, Baudelaire, Rimbaud, *ne peuvent pas conclure*! C'est là leur tragédie, (...) la tragédie pure et simple'. Une lutte s'est emparée du poète qui l'empêche 'de penser que l'acte révolutionnaire (destiné à corriger les maux de cette société injuste) soit également qualifié à produire cet état où l'on pourrait enfin 'vivre en paix avec le monde'.' Fondane entend souligner que personne ne peut 'guérir l'aboulie de Baudelaire, le secret de Kleist, la mort de Rilke, l'échec de Rimbaud' et c'est pourquoi il estime que 'la nature *leur refusait de conclure*', que 'le poète ne peut pas conclure *pour* la poésie, car il est poète *malgré lui*'.[3] Cette impuissance de conclure, qu'il ne faut pas confondre avec l'indécision, avec l'impossibilité de choisir, se révèle surtout dans l'acte paradoxal de se savoir assailli par la poésie, sans pouvoir s'en délivrer, de devoir choisir la poésie mais sans être en mesure de le faire.[4] Elle semble surtout traduire ce que l'on pourrait désigner par l'expérience d'être *choisi à ne pas choisir*.

Fondane, nous le savons, met en avant ces caractéristiques essentielles de la poésie tragique pour faire comprendre qu'il ne faut aucunement 'domestiquer la poésie', ni 'la faire taire', à l'instar de certains philosophes. Il accuse en effet la philosophie de se détourner d'une réalité qui ne se laisse pas approcher par les facultés rationnelles de la connaissance, de rechercher des certitudes, de transformer le réel en des concepts maniables. C'est pourquoi il évoque ces 'manœuvres ténébreuses de la *contre-poésie*' qui présentent la poésie comme une connaissance ou qui l'exposent à un surdosage de réflexion conceptuelle.[5] En photographie, une telle surexposition de lumière anéantit l'image, la détruit immédiatement. Fondane s'évertue à prévenir contre le même danger qui menace la poésie lorsqu'elle est exposée à la lumière des idées claires. Seul un éclairage minutieusement mesuré doit accompagner le poète ou le lecteur lors du processus poétique: 'Quant au

2 Ibid., p. 363.

3 Ibid., pp. 363–364.

4 Déjà dans *Rimbaud le voyou*, Fondane avait souligné le fait que le poète 'est vécu malgré lui, par les deux puissances contradictoires qui se disputent son âme et ne peut se *décider* à aucune' (Paris: Plasma, 1979, p. 88).

5 Benjamin Fondane, *Faux Traité d'esthétique*, Paris: Plasma, 1980, p. 19.

développement de la faculté poétique elle-même, rien ne lui vaut mieux que la chambre noire du photographe; l'intelligence devrait s'habituer au maniement de ces lampes sourdes qui éclairent tout juste – sans nuire – ou le moins possible – à la *révélation* de l'image'.[6]

Au début, Fondane croyait destiner la chambre noire du photographe au poète et non pas au philosophe. Mais le jour où il a compris qu'il ne pouvait conclure pour la poésie, pas plus qu'il ne pouvait conclure contre la philosophie, il a commencé à s'impliquer dans le discours philosophique. La rencontre avec Léon Chestov a été déterminante à cet égard. Comme son maître à penser, Fondane lui-même s'est engagé dans une lutte contre les évidences, a opposé une philosophie vivante et vécue à une philosophie qui se met au service du savoir, de la connaissance, qui n'est plus une pensée libre, mais qui se résigne à la nécessité, aux vérités immuables. Il déclare alors: 'Pendant des années, je me suis multiplié; ce n'était plus pour lui faire plaisir à présent; à mon tour, j'avais épousé la question'.[7] De nombreux passages, voire l'œuvre entière de Fondane, témoignent de son espoir de délivrer la philosophie de cette surexposition à la Raison, de pouvoir lui infuser 'une *pensée en tant qu'existence*, pensée de ce qui est, expérience interne, unique, secrète, incommunicable, solidaire de l'existence individuelle dont elle est comme la sécrétion en même temps que le principe de mûrissement intérieur'.[8] Il s'est appliqué à persuader son lecteur que 'le poète anime, individualise, humanise, depuis l'univers invisible jusqu'à la nature inorganique, à l'objet inanimé; il restitue journellement à la vie une énergie et un rayonnement énorme, celui-là même que les philosophes, journellement s'efforcent de lui ôter'.[9]

Alors que Fondane réussissait dans son entreprise de mener sa propre lutte contre les évidences, on ne peut pas faire abstraction des nombreuses interrogations qui ont dû hanter son esprit. Comment l'opposition de la poésie et de la philosophie allait-elle se manifester en lui-même? Pouvait-il se limiter à la pratique de l'une des deux disciplines? Lorsqu'on est philosophe comme Chestov, on s'applique à tra-

---

6 Benjamin Fondane, *Faux Traité d'esthétique*, Paris: Plasma, 1980, p. 19.

7 Benjamin Fondane, *Rencontres avec Léon Chestov*, Paris: Plasma, 1982, p. 31.

8 Benjamin Fondane, *La Conscience malheureuse*, Paris: Plasma, 1979, p. 21.

9 Benjamin Fondane, [fragments] de 'La Conscience malheureuse', *Cahiers du Sud* XIII, 1935, p. 310.

duire ses pensées de la meilleure façon, on est libre de contester les vérités tranquillisantes de la raison, voire d'opposer foi et savoir ou de se déclarer ouvert à l'absurde. Mais lorsqu'on est poète comme Fondane, on ne peut se limiter à des pensées argumentées, à des idées qu'on peut enseigner ou transmettre sans être impliqué soi-même: 'Ai-je dit que la recherche de Chestov ne peut avoir de disciples? M. Chestov serait-il condamné de n'en avoir aucun? Car on a beau accepter sa critique vivifiante [...]; il s'agit désormais de vivre sa recherche. Une philosophie qui demande d'être vécue et non pas seulement professée?'[10] En outre, Fondane comprenait qu'il ne pouvait être disciple s'il se restreignait à reproduire les idées du penseur russe. Dans une lettre du 17 janvier 1927, il déclare: 'Vous me faites non seulement comprendre Nietzsche, Tolstoï, etc., mais aussi des hommes auxquels vous n'avez pas pensé, Rimbaud, Baudelaire'.[11] Fondane se profilait comme le poète-penseur qui s'intéressait surtout à des auteurs qui témoignent d'une impuissance à résoudre les conflits, le paradoxe, l'absurde – y compris l'ambiguïté insurmontable de la mise en évidence du non-évident – et, plus précisément, le conflit intérieur entre savoir et être, entre connaissance et réalité vécue.

La question: 'Que reste-t-il donc à faire au poète *intelligent*, qui ne peut s'empêcher d'être poète, mais ne peut s'empêcher non plus d'être intelligent?',[12] reflétait pour Fondane l'aventure tragique dont Baudelaire et Rimbaud avaient fait l'expérience bien avant lui. Le paradoxe existentiel qui s'est imposé à lui se découvrait par conséquent *dans le refus* d'adapter l'existence au savoir et vice versa, ou le réel à la raison, de transformer la faculté poétique en une connaissance philosophique, de concilier les forces opposées qui habitent l'homme, car une conciliation – il ne s'agissait pas pour Fondane d'une conviction personnelle mais d'une donnée confirmée par l'histoire – ne pouvait conduire qu'à une défaite de la poésie.[13] Fondane rappelait ainsi l'*irréductibilité* de ce qui

---

10 Benjamin Fondane, 'Un philosophe tragique: Léon Chestov', *Europe*, XIX, 1929, p. 148.

11 Benjamin Fondane, *Rencontres avec Léon Chestov*, op. cit., p. 176.

12 Benjamin Fondane, *Baudelaire et l'expérience du gouffre*, Paris: Seghers, 1972, p. 43.

13 Cette dernière réflexion est développée dans 'A propos du Lautréamont de Bachelard', *Cahiers du Sud* XIX, 1940, pp. 528–531 (article repris dans *Le Lundi existentiel et le dimanche de l'histoire*, Monaco: Editions du Rocher, 1990), et dans le premier chapitre du *Faux Traité d'esthétique*.

est vécu à ce qui est argumenté. S'il observait: 'Sans doute le paradoxe disparaîtrait, d'une existence qui souffre, sans murmurer, une pensée qui la dévore, d'une existence qui s'agenouille et adore le principe qui la nie!', c'était pour d'autant plus mettre en évidence l'importance du poète ou du penseur *irrésignés*.[14] Au lieu donc d'applaudir 'que la mission de l'intelligence est de nous apprendre à nous résigner, qu'il faut considérer cela comme un *progrès*',[15] Fondane était déterminé à donner sa voix à l'expérience tragique, au conflit, aux effets de la discontinuité.[16] Si le paradoxe, le conflit, l'absurde ne devaient, ne pouvaient être surmontés, il importait de donner forme à la coexistence des principes contradictoires par lesquels ils sont nourris, de les sculpter dans les fonds ténébreux de l'existence, dans la coexistence des forces disjointes à l'œuvre.

De la compatibilité des langues

Bien avant son départ pour la France, Fondane avait pratiqué différentes écritures, différents modes d'expression. Non seulement il s'était consacré à l'écriture d'un journal, de poèmes, de sonnets bibliques, mais il avait également écrit des articles journalistiques, de la critique littéraire et composé un drame métaphysique. D'une part, on pourrait poser qu'il n'avait pas de prédilection pour un mode d'expression déterminé, ou qu'il ne disposait pas d'un langage approprié pour s'exprimer, ce qui aurait engendré le voyage à travers les différents modes d'expression. On pourrait ainsi renvoyer non seulement à la thématique du voyage, mais aussi à Fondane voyageur.[17] Toute l'œuvre de Fondane serait alors un

---

14 Benjamin Fondane, *La Conscience malheureuse*, op. cit., p. 7. Dans 'L'irrésignation de Benjamin Fondane', Monique Jutrin attire l'attention sur cet aspect de Fondane irrésigné, *Cahiers Benjamin Fondane*, II, 1998, pp. 27–32.

15 Benjamin Fondane, *La Conscience malheureuse*, op. cit., p. 12.

16 Voir mon 'Esthétique du discontinu', dans *Rencontres autour de Benjamin Fondane, poète et philosophe,* Paris: Parole et Silence, 2002, pp. 19–28.

17 Voir Jutrin, 'Ulysse, poésie et destin', *Europe* nr. 827, mars 1998, p. 73: 'La figure du voyageur est centrale dans l'œuvre de Fondane, parcourue par une thématique du voyage, de l'errance, de la traversée, du bateau qui attend quelque part'. Voir également *Le Voyageur n'a pas fini de voyager*, textes et documents réunis et

périple à travers les langues, à travers les différents modes d'expression. D'autre part, on pourrait avancer la thèse selon laquelle il abritait en lui dès le départ ces différentes expressions, qu'elles coexistaient en lui, qu'elles étaient compatibles, tout comme le roumain et le français ne s'excluaient pas l'un l'autre. Si Michel Carassou, à l'égard de ce dernier aspect, a soulevé la question de 'l'exil dans les langues', le fait que Fondane écrivait d'abord en roumain, qu'il s'est ensuite exprimé en français et qu'il aurait été prêt à apprendre l'espagnol dans le cas où il aurait quitté la France pour s'exiler en Argentine, Eric Freedman a souligné que 'la langue accomplit-elle aussi une traversée, du roumain vers le français, qui recouvre et découvre les sources hébraïques, grecques, espagnoles, anglaises'.[18] Il s'ensuit, tout comme ces différentes langues coexistaient en lui, que l'on peut faire mention de la compatibilité des discours poétique, philosophique, critique et des modes d'expression comme la poésie, le théâtre, la cinématographie.

Jean Lescure observe que 'Chestov et Berdiaev, sont peut-être d'un point de vue formellement philosophique, plus importants', mais ils 'restent dans le strict domaine de la philosophie'.[19] Lescure confirme la coexistence de la poésie et de la philosophie lorsqu'il souligne que Fondane s'est efforcé d''être poète en philosophie'.[20] Et une coexistence similaire se perçoit également pour la philosophie et le théâtre, lorsque Fondane, d'après Eric Freedman, s'est intéressé à la philosophie en tant que théâtre ou au théâtre en tant que philosophie.[21] De même, en ce qui concerne l'œuvre cinématographique de Fondane, on peut affirmer avec Michel Carassou qu'elle est 'beaucoup plus qu'une illustration de ses recherches poétiques ou philosophiques', qu'elle 'se situe dans leur prolongement'.[22] Ces trois citations confirment la thèse de la compatibilité des modes d'expression chez Fondane.

---

présentés par Patrice Beray et Michel Carassou, Paris: Paris-Méditerranée/ L'Ether Vague, 1996.

18 Je renvoie aux 'Rencontres autour de la littérature Roumaine' à Saint-Nazaire en 1994, et à Eric Freedman 'Fondane dramaturge', *Europe* nr. 827, p. 84.

19 Jean Lescure, *Fondane, le gouffre et le mur*, Marchainville: Proverbe, 1999, p.73.

20 Ibid., p. 24.

21 Freedman, op. cit., p. 81.

22 Michel Carassou, 'Introduction' aux *Ecrits pour le cinéma*, Paris: Plasma, 1984, p. 10.

Or, on peut certes remarquer l'expérience du gouffre chez Fondane qui ne peut s'empêcher d'être poète et d'être intelligent, et relier cette expérience tragique au parcours dramatique de son existence du point de vue de 'l'épreuve de l'exil et du déracinement', comme le remarque Monique Jutrin dans son essai sur Fondane.[23] Surtout les poèmes sont alors conçus comme les retombées d'expériences vécues. Mais on peut également poser que les épreuves nommées constituaient une sorte d'espace vide, d'espace tensionnel où se manifestaient les forces énergétiques, les tensions nécessaires pour sécréter de la poésie. Cette conception est confirmée par une citation où Fondane évoque 'l'écoulement de néant' chez le poète en tant que 'blessure spécifique'.[24] La poésie est la source, la source des sécrétions, qui n'est pas le résultat d'une expérience, mais qui témoigne de ce qui pousse le poète en avant, lorsqu'il révèle l'existence de la catégorie du secret dont il est exclu. C'est du moins ce que Fondane cherche à communiquer par 'cette intelligence secrètement blessée'.[25]

De ce point de vue, on pourrait même ajouter que l'expérience d'être exclu – du secret, mais aussi d'une langue, d'un mode d'expression, d'une expérience intime – n'est pas uniquement le moteur de la création artistique, mais aussi sa définition. Lorsqu'on est exclu de quelque chose – expérience que l'on pourrait également qualifier comme une dimension de ce que Fondane appelle la discontinuité – on entretient un certain rapport avec ce dont on est exclu. On se tourne peut-être vers autre chose, mais non pas sans pour autant se détacher de ce dont on a été exclu (sinon on ne parlerait pas d'exclusion). Et puisque la vie elle-même commence avec l'exclusion (de la mère), on sera amené à chercher des liens dans la séparation. 'Des liens dans la séparation', telle est en effet l'expression qui caractérise l'œuvre pluridisciplinaire de Fondane, qui ne cesse de chercher 'cette autre chose qui satisfasse son irréductible besoin de liberté et, dans le même temps, œuvre avec force et talent dans de multiples domaines de la création', selon l'observation de Carassou.[26]

---

23 *Benjamin Fondane ou le Périple d'Ulysse*, Paris: Nizet, 1989, p. 107.

24 Benjamin Fondane, *Rimbaud le voyou*, op. cit., p. 187.

25 Je renvoie à ce propos à mon article '"Cette intelligence secrètement blessée". Critique de la raison esthétique', *Europe* nr. 827, pp. 90–100.

26 Petre Raileanu et Michel Carassou, *Fondane et l'avant-garde*, Paris: Paris-Méditerranée, 1999, p. 142.

En esthétique, pour renvoyer à la coexistence des multiples formes d'art, on fait souvent appel à la théorie de la *complémentarité des arts*, lorsque l'artiste déclare exprimer dans un art ce qu'il ne pourrait traduire dans un autre. Cette expérience n'était pas étrangère à Fondane: 'C'est qu'une partie de moi-même que la poésie refoulait, pour pouvoir poser ses propres questions, angoissantes, vient de trouver dans le cinéma un haut-parleur à toute épreuve'.[27] Parfois on mentionne également la théorie de la *correspondance des arts*. On accentue alors la communication réciproque entre les arts par l'intermédiaire de concepts comme la synesthésie ou l'œuvre d'art total (*Gesamtkunstwerk*). Mais il importe bien plus ici de développer la notion de *compatibilité*, à savoir la compatibilité des modes d'expression, qui met surtout en avant que les différents discours (poétique, philosophique, etc.) peuvent cœxister, tout en subsistant individuellement.

La compatibilité en un sens plus général se dit de deux ou de plusieurs choses qui peuvent exister ensemble, éventuellement s'accorder, comme par exemple, selon le Robert, rivalité sportive et amitié, vie spirituelle et vie charnelle, science et foi. Dans le monde de la technique, la compatibilité renvoie à la possibilité de raccorder les objets techniques entre eux ou de connecter du matériel d'origine différente sans devoir ajouter d'interfaces. La compatibilité ne doit donc pas être interprétée comme une adaptation intégrale d'un système en fonction d'un autre et ne doit certainement pas être confondue avec la *conversion*. Cette dernière suppose une transformation, une substitution d'un élément par un autre qu'on veut obtenir, par exemple, lorsqu'on traduit d'une langue dans une autre et qu'on remplace un mot par un autre. Bien sûr on peut reconvertir, mais là encore, on échange un élément contre un autre. La compatibilité, en revanche, renvoie à la capacité de faire cœxister deux (ou plusieurs) éléments, de maintenir les différences à travers une possible connexion. Des éléments compatibles sont en contact avec les différents systèmes raccordés, sans complètement adapter les uns en fonction des autres. La compatibilité suppose donc une certaine autonomie ou indépendance des éléments impliqués. Autrement dit, ces derniers peuvent être accordés les uns aux autres, mais ils peuvent également subsister individuellement. En effet, la compatibilité renvoie à la capacité d'être ensemble et d'être séparé.

27 Benjamin Fondane, *Ecrits pour le cinéma*, op. cit., p. 20.

On comprendra dès lors qu'il ne s'agissait aucunement pour Fondane de convertir la poésie en philosophie (ou la philosophie en théâtre, etc.), mais que son drame était de faire cœxister ces différentes disciplines. Or, dans une publication précédente, précisément pour traduire la méfiance de Fondane à l'égard des conciliations, pour souligner l'expérience de la conscience malheureuse qui n'évolue pas vers une solution, une harmonie, ou une synthèse, j'avais cru devoir accentuer l'antinomie, l'incompatibilité de la poésie et de la philosophie. A la fin du chapitre intitulé 'L'antinomie de la philosophie et de la poésie', j'avais déclaré: 'Vivre la tragédie signifie dire oui au deux activités antinomiques sans les concilier et surtout sans laisser la philosophie prendre le dessus'.[28] Mais dans un article récent intitulé 'Disjointed forces at work', il est plutôt question d'éléments disjoints qui sont ainsi désignés parce qu'ils renvoient aux différentes voix qui sont à l'œuvre dans une personne, dans ses actions, aux passions multiples et aux 'vérités' discontinues qui l'habitent.[29]

Que poésie et philosophie sont compatibles signifie qu'une incompatibilité nécessaire permet de les penser comme telles, mais que leur compatibilité leur permet de cœxister. Cette compatibilité renvoie au fait que poésie et philosophie peuvent se pratiquer ensemble, mais qu'elles subsistent également séparément. Un contact possible, qui peut être instauré précisément parce qu'elles sont séparées l'une de l'autre, sera établi en fonction des deux domaines, sans toutefois pouvoir adapter l'un des deux à l'autre, sans y appliquer la transformation de la conversion. C'est pourquoi, une fois de plus, il faudra approfondir cette question de la distinction entre compatibilité et conversion, dans le but d'analyser bien d'autres questions inabordées, par exemple, celle qui concerne la coexistence de plusieurs identités, tout en tenant compte de l'observation de Monique Jutrin: 'Le choix de la figure d'Ulysse, d'origine grecque, a pu servir de repoussoir pour mieux souligner une identité juive'.[30] Selon cette optique, Fondane semble avoir transformé l'Ulysse grec en un Ulysse juif, avoir substitué l'un à l'autre, alors qu'il avait en

---

28 Ann Van Sevenant, *Il filosofo dei pœti. L'estetica di Benjamin Fondane*, Milano: Mimesis, 1994, p. 59.

29 Ann Van Sevenant, 'Disjointed forces at work', *Cardozo Studies in Law and Literature*, vol. 6, nr. 1, 1994.

30 Monique Jutrin, 'Ulysse, poésie et destin', *Europe* nr. 827, art. cit., p. 77.

réalité découvert dans Ulysse une figure d'Ulysse qui s'avérait compatible avec l'Ulysse grec et l'Ulysse juif (ou dantesque, ou oriental). Autrement dit, l'Ulysse juif auquel Jutrin fait allusion peut être interprété comme une figure qui est compatible avec l'Ulysse grec, précisément parce que Fondane a trouvé des liens dans la séparation, parce qu'il a pu sculpter un Ulysse qui ne remplaçait pas les autres, car il le considérait comme un Ulysse valable parmi les autres.

Pour conclure, il importe de souligner que c'était au paradoxe, au conflit inhérent dans les expériences vécues que Fondane essayait de tendre l'oreille, qu'il cherchait à lui donner forme, de façon poétique et de façon philosophique. En aucun cas il ne pouvait être question de se défaire des paradoxes de la vie en les rationalisant (c'est l'élément kierkegaardien et nietzschéen présent dans sa réflexion). Fondane était ainsi 'le champ de bataille de fantômes absurdes', de forces disjointes à l'œuvre dans cet espace vide qu'il abritait et qui lui conférait une force créatrice. La poésie et la philosophie sont donc nées dans la différence. Elles ne traduisent pas l'unité du message, d'un message préexistant aux différents médiums.

Si Fondane a pu sculpter l'espace vide à travers différents médiums, c'est parce que les différentes expressions sculptaient le paradoxe existentiel chacune à sa façon. Cette disjonction, cette discontinuité, cette compatibilité des langues caractérise l'œuvre de Fondane, qui a pratiqué différentes langues et écritures, qui ne s'est pas restreint à un seul mode de réflexion et qui a insisté sur la coexistence des différents modes d'expression. Par rapport au travail de Chestov, qui, au moyen de l'écriture philosophique, a mis en cause la philosophie et ses pouvoirs – son œuvre formant une unité, sa pensée recouvrant une réflexion cohérente – Fondane semble davantage s'être éloigné d'une réflexion *sur* le paradoxe, l'absurde ou la tragédie, qui n'était pas assez dictée *par* ces expériences. Comme s'il voulait implicitement faire signe à son maître à penser que sa réflexion était encore trop dirigée *sur* ces expériences et non pas encore assez dictée *par* elles.[31] Fondane a exploré différentes langues, non pas pour aboutir à un médium à sa mesure – c'était peut-

31 Je renvoie à mon *Importer en philosophie*, Paris: Paris-Méditerranée, 1999, pp. 109–117), à la distinction que Heidegger établit entre la réflexion sur une chose donnée et celle qui pense par ou à travers elle.

être en effet sa tragédie – mais dans l'espoir de pouvoir les vivre ensemble séparément.

GISELE VANHESE

L'Exode de la parole dans la poésie de Benjamin Fondane

à Monique Jutrin

Etudier le tragique dans la poésie de Benjamin Fondane, c'est d'abord se rappeler qu'il se considérait comme un poète 'né pour chanter la Joie.'[1] Destin qu'il n'aura pu accomplir, Fondane étant arrivé, selon Cioran, 'à une vision tragique de la vie par l'histoire même.'[2] Au chant se substituera le plus souvent le cri, témoignage le plus violent de son expressionnisme. Tel Ulysse, mais un Ulysse qui n'aurait pas retrouvé son Ithaque, sa vie se situe sous le sceau de l'errance, de la fuite, de la déportation: 'je n'ai pas demandé à partir et je pars,/ traqué d'un bout à l'autre de l'univers épars'.[3] L'interrogation empreinte d'angoisse d'*Ulysse*: 'la sortie de l'Egypte n'était-elle qu'une figure/ de cette fuite éperdue le long de l'histoire?'[4] va grandir de plus en plus pour aboutir à *L'Exode*, qui deviendra comme le symbole non seulement de l'Ulysse Juif, mais aussi de la finitude de l'homme, éternel migrant dans le Grand Passage.

---

1 Benjamin Fondane, *Le Mal des fantômes*, Paris: Ed. Paris-Méditerranée, 1996, p. 91.

2 Emil Cioran, 'Fondane au-delà de la philosophie', *Europe* nr. 827, mars, 1998, p. 19.

3 Benjamin Fondane, *Le Mal des fantômes*, op. cit., p. 91.

4 Ibid., p. 111.

L'eau mélancolique

Le recueil poétique *L'Exode* a connu une genèse complexe. Selon la *Postface* de Fondane, il l'aurait composé vers 1934, entre *Ulysse* et *Titanic*. Patrice Beray affirme que la *Préface en prose* (datée de 1942) et l'*Intermède* ont été ajoutés postérieurement en 1943 ou 1944. Il restera par ailleurs inédit jusqu'en 1965. La structure de l'œuvre est, elle aussi, complexe: 'c'est un poème dramatique – écrit Fondane – à plusieurs voix.'[6] Fondane y relève l'emploi de 'formes et d'intentions tenues pour périmées en poétique – sonnets, ballades, odes, pastiches, voire des formes remontant à certains psaumes davidiens (alphabet secret).'[7] L'auteur pulvérise ici résolument le dogme surréaliste qui condamnait, à la suite de Rimbaud, toute 'vieillerie poétique.' Nous verrons que la genèse du recueil éclaire peut-être ce retour aux formes traditionnelles. Fondane en oublie une pourtant si essentielle: la chanson. Pour lui, l'alternance entre formes fixes et formes libres a comme but d'instituer 'un dialogue où celui qui parle décline son identité tout de suite.'[8] Fondane retrouve ainsi l'essence dialogique de la poésie, comme l'affirmera après lui Paul Celan dans le célèbre *Discours de Brême*.

Dès le sous-titre 'Super flumina Babylonis', Fondane lie les structures archétypales du tragique à l'eau triste telle que l'a définie Gaston Bachelard. Cette thématique se déploie dès le premier poème, qui pour Monique Jutrin aurait été composé entre 1932 et 1934:

> Sur les fleuves de Babylone nous nous sommes assis et pleurâmes
> que de fleuves déjà coulaient dans notre chair
> que de fleuves futurs où nous allions pleurer
> le visage couché sous l'eau.[9]

L'imaginaire de l'eau, sous-tendant toute l'œuvre fondanienne, est lié à un 'cosmos de la mélancolie' et semble se refléter dans l'extraordi-

---

5 Patrice Beray, *Note de l'éditeur*, in Benjamin Fondane, *Le Mal des fantômes*, op. cit., p. 15.

6 Ibid., p. 323.

7 Idem.

8 Idem.

9 Ibid., p.273.

naire portrait que fit Victor Brauner de Fondane, où domine l'eau tragique des larmes et du sang. A travers les multiples hypostases de la mer, du fleuve et des pleurs, l'eau est 'l'élément mélancolisant' par excellence.[10] L'eau, affirme Gilbert Durand, est une 'grande épiphanie de la Mort.'[11] Elle se charge de douleur, en se lestant de toutes les ténèbres de notre condition. C'est alors qu'elle communique avec les puissances de la Nuit. Le processus de 'stymphalisation' éclaire pourquoi l'eau peut devenir la matière même du désespoir. L'eau qui s'alourdit – écrit Jean Libis – '"précipite", au sens chimique, toutes les obscurités de l'être, tout ce par quoi l'être quotidiennement se défait, et notamment le jeu de la mémoire.'[12] Et lorsque le voyageur se souvient, c'est à la rencontre d'ombres, de 'fantômes' qu'il s'avance: 'je suis encore là mais je parle aux fantômes'[13] reconnaîtra Fondane, nouvel Ulysse d'une *nekuya* terrible.

L'Eau, le Temps, la Mort se confondent dans un même héraclitéisme. Assimilant le passé à une eau profonde, la rêverie bachelardienne en révèle le sens abyssal. La poésie devient, chez Fondane, le 'Mal des fantômes', recréation du pays et des êtres perdus, sur le mode exilique de l'ombre. Le *Titanic* se transforme, dans cette perspective, en Barque des morts qui transporte ses passagers non plus vers l'Amérique, mais vers l'Invisible. L'eau devient la frontière de l'Au-delà, l'espace qui s'ouvre sur le monde de la létalité. Ulysse coïncide alors, observe Jean Libis, avec ce 'nautonnier, insaisissable, qui obsède la culture occidentale.'[14]

10 Gaston Bachelard, *L'Eau et les rêves,* Paris: Corti, 1979, p. 123.

11 Gilbert Durand, *Les Structures anthropologiques de l'imaginaire*, Paris: Dunod, 1984, p. 104.

12 Jean Libis, *L'Eau et la mort*, Figures Libres, Dijon: EUD, 1993, p. 114.

13 Benjamin Fondane, *Le Mal des fantômes*, op. cit., p. 92.

14 Jean Libis, *L'Eau et la mort*, op. cit., p. 75.

La Route de l'Exode

La puissance de l'eau tragique et mélancolisante est si forte qu'elle va constamment s'opposer à un élément essentiel de la thématique de l'exode – la voie désertique, le chemin, la route – pour le transformer finalement en un fleuve. La route est d'abord 'l'atroce, l'infinie, l'âcre route',[15] empruntée par tous ceux qui fuient les pogroms, la misère ou, comme dans l'*Exode* fondanien, la guerre. A la différence du navire–arche, elle met en évidence, par son aridité, la solitude et la déréliction de l'homme. Elle provoque la soif qu'aucune eau visible ne peut apaiser ni rédimer: 'qui donc nous a trompés de soif/ afin de nous voler la vie/ et nous jeter, transis, aux pays de la mort?'[16] Vers qui sont comme un écho de la révolte fondanienne contre la pensée logique et la rationalité qui fondent le *logos* de l'Occident, son *animus*, un cri qui déchire toute *La Conscience malheureuse* ainsi que le *Baudelaire et l'expérience du gouffre*.

C'est dans l'*Intermède* que la route se charge de tout le drame de la guerre et que l'Exode, de biblique, devient historique en reportant les stigmates de la fuite des soldats et des civils français devant les troupes allemandes en juin 1940. La route devient fleuve, un fleuve de larmes. Pris dans ce flot humain, Fondane se rend compte que sa destinée historique l'a rejoint, lui qui était venu 'de loin, de plus loin que l'Histoire' et qui avait 'fait la Mer Rouge à pied.'[17] Il semble lire dans ce nouvel exode comme un signe de l'abandon de Dieu. L'Exode devient alors la prémisse d'un Temps apocalyptique qui viendra, que le poète annonce à la fois à travers la parole eschatologique, comme en témoignent les nombreuses références bibliques, et la parole visionnaire rimbaldienne. Temps de la déréliction que ne garantit plus aucun sacré: 'L'hiver de Dieu est là.'[18]

15 Benjamin Fondane, *Le Mal des fantômes*, op. cit., p. 275.
16 Ibid., p. 287.
17 Ibid., p. 294.
18 Ibid., p. 309.

Sous les tentes de l'exode de Max Elskamp: une source fondanienne?

Si, selon Fondane, certaines pages, où l'homme est 'jeté aux terres chauves de la Stupeur',[19] ont été écrites vers 1934, elles sont alors vraiment 'prophétiques' (ce qu'il déclarait lui-même dans la *Postface*). Le poète avait certainement un don de prescience, comme l'atteste un autre vers de *L'Exode* – 'ma demeure est hors du camp' (*M.F.*, 282) – mais nous pensons qu'il a été déjà sensibilisé à la tragédie de l'exode, avant 1940, non seulement par les récits de pogroms entendus durant son enfance, et dont la vision de la jeune juive morte serait l'horrible témoignage qui hante encore un poème d'*Ulysse*, mais aussi par la version qu'en donne la Bible et par des lectures personnelles. Nous aimerions situer parmi ces dernières un recueil d'un poète mineur, qui par ses circonstances, sa thématique et ses choix formels a pu – selon nous – intéresser Fondane. Il s'agit de *Sous les tentes de l'exode* du poète Max Elskamp.

Né en 1862, ayant toute sa vie vécu à Anvers, Max Elskamp appartient au groupe des Symbolistes flamands de langue française dont il est peut-être le dernier représentant. Ses poèmes sont pour la plupart consacrés à sa ville natale, qu'il évoque à travers les petits métiers et les petites gens dans *La Chanson de la rue Saint-Paul* (1922), considérée comme son chef-d'œuvre. Sa vie aisée et feutrée, qui n'aurait jamais dû connaître l'exil, va être bouleversée en 1914 lors du bombardement d'Anvers par les Allemands. Avec les autres habitants, il s'enfuit fin juillet en Hollande pour ne revenir en Belgique qu'en 1916. C'est à cette époque qu'il commence à publier et en 1921 paraît *Sous les tentes de l'exode*, premier recueil qui condense son expérience tragique de la guerre. D'autres suivront, mais la maladie, la folie et la mort interrompront en 1931 sa vie et son œuvre qui reste encore peu connue.

On sait que Fondane entre en contact avec les poètes belges en 1932, grâce à une collaboration avec le *Journal des poètes* que Flouquet vient de fonder à Bruxelles en 1931 et à qui Fondane dédiera un poème de *Titanic*. En mars, il y publie des fragments d'*Ulysse*. Monique Jutrin affirme qu'à cette époque, 'il est probable qu'il travaille aussi à *Philoc-*

19 Ibid., p. 310.

tète ainsi qu'à une première version du poème qui deviendra *L'Exode*.'[20] Ses rapports avec Bruxelles s'intensifient puisqu'en 1933, il fera paraître *Ulysse* aux Cahiers du *Journal des Poètes* et collaborera aussi à *Documents 33*. Collaboration qui se poursuivra jusqu'en 1937, lorsqu'il publie *Titanic* aux *Cahiers du Journal des Poètes* et donne encore plusieurs articles au *Courrier des poètes* et à la revue *Le Rouge et le Noir*.

Etant donné que Max Elskamp est mort en 1931 et que ses œuvres ont continué à être publiées posthumes en 1932 et en 1934, nous croyons que Fondane en aura certainement entendu parler par ses amis de Bruxelles, peut-être par l'entremise de Jean de Boschère, auteur d'un livre et de plusieurs articles sur l'écrivain anversois. Même si peu d'affinités liaient les deux poètes, Fondane ne pouvait qu'être attiré par le recueil au titre plein d'échos pour lui: *Sous les tentes de l'exode*. On note en effet immédiatement une étonnante similitude thématique entre les poèmes d'Elskamp, consacrés à l'exode de 1914, et le recueil de Fondane ayant comme sujet celui de 1940.

Sous les tentes de l'exode porte en exergue un verset biblique: 'Puis ils vinrent à Elim, où il y avait douze fontaines et soixante-dix palmes; et ils se campèrent là, auprès des eaux.'[21] Les titres des parties sont autant d'étapes du chemin tragique: *L'Exode*, *Dans le commun des jours*, *Paysages d'exil*, *Sous les tentes*, *Gratitudes*, *In Memoriam*. C'est le premier poème *L'Exode*, qui propose à notre avis le plus de parallélismes avec le recueil de Fondane. Il évoque le calvaire de celui qui a dû fuir la guerre pour trouver refuge sous les fragiles demeures de toile:

> C'est la misère qu'on a eue,
> C'est la peine qu'on a portée,
>
> Ce sont les choses qu'on a tues
> Parce qu'on n'en pouvait parler,
>
> C'est notre âme de réfugiés,
> Frères, que nous avons vécue,
>
> Toute de haine et de rancune,
> Toute d'amour et de pitié,

---

20 Monique Jutrin, 'Repères chronologiques', *Europe* nr. 827, mars 1998, p. 177.

21 *Exode*: XV, 27.

> Pendant des jours dont l'amertume,
> Au fond du coeur nous est restée [...].[22]

En plus des affinités thématiques, on décèle dans *L'Exode* de Fondane et dans celui d'Elskamp une même poétique du simple, point unique mais essentiel de convergence. On peut penser qu'ils ont aussi subi tous les deux des influences communes: celle de la Bible et aussi de Villon, dont on retrouve de nombreuses traces dans *L'Exode* fondanien. Elskamp utilisera ensuite de plus en plus, dans ses recueils successifs, un langage raréfié et archaïsant alors que Fondane, au contraire, n'hésitera pas à briser par la dissonance d'un mot trivial la ligne harmonique du vers.[23]

Un autre élément de rapprochement est l'utilisation, chez les deux poètes, du vers court, toujours rare dans la poésie française. Considéré comme mieux adapté à la joie, il est très peu utilisé pour exprimer la tristesse et la douleur. C'est en particulier l'octonaire qui est employé par Elskamp, dans tout son recueil, et par Fondane dans la plupart des psaumes alphabétiques qui commencent et finissent *L'Exode*, dont on sait – grâce à Monique Jutrin – qu'ils ont été composés entre 1932 et 1934.

Mais c'est sans doute la forme poétique de la chanson qui constitue le trait commun le plus important entre Elskamp et Fondane. On constate que dans la poésie française, elle n'occupe pas une place dans le système des genres, malgré les *Ballades* de Victor Hugo, celles de poètes mineurs et les tentatives de Nerval visant à reconnaître aux chansons populaires françaises une valeur artistique. A la fin du XIXe siècle, le Symbolisme prendra à nouveau en considération cette problématique, avec Verlaine, Rimbaud, surtout Maeterlinck, en essayant d'élaborer une forme poétique proche de la chanson ou du lied, mais en vain.[24]

---

22 Max Elskamp, *Œuvres complètes*, Paris: Séghers, 1967, p. 136.

23 Maurice Piron parle, à propos de la poésie de Max Elskamp, d'un 'art verbal, dont l'apparente – et savante – gaucherie fait mieux encore ressortir le caractère dépouillé, l'exquise stylisation. Œuvres curieuses, et uniques assurément, avec leur syntaxe balbutiante, à fleur d'archaïsme – leurs "syntaxes mal au clair", comme disait le poète –, et leur imagerie naïve' (*Aspects et profil de la culture romane en Belgique*, Liège: Ed. Sciences et Lettres, 1978, p. 81).

24 Voir à ce sujet Dumeril, *Le Lied allemand et ses traductions poétiques en France*, Genève: Slatkine Reprints, 1975 et Schuré, *Histoire du lied*, Paris: Ed. A. Lacroix, 1868.

On comprend pourquoi Max Elskamp a pu intéresser Fondane, dont l'œuvre poétique comporte de nombreux exemples de cette microstructure, où Claude Vigée reconnaît par ailleurs 'des souvenirs du Lied, de la poésie populaire roumaine, des restes de mélopée.'[25] Comme lui, Elskamp avait adopté pour modèle formel le genre spécifique de la chanson, qui aurait un langage et des procédés stylistiques propres. Il reste que, tant que nous ne posséderons pas une édition critique de l'œuvre poétique de Fondane, attentive en particulier aux différentes étapes de sa genèse, nous ne pourrons pas vérifier nos hypothèses concernant les influences intertextuelles qui l'ont marquée.

L'Exode de la parole

En quête d'une forme plus apte à restituer fidèlement le mouvement de la parole dans l'écriture, Fondane utilise dans *L'Exode* de nombreuses formes poétiques, dont certaines remontent à la tradition des psaumes davidiens. Le poète vise, par un travail sur le rythme, à retrouver ce registre formel qui est celui des littératures des commencements, qui l'a si profondément fasciné. N'était-il pas pour lui l'expression même du *mythique*, tel qu'il l'a défini dans le *Faux Traité d'esthétique* et qu'il a cherché toute sa vie?

Paradoxalement, c'est aussi une chanson qui termine le poème *Ulysse*, lorsqu'il affirme: 'J'ai hâte d'écouter la chanson qui tue.'[26] Elle condense de manière saisissante les sortilèges siréniques et l'aspiration baudelairienne de dépasser les colonnes de la connaissance ('plonger au fond de l'Inconnu pour trouver du nouveau'), tel l'Ulysse de Dante à la poursuite du soleil. Comme Rimbaud, dans son agonie à Marseille, voulait monter à bord pour partir vers la haute mer et retrouver l'ivresse du bateau sans amarres, c'est cette même eau brûlée de l'invisible qui

25 Claude Vigée, 'Un cri devenu chant', *Europe* nr. 827, mars 1998, p. 31.

26 Benjamin Fondane, *Le Mal des fantômes*, op. cit., p. 158.

hantera la préface que Fondane rédigea, en 1942 dans l'urgence, pour son dernier livre: 'un bateau m'attend quelque part.'[27]

Peut-être cet ultime navire est-il le poème dont il est 'le pilote',[28] navire–fantôme d'une pérégrination infinie, qui coïncide avec la bouteille à la mer de Vigny ou avec celle que Paul Celan jette dans la houle pour être recueillie un jour sur une terre, 'la plage du cœur peut-être.' Par cette métaphore spatiale, le destinataire inconnu devient paradoxalement la 'nova terra' que cherchait l'Ulysse dantesque. Les poèmes 'sont en chemin: ils font route vers quelque chose' et ce quelque chose est un 'toi invocable', affirme Celan dans le *Discours de Brême*.[29] Les poèmes sont voyageurs et se présentent comme un dernier avatar de l'aventure ulyssienne, dans la perpétuelle relance de la lecture, qui est toujours l'avenir de l'œuvre. Comme le pressentait Fondane, 'le voyageur n'a pas fini de voyager.'

---

27 Benjamin Fondane, *Baudelaire et l'expérience du gouffre*, Bruxelles: Ed. Complexes, 1994, p. XII.

28 Benjamin Fondane, *Le Mal des fantômes*, op. cit., p. 366.

29 Paul Celan, 'Le Discours de Brême', *La Revue de Belles-Lettres*, 'Paul Celan', nr. 2–3, 1972, pp. 84 et 85.

MIRCEA MARTIN

Le Fondane d'avant Chestov

Du 5 août au 30 septembre 1923, peu avant de quitter la Roumanie, Fundoianu publie dans *Adevărul literar și artistic* quatre feuilletons qu'il consacre au penseur russe Léon Chestov et à son livre sur Tolstoï et Dostoïevski intitulé *Les Révélations de la mort* publié chez Plon au courant de la même année, dans la traduction de Boris de Schloezer.[1] C'est la première fois que le nom de Chestov apparaît sous la plume de Fundoianu et si je ne me trompe, dans les publications roumaines; l'intérêt que suscite un tel livre chez quelqu'un pour qui Dostoïevski et Tolstoï étaient des références courantes (et pour qui, les écrivains russes, de Tcheadaev à Gribœdov et de Rosanov à Gorki, n'étaient pas des inconnus) n'a pas de quoi surprendre.

Pourtant, ce n'est pas la littérature qui fait l'objet de ce commentaire. Mieux, nous pourrions dire – et c'est là une première – que cette fois-ci la littérature est chassée de la littérature! 'Chestov ne nous parle pas de l'art de Dostoïevski, de l'art de Tolstoï' – constate avec ravissement l'exégète de Bucarest. Après avoir salué en la personne de Chestov, le plus fidèle des continuateurs de Pascal, après avoir situé dans cette filiation spirituelle Dostoïevski et Tolstoï, Fundoianu conclut: 'à lire Pascal, Chestov, on n'ose pas se dire: comme c'est beau, comme c'est parfait! On se croirait ridicule'. Et de continuer: 'Il faut lire Pascal, Chestov aussi, en dehors de toute préoccupation esthétique'.[2]

Pourtant, ne l'oublions pas, Chestov écrit sur les deux écrivains en question ou, en tout cas, établit des considérations de toute autre nature qu'esthétique, à partir de leurs œuvres. Seulement, à lui, ces œuvres fournissent un espace d'analyse et de débat, un lieu de recherche et d'expression de la vérité. La recherche de la forme, les effets artistiques

---

1 Léon Chestov, *Les Révélations de la mort (Dostoïevski et Tolstoï)*, Paris: Librairie Plon, 1923.

2 B. Fundoianu, 'Revelațiile morții', *Adevărul literar și artistic*, 5.08.1923, p. 4. [Toutes les traductions de ce texte en roumain ont été effectuées par l'auteur]

n'y ont pas leur place – ce serait se détourner du sens. Plus tard, Fundoianu n'agira pas autrement lorsqu'il se penchera sur Rimbaud et sur Baudelaire. Nous voici bien loin du concept moderniste de *l'écart,* de la spécificité du discours littéraire compris comme déviation de la norme commune. D'ailleurs la question de la spécificité littéraire et de l'adéquation à cette spécificité ne se pose même pas. On réclame, par contre, l'adéquation à la problématique sérieuse, philosophique, de l'œuvre littéraire. C'est ce qui explique l'abolition de la distance – ce sera encore le modernisme qui va absolutiser cette distance – entre le moi esthétique et le moi empirique de l'auteur, bref, entre l'auteur et l'homme. Auteur et homme sont identiques, interchangeables: 'Tout ce que l'auteur te demande c'est ton adhésion; il fuit ton jugement esthétique, il s'en moque. [...] au cœur de la nuit, à la lueur de sa lampe, l'homme ne se soucie pas d'avoir de beaux sentiments, les beaux sentiments, il n'y en a que dans les livres or, là, l'homme livré à lui-même pense faux, ses pensées sont absurdes, mauvaises, paradoxales: il recherche la vérité [...] rien que la vérité [...] UNE vérité: soi-même. On le croyait jardinier, il est mineur'.[3]

La vérité, donc, rien que la vérité pas du tout le beau, pas même le beau en tant que vérité, la vérité artistique; rien que la vérité, non pas la vérité en général mais la vérité intime, la vérité de soi. La distinction entre 'jardinier' et 'mineur' vient discréditer, une fois de plus, la perspective esthétique. Nous serions tentés de croire, au premier abord, que le premier terme désigne le moi quotidien, diurne, superficiel de l'auteur alors que le deuxième nommerait le créateur, qu'il aurait trahi à sa méditation nocturne, à son travail intense sur les mots qui lui permet d'explorer des profondeurs inaccessibles à d'autres. Or, dans la vision de Fundoianu, 'le jardinier' c'est *l'écrivain* qui recherche la beauté en plein jour, alors que *l'homme* se penche sur lui-même dans l'isolement, dans la solitude. Tout se passe, cependant, *en dehors de l'œuvre.* Le problème de l'œuvre ne se pose même pas, l'œuvre est transparence, transitivité, réceptacle d'une pensée et rien de plus. Entre l'homme qui pense et celui qui écrit (et publie), entre l'homme de la biographie et l'homme de l'œuvre, la seule différence est que le premier est authentique et qu'aucun souci d'ordre esthétique ne vient le troubler. Quant à l'œuvre littéraire, elle ne semble pas produire ou contenir un saut ontologique. Toutes les stratégies artistiques d'atténuation des conflits, d'harmonisa-

3 Idem.

tion et de conversion des valeurs sont abolies ou, plus exactement, ne sont pas reconnues.

Ayant réduit et même annulé la *différence esthétique,* Fundoianu se tourne vers la philosophie qu'il ne conçoit – à l'instar de Chestov – qu'en tant que 'philosophie de la tragédie' ou, en reprenant les propres paroles du maître, 'une philosophie du désespoir, de la folie, de la mort'. Si, s'agissant des écrivains (Tolstoï, Dostoïevski), Fundoianu préfère le penseur à l'écrivain, dans le cas des philosophes, son commentaire privilégie exclusivement l'homme en dehors de l'œuvre, celui qui pense dans la solitude et souvent dans l'obscurité. Il déplore la dissimulation des maladies, des infirmités, des manies des philosophes. Devons-nous en conclure qu'il faudrait considérer la manière dont ces particularités – des particularités et non des qualités – se sont reflétées dans leur œuvres de même que leur santé s'y est réflétée (et a été considérée)?

Fundoianu avoue son intérêt – nostalgique – pour ce qu'il appelle 'le démon' de Socrate, 'le gouffre' de Pascal, 'la folie' de Nietzsche car, d'après lui, c'est dans ces obsessions, dans ces maladies ou manies[4] que resident leur *véritable* pensée.

Comme d'habitude, notre auteur s'avère un lecteur dissociatif: il remarquera que Nietzsche avait souligné et condamné la logique 'de l'homme en général' chez Socrate tout en faisant remarquer la singularité du sage athénien. Comme le critère de la philosophie était 'l'homme en général', 'l'homme qui pense, qui sent et qui désire comme tout un chacun', l'homme normal, enfin, et bien portant, l'homme historique, il était normal que ce soit la figure pure et idéale de Socrate, telle qu'elle ressortait des dialogues de Platon, que l'on retienne et non les aspects énigmatiques, démoniaques que nous ont légués les cyniques. D'ailleurs, de l'avis de Fundoianu, l'humanité accepte ce qui est plus simple, plus logique, plus utile, autrement dit, la figure de 'l'homme en général'. A l'échelle de l'histoire, le *caractéristique* même est l'utile 'pour le plus grand nombre'. 'Le démon, la manie, la torture, l'angoisse du vrai Socrate n'étaient d'aucune utilité à personne.' Et ce n'est que maintenant que nous arrivons à Chestov et à ses hypothèses paradoxales: 'Si Socrate

---

4 Si Fundoianu avait connu Kierkegaard, il aurait ajouté sans doute la fameuse 'écharde dans la chair' du philosophe danois. Mais, à ce moment-là, Chestov lui-même ignorait tout de Kierkegaard que Husserl recommandera à son attention lors du Congrès de philosophie d'Amsterdam en 1928.

avait été nécessaire, il y aurait eu une loi pour le conserver. N'y a-t-il pas une loi de la conservation de la matière qui veille à ce qu'aucun athée ne rentre dans le néant?'[5]

Les dissociations que Fundoianu opère – entre Descartes et Pascal, entre la persona et la personne, entre la philosophie de l'œuvre et la philosophie de la vie, de la propre vie du philosophe – affirment implicitement l'existence ou la nécessité qu'il y ait, outre une philosophie du général, impersonnelle, méthodique, une philosophie du particulier, de l'exception, de l'humain angoissé, souffrant, torturé. Une question que le jeune poète–philosophe Fundoianu ne se pose pas mais qui, sans être formulée, est sous-jacente à sa démarche: un tel intérêt vis-à-vis du particulier, de l'exceptionnel ne rapproche-t-il pas la philosophie de l'art, de la littérature? D'une part, on refuse la préoccupation esthétique, de l'autre, on cultive les particularités, les exceptions, les idiosyncrasies, bref, tout ce que la philosophie avait évité jusque-là et qui avait représenté le domaine spécifique de l'art. Ce qui se traduit, pour la littérature et les arts, par la perte de leur mainmise exclussive sur le particulier et sur l'unique, du moment que la philosophie, plus exactement une certaine philosophie, commence à se les annexer, à s'en laisser inspirée et provoquée.

En fait, le combat de Chestov contre la philosophie du général humain est le combat contre la raison, contre l'expérience commune, contre 'l'omnitude', contre les évidences. Dans la lignée de Pascal, de Dostoïevski et de Chestov, mais à l'encontre de Descartes, Fundoianu croit que même 'une idée obscure et chaotique peut être porteuse de vérité', de cette vérité qui n'est pas l'apanage exclusif des idées *claires* et *distinctes:* '...nous rencontrerons d'ailleurs fort souvent des arguments comme: la *souffrance, le caprice, la convoitise* qui sont contraires aux lois dictées par la raison'. De là à dire que 2 + 2 = 5 est 'une chose charmante'[6], il n'y a qu'un pas.

Pourtant, de telles hypothèses ou chances transgressives, ne sont-elles pas un privilège de l'art'? Et en les faisant adopter par la philosophie, ne transformons-nous pas sa méditation en poésie? Novalis disait que 'là où cesse la philosophie la poésie doit commencer'. Fundoianu parle de l'intuition et du sentiment de l'individuel mais ce sont là des

---

5 B. Fundoianu, 'Revelațiile morții', *Adevărul literar și artistic*, 5.08.1923, p. 4.

6 Ibid., p. 6.

énergies esthétiques par excellence. L'anti-intellectualisme lui-même n'est-il pas un produit de l'homme esthétique? Dilthey, Bergson et même Nietzsche ne prennent-ils pas l'oeuvre d'art pour modèle de leur méditation?

Dans le cadre de cette tradition anti-intellectualiste (voir irrationaliste) la pensée de Chestov et, à sa suite, celle de Fundoianu marquent nettement une déviation vers la philosophie existentielle, vers la problématique de l'homme individuel, de l'homme seul, plongé non dans la rêverie ou dans la contemplation créatrice, mais dans l'angoisse et la souffrance. Rapportée à l'historisme optimiste de Dilthey, à l'intuitionisme de Bergson, voire à l'amoralisme nietzschéen, la conception de Chestov se charge d'une gravité, d'une acuité tragique.

On n'arrive à de telles hauteurs ou profondeurs de pensée qu'à travers une approche directe, frontale et non par des détours, des médiations ou des 'préoccupations d'ordre esthétique'. Refusant les distinctions génériques traditionnelles, Fundoianu pousse l'indistinction jusqu'au niveau des disciplines de l'esprit; pour lui, philosophie et poésie ne font qu'un: 'La philosophie de Nietzsche peut s'exprimer dans un poème comme *Zarathoustra* et l'art peut s'exprimer dans un dialogue de Platon, dans un aphorisme de Schopenhauer'. Il va de soi que cette unification est mise sous le signe de la philosophie, de la pensée en général. Pour Fundoianu, Chestov est 'le premier Russe qui, pour parler à l'Europe, choisit l'essai sans cacher sa pensée *sous les masques d'autres* personnages'.[7] Tout ce qui n'est pas expression directe, transitive, est traité par notre auteur de 'dissimulation', de 'masque'. Drôle de façon de voir les choses pour un poète et qui contredit son affirmation suivant laquelle la vérité peut éclater même 'dans une idée obscure ou chaotique'.

Si, au début de son commentaire, Fundoianu identifiait, sur le mode théorique, l'auteur à l'homme, dans la dernière partie il donne à cette identification la fortune la plus concrète, sans aucune hésitation méthodologique: 'Ivan Ilitch n'est autre que Tolstoï, le père Serge n'est autre que Tolstoï'.[8] L'exégète remonte aux sources pour ramener les personnages à leur point d'origine qui est la conscience de l'écrivain, il les dépouille de leur aura livresque, littéraire, fictionnelle, rétrécit leur

7 Ibid., p. 6.
8 Ibid., p. 4.

pouvoir d'irradiation et de généralité humaine. Ivan Ilitch est Tolstoï, sans plus, l'épique est réduit à la confession, l'oeuvre est ramenée à la biographie. Sans doute, tous les personnages de Tolstoï ne sont-ils pas des hypostases de leur auteur, il s'agit seulement de ceux qui font l'objet de la discussion.

En quoi ces personnages diffèrent-ils des autres personnages qui peuplent l'univers tolstoïen? En cela qu'ils sont confrontés à la mort; or, cette confrontation change brusquement et définitivement leur manière de penser, de poser leur regard sur le monde. Sur les traces de Chestov, Fundoianu parle d'un 'second regard', de 'leur oeil neuf' à travers lequel ils découvrent un tout autre monde que celui auquel ils étaient habitués: un monde dans lequel ce qui semblait être vrai s'avère faux, dans lequel le rationnel devient absurde, tandis que la normalité prend le visage de la perversion. La vérité de la solitude, de la maladie, de la mort est plus forte que celle de la raison 'cet attribut indéniable de la vie'. 'Tous les commandements de la morale et de la loi', 'toutes les inventions, toutes les lois et tous les miracles de la raison' ne peuvent sauver l'homme de la mort. A partir de là, Fundoianu n'intervient presque plus pour laisser parler Chestov qui, à son tour, cite Tolstoï: dans le récit, *Maître et serviteur*, le personnage principal, au seuil de la mort, découvre avec une joie insoupçonnée 'sa faiblesse, sa liberté'. 'De quels brouillards ce mot est-il né?' ajoute le commentateur dans une parenthèse qui s'insinue dans la citation. Survient la fin mémorable de Brekunov qui arrache au philosophe ce commentaire exalté: 'Et il partit, il s'envola plutôt, porté par les ailes de sa faiblesse, sans savoir où elles allaient le conduire; il monta dans la nuit éternelle, terrible et incompréhensible aux hommes'. Fundoianu en est, dirions-nous, perplexe et déçu:

> Voilà ce que nous mettrons à la place des 'évidences' détrônées, à la place de la raison: moyennant la faiblesse (une vertu évangélique créée par les hommes et qui 'prétend à l'éternité') qui évince la force que nous donne la raison, nous ne souffrirons plus à l'idée de mourir, nous nous en réjouirons. *Est-ce là tout*? Nous avons démoli la 'raison' pour contourner une souffrance? Allons-nous recevoir 'la révélation' en échange parce qu'elle nous apporte un plaisir? Et cela s'appelle être libre...[9]

Le commentaire de Fundoianu, favorable dans ses grandes lignes, s'achève sur une réserve: 'Chestov est comme un homme enchaîné qui

9 Ibid., p. 6.

deviendrait brusquement fou et qui, tout en gardant ses chaînes, se féliciterait d'être libre et nous proposerait la vérité rédemptrice, cette solution divine de l'énigme'.[10]

Aux interrogations presque rhétoriques de Fundoianu nous pourrions en ajouter au moins une qui ne viserait pas Chestov mais Fundoianu lui-même qui affirmait (au début de son feuilleton) que l'on ne peut accéder à 'la région du tragique' qu'en renonçant à toute préoccupation esthétique. Cette interrogation, la voilà: la 'solution' qu'exalte ici Chestov n'est-elle pas fictive, la vérité qu'il révèle n'est-elle pas imaginative?

Mais le texte de Chestov a une fin dont le commentateur roumain ne rend plus compte; le philosophe parle du caractère *prophétique* du dénouement du récit de Tolstoï. C'est une allusion à la fin de Lev Nikolaievitch lui-même 'au coeur de la tourmente et de la tempête de neige', dépouillé de gloire, de sagesse, de tout son passé. Ce dénouement aura affermi Fundoianu dans sa conviction relative à l'identification de l'auteur avec ses personnages. Mais l'acte de l'identification se réitère à un autre niveau: 'On sent que là, Chestov devient identique à Tolstoï, à Dostoïevski; ce n'est pas sur eux qu'il se penche, mais sur lui-même; il n'explique pas ce qu'ils ont écrit, eux, mais ce qu'ils ont pensé, ce qu'ils ont pensé sans le dire et ce qu'ils n'ont pas osé penser. L'étude de Chestov ne les commente ni ne les explique; il pousse leur pensée jusqu'au bout: il les libère et c'est là l'une des formes les plus supérieures [sic] de la critique'.[11] C'est ce que Fundoianu lui-même fait du texte de Chestov. À l'instar de Tolstoï qui n'écrit pas sur Ivan Ilitch ou sur Brekunov, mais sur lui-même, Chestov écrit sur lui-même et non pas sur Tolstoï et, à son tour, Fundoianu s'autodéfinit – ou se redéfinit – en se servant de Chestov, dans un geste d'identification qui peut se répéter indéfiniment en produisant une symbiose infinie. Car l'enjeu existentiel du débat est tellement fort, tellement pénétrant qu'il accule presque à l'implication personnelle et à la confession. Et chaque nouvelle intervention identifie et développe quelque chose des virtualités des textes antérieurs, les prolonge dans une direction propre. Sans doute, Fundoianu a-t-il tort de penser que cela signifie pousser la pensée des prédécesseurs 'jusqu'au bout' et, surtout, les 'libérer' jusqu'au bout, mais quel bout? Comment allons-nous jamais apprendre ce qu'ont pensé

10 Idem.
11 Idem.

nos prédécesseurs 'sans qu'ils nous le disent'? Et que signifie, dans ce cas, 'libération'? Est-il possible de libérer un texte de son implicite et, surtout, de toutes ses virtualités? Fundoianu fait preuve d'un optimisme qui ne lui était pas coutumier. Je pense qu'il faut y voir un aveu indirect d'adhésion à la conception chestovienne.

Le jeune penseur résume le texte de Chestov, lui fait une place dans son propre contexte idéologique et le développe en conséquence. Je ferais remarquer qu'il adhère à ce texte sans avoir le sentiment de se renier d'une manière quelconque. Son commentaire n'a pas le moins du monde l'air étonné, il n'a pas l'air de faire une découverte. Fundoianu ne ressent pas le besoin de souligner la *nouveauté* de la démarche chestoviennne. Ce qu'il a lu dans *Les Révélations de la mort* lui aura semblé tellement normal, tellement conforme à son propre mode de penser qu'il l'adopte sans s'exclamer et sans une déférence excessive. Qui plus est, il arrive parfois qu'il ne soit plus clair où finit Chestov et où commence Fundoianu. Le gant de l'exégète se confond avec la main de l'auteur.

Sa première rencontre avec Chestov n'aura-t-elle entraîné aucune dislocation dans la pensée de Fundoianu? Comme nous l'avons déjà constaté, l'élitisme caractéristique à l'auteur roumain déteint sur son commentaire des textes de Chestov même s'il n'est plus ostentatoire. Fundoianu ne se départit pas du blason *aristocratique* dont s'ornaient tant de ses articles et essais. Le fait que Chestov refuse 'l'omnitude' confortera l'attitude de celui qui allait devenir son disciple tout en la restructurant de manière radicale. II ne sera plus question d'un aristocratisme de la solitude intellectuelle et des principes livresques, mais d'une 'aristocratie du malheur'.

En témoignent les pages sur lesquelles s'achève son premier grand essai (de sa période française) consacré à la philosophie chestovienne: 'Chestov se méfie à bon escient des recherches en commun, des méditations collectives, des vérités bonnes en tous temps et en tous lieux, des évidences qui s'imposent aux gens alors qu'ils sont ensemble et qu'ils se sentent les coudes. A cette "omnitude" sur laquelle repose le piège de la raison, Chestov, tout comme Pascal, Kierkegaard et Dostoïevski, opposera *l'homme seul* et peut-être bien l'homme seul *devant Dieu* [...]. L'homme seul, à qui non seulement il est tout refusé, mais encore à qui on demande tout. Il y a là, en germe, une vision de l'exception, un principe de sélection et de choix, une théorie de l'élu, puisée aux sources mêmes de la Foi trahie par les églises et qui est susceptible de transformer de fond en comble notre conception du judéo-christianisme [...]. Il ne s'agit pas d'une aristocratie comblée de tous les dons, de la joie à la sérénite, mais d'une aristocratie du malheur...'.[12]

Ce qui disparaît tout à fait – et pour toujours – des textes de Fundoianu (et l'on s'en aperçoit des les premières pages du feuilleton consacré aux *Révélations de la mort*) c'est *l'esthétisme.* Le philosophe russe met son lecteur roumain devant des explorateurs des limites de l'humain – ces explorateurs, il les connaissait déjà et les admirait – mais également devant une analyse sur leur mort incitante, inspiratrice, grave, accusatrice même qui pulvérise et rejette dans le dérisoire ses dissociations esthétiques et, d'autant plus, ses partis pris esthétiques.

Bien sur, le terrain de Chestov avait été préparé par Nietzsche mais Nietzsche avait été reçu par Fundoianu à travers la filière française, il en avait retenu notamment le nihilisme, l'amoralisme et l'esthétisme. Là où la rencontre avec Nietzsche avait failli, la découverte de Chestov a réussi: le rejet définitif de l'esthétisme. Malheureusement, Fundoianu s'est engagé dans cette voie jusqu'à ignorer la spécificité esthétique comme en témoignent certaines pages des livres sur Rimbaud ou sur Baudelaire, et même le *Faux traité d'esthétique.*

La différence entre l'avant-Chestov et l'après-Chestov, chez Fundoianu, est celle entre les philosophies de la vie (*Lebensphilosophie* aussi bien que le *bergsonisme*) et *la philosophie existentielle.* Dilthey (que Fundoianu ne semble pas connaître) aussi bien que Bergson ont redéfini l'histoire comme histoire de l'homme, ils ont fait de la vitalité une valeur et ont imposé *l'intuition* comme une voie plus appropriée de connaissance que la raison. Les deux philosophes ont parlé constamment de la création artistique. Ils l'ont considérée comme un microcosme et, comme tel, ils l'ont pris pour modèle de la réflexion philosophique. La philosophie existentielle (Kierkegaard le premier, que les Français ont découvert si tard, mais Pascal aussi avant lui et Chestov après lui) a lancé le thème de l'angoisse métaphysique et existentielle, du face-à-face avec la mort et, d'une manière générale, avec *la limite.* L'art fait office de preuve non point indirecte, mediée et spécifique, mais directe, immédiate et concrète, d'aveu non-contrefait par les exigences esthétiques. C'est là

12 Benjamin Fondane, 'Le Procès de la raison. Chestov, témoin à charge', in *Cahiers de l'étoile* II, 1929, pp. 344–364, repris dans *La Conscience malheureuse*, Paris: Denoël et Steele, 1936.

le sens de la démarche de Chestov que Fundoianu a très bien compris dès le début et auquel il adhère spontanément, sans hésitations ni problématisations comme s'il n'avait jamais pensé autrement...

Et il se peut que, en quelque sorte, il ait pensé comme Chestov. Non point de façon discursive, conceptuelle mais poétique. Sa poésie – sa poésie d'expression roumaine, qui le range parmi les grands poètes modernes de notre littérature – savait déjà quelque chose que sa pensée théorique, tellement pénétrante pourtant, tellement sagace (encore qu'un peu trop narcissiste), ignorait encore. Une poésie qui se soumet d'elle-même avec une atrocité rimbaldienne à une procédure de désintellectualisation et, en même temps, à un processus paradoxal de désesthétisation. Ses paysages sont des antipaysages, sa poésie est une antipoésie.

Par ailleurs, le thème central de cette poésie n'est autre que le thème de Chestov, Fundoianu est un poète d'une frénésie mélancolique, d'un sarcasme qui finit en indulgence, de la proximité vie–mort. Son thème central n'est pas le 'Grand Passage' de la vie, mais la Grande Coïncidence.[13] Rappelons-nous le début des *Révélations de la mort*: 'Sait-on jamais, dit Euripide, il se pourrait que la vie soit la mort et que la mort soit la vie'.

---

13 Ces lignes, je les écrivais en 1984 – voir: Mircea Martin, *Introducere în opera lui B. Fundoianu*, Bucarest: Minerva, 1984, p. 222.

Eric Freedman

Présence de Chestov dans le théâtre de Fondane

'La philosophie, pour lui, n'est pas ce qui répond, mais ce qui questionne, non pas ce qui enseigne mais ce qui cherche en gémissant' écrivait Fondane à propos de Chestov dans son article nécrologique des *Cahiers du Sud* de novembre 1938.[1] 'Les questions et les réponses ne sont pas du même monde. C'est là le monde de la tragédie,' écrivait Fondane dans ses carnets en 1942, l'année durant laquelle il commençait probablement à écrire sa dernière pièce, *Le Puits de Maule*, d'après le roman américain de Nathaniel Hawthorne, *La Maison aux Sept Pignons* (*The House of the Seven Gables*), terminée en 1943 (selon une lettre à Boris de Schloezer de janvier 1944).[2] Dans une lettre à Mme Chestov, également en janvier 1944, il écrit: 'Je ne cesse de penser à Léon Isaakovitch, combien de fois, prévoyant ce qui allait se passer, il m'avait dit: "moi, je ne verrai plus ça; mais vous..." Et, en effet il n'a pas vu ÇA, et moi je l'ai vu. Je le vois encore, et n'en ai pas encore fini de voir.'[3] Il s'agissait effectivement pour lui de voir la tragédie réelle derrière les mots, comme il l'affirmait déjà dans *Le Faux traité d'esthétique* (1938): 'derrière les mots, malgré les mots, la tragédie qui s'y passe est vraie.'

Nous traiterons les pièces tragiques écrites par Fondane sous le titre de 'mystères' ou de 'poèmes dramatiques', en essayant d'une part d'évoquer son théâtre, inédit et non joué de son vivant, et d'autre part de nous interroger sur la place du philosophe Chestov dans le théâtre du dramaturge Fondane. Si nous acceptons de ranger Chestov, qu'il ren-

---

1 Benjamin Fondane, 'Léon Chestov', *Cahiers du Sud*, nr. 210, novembre 1938, pp. 877–878. Chestov cite Pascal, 'Je n'approuve que ceux qui cherchent en gémissant' et conclut: 'il faut avouer que seuls cherchent utilement ceux qui "cherchent en gémissant"', in *La Nuit de Gethsémani*, Paris: Grasset, 1923, p. 41 et p. 156.

2 Lettre dactylographiée de 6 pages, datée et signée Paris, Janvier 1944, à Boris de Schloezer, p. 2. Fonds de la Bibliothèque Louis Notari, Monaco.

3 Lettre manuscrite de 2 pages, datée et signée, adressée le 2 janvier 1944, à Madame Chestov. Fonds de la Bibliothèque Louis Notari, Monaco.

contre en 1924, dans la mouvance existentialiste, en quelle mesure le théâtre de Fondane peut-il être dit existentialiste? Soulignons tout d'abord que le théâtre de Fondane comprend trois pièces: *Le Festin de Balthazar*, dont la première version en roumain remonte à 1922; la version française qui comporte la mention: 'seul texte bon' datée de 1932, qui comporte plusieurs variantes; *Philoctète*, qui s'accompagne également de variantes rédigées au cours des années 20 et 30; enfin *Le Puits de Maule*, écrit pendant l'occupation (donc après la mort de Chestov en novembre 1938). Résumons très brièvement l'argument des trois pièces: dans *Le Festin de Balthazar*, avec les Juifs en captivité à Babylone, Balthazar essaie de défier Dieu en buvant dans la coupe sacrée du Temple de Jérusalem; dans *Philoctète*, Ulysse envoie le jeune Néoptolème convaincre Philoctète, blessé et exilé sur l'île de Lemnos de lui donner l'arc d'Hercule, pour pouvoir gagner la Guerre de Troie; dans *Le Puits de Maule*, des membres des familles Maule et Pyncheon cherchent à garder ou à récupérer une maison dont ils croient avoir été injustement privés et dans laquelle est censé se trouver un trésor.

Etudier la place de Chestov dans le théâtre de Fondane, c'est étudier la place des textes et des conseils du philosophe et ami dans *un* des modes d'expression utilisés par Fondane, c'est-à-dire, dans le cas qui nous occupe, dans ses pièces ou 'poèmes dramatiques', qui sont le lieu d'une rencontre entre poésie et philosophie. C'est également dans la forme théâtrale que se lient la poésie de l'exil et la philosophie existentielle, le cri viscéral et le texte métaphysique. Nous nous proposons donc de montrer que dans son théâtre, Fondane, poète d'origine roumaine, a placé au cœur de son œuvre dramatique la déconstruction de la tradition philosophique occidentale rationaliste grecque et hégélienne entreprise par un philosophe d'origine russe.

Entre les écrits de Chestov (notons qu'au moins neuf ouvrages de Chestov ont été publiés en français entre 1923 et 1938) et les 'cris' de Fondane, s'intercalent les entretiens, les rencontres et les conversations avec Chestov qui s'étalent de 1924 jusqu'à sa mort en 1938. Fondane, selon ses propres dires, notait que ce n'était qu'en 1934 qu'il avait eu 'le sentiment profond et bouleversant que personne n'avait vraiment saisi la pensée de Chestov';[4] nous pouvons cependant déceler cette influence chez Fondane dramaturge avant cette date, ainsi qu'en témoigne la cor-

4 Benjamin Fondane, *Rencontres avec Léon Chestov*, Paris: Plasma, 1982, p. 43.

respondance du printemps 1932. Cette dernière concerne la fin de la pièce *Le Festin de Balthazar*, et plus précisément la répartie finale: 'Il n'y a pas de miracle' mais aussi évoque un personnage symbolique, l'Orgueil, que Fondane a changé ultérieurement pour l'appeler l'Esprit.[5] Si nous comparons ces textes dramatiques avec ses pièces écrites en roumain (le *Balthazar* et probablement le *Philoctète* existaient déjà avant 1924) qui ont été reprises ensuite en français, nous pouvons constater que des ajouts et des surimpressions intègrent peu à peu une partie de la pensée de Chestov au théâtre de Fondane.

Quels sont les thèmes dominants de la présence de Chestov? En premier lieu celui de l'exil. Chestov en effet était un philosophe qu'avait marqué l'exil; en ce sens, Fondane écrivait dans sa nécrologie des *Cahiers du Sud* (en décembre 1938): 'le 20 novembre, mourait à Paris, *dans l'exil*, le grand philosophe russe, Léon Chestov'. Rappelons l'introduction écrite par Jules de Gaultier dans *L'Idée de Bien chez Tolstoï et Nietzsche* (1925) dans laquelle il parle des idées légitimes et des idées exilées; dans la même introduction, Chestov cite Nietzsche 'chassé des pays paternel et maternel'.[6] Rappelons aussi le titre d'une des œuvres de Chestov: *Apofeos bespochvennosti*, dont la traduction anglaise est *Apotheosis of Groundlessness*, et qui sera traduit en français en 1927 par *L'Apothéose du dépaysement.*[7] L'exilé lui aussi perd pied et est littéralement dépaysé. Le théâtre de Fondane met en scène *l'exil* à travers une grande variété de personnages: il est représenté par le Juif à Babylone dans le *Balthazar* ou encore par le Grec déshellénisé qu'est Philoctète exilé à Lemnos dans *Philoctète* ou encore par Holgrave, exilé de sa maison et 'l'étranger' dans *Le Puits de Maule*. Significativement, les premières variantes de Philoctète étaient intitulées *Job*, comme le Job que nous trouvons dans *Les Révélations de la mort* de Chestov (1923)[8].

Dans son introduction à la réédition des *Révélations de la mort*, publié en 1958, Boris de Schloezer remarque que Fondane 'éclaire les problèmes philosophiques fondamentaux de Chestov à la lumière des cas

---

5 Ibid., p. 52

6 Léon Chestov, *L'Idée de bien chez Tolstoï et Nietzsche*, traduit du russe par T. Rageot-Chestov et G. Bataille, Paris: Editions du Siècle, 1925 (Première édition); Paris: Editions Vrin, 1949 (Deuxième édition), pp. 15 et 186.

7 Léon Chestov, *Sur les confins de la vie: L'Apothéose du dépaysement*. Traduit par B. de Schloezer , Paris: Schiffrin, 1927 (Première édition).

8 Voir *Approches* (Université de Haïfa, Israël), nr. 3, 1985, pp. 94–101.

particuliers exceptionnels, des situations tragiques'.[9] Bien que cette référence de Schloezer se rapporte au *Baudelaire* de Fondane, nous pourrions l'appliquer également à son théâtre. Il s'agit encore ici de l'exil du jardin du paradis, au-delà du Bien et du Mal, d'un exil dans le logos, dans la raison raisonnante ou encore dans la domination de la parole qui construit l'être et 'cette connaissance qui a tant de bonté pour les concepts [...] et qui sacrifie l'homme.'[10]

La seconde thématique chestovienne présente dans le théâtre de Fondane pourrait être appelée une dramaturgie de questionnements. 'La philosophie pour Chestov est ce qui questionne' disait Fondane dans sa notice nécrologique. Ainsi qu'il le notait dans son essai *Le Lundi existentiel* publié dans *L'Existence* (1945), c'est l'existant '*qui déclenche la question.*[...] l'existant en questionnant met en branle la métaphysique et met en cause la connaissance'.[11] En effet, son théâtre abonde en questionnements (entre Balthazar et ses quatre masques, entre Balthazar et le Juif, entre Philoctète et les quatre rochers, entre Philoctète et Néoptolème, ou encore entre Holgrave et les membres de la famille Pyncheon dans *Le Puits de Maule*). Ces pièces sont en elles-mêmes des interrogations: 'Il semble que jamais il n'y a pu avoir/de question qui dût attendre une réponse' s'exclame un des personnages du *Festin de Balthazar*.[12]

Enfin, soulignons en troisième lieu l'opposition entre Athènes et Jérusalem. Les pièces de Benjamin Fondane configurent la lutte entre la Raison et la foi. Sa philosophie est déjà théâtrale par les formes de sa pensée qui sont le dialogue et monologue. À l'inverse, son théâtre est déjà *philosophique* par la figure du dédoublement de soi, par ses images miroirs et par ses distanciations. L'opposition foi–raison que nous trouvons dans *Philoctète* exclut l'appel aux consolations de la morale, que Chestov rejetait, sous le personnage du jeune Néoptolème. Elle implique aussi la raison d'État (représentée par Ulysse), mais surtout un appel à Dieu qui ne répond pas. Dans *Balthazar* et *Philoctète*, comme dans

9 Léon Chestov, *Les Révélations de la mort*, traduit par Boris de Schloezer, Paris: Plon, 1958, p. xxxi.

10 Idem.

11 Benjamin Fondane, 'Le Lundi existentiel et le dimanche de l'histoire', dans Jean Grenier (ed.), *L'Existence*, Paris: Gallimard, 1945, p. 34.

12 Benjamin Fondane, *Le Festin de Balthazar*, édition établie par Eric Freedman, St Nazaire: Arcane 17, 1985, p. 27.

l'œuvre de Chestov, l'idée de Dieu n'est qu'une idole ou un dieu–pierre, au contraire du Dieu de la Bible, celui de Job et de Daniel qui existe même dans le silence et l'absence. 'La grande seule ressource actuelle de Dieu est – me semble-t-il – de ne pas montrer son visage' écrivait Fondane dans sa préface au *Festin de Balthazar*. Chestov avait dit à Fondane selon son témoignage en 1938: '*Malgré l'évidence*, [le Juif] se lamente vers Dieu; il demande des secours; il croit que *Dieu peut*. [...] Moi non plus je n'ai pu surmonter cette difficulté: je n'ai pu que lutter (...) *on ne lutte contre les évidences que lorsque l'empirique a vaincu*.' [13]

À ces grandes thématiques chestoviennes, il faut ajouter celle de l'empirisme de la logique rationaliste et du totalitarisme politique. Le problème de la connaissance pour Chestov se rapporte plutôt à la connaissance en tant que problème ou privation de liberté. Il s'agit bien entendu de la liberté absolue du jardin d'Eden, mais aussi de celle dont le totalitarisme politique est la privation.

Fondane est devenu philosophe pour affronter les idées de Chestov. Le développement de sa dramaturgie constitue sa façon de 'réaliser', de 'mettre en scène' la philosophie, de mettre en scène les cris de sa viscéralité. Fondane se considérait le disciple de Chestov, mais nous n'avons pas encore trouvé un document où il se dit *théâtralement* son disciple, bien que les idées de Chestov animent toutes ses pièces, à travers l'influence de vingt années de dialogue, d'écoute, de discussions et de souvenirs. À cet égard, nous pouvons faire un parallèle avec Ionesco qui reconnaît l'influence de Chestov sur son théâtre, dans un article intitulé: 'Chestov nous ramène à l'essentiel' dans *Le Monde* au début des années 70. Cette influence de Chestov sur Ionesco a été soulignée en 1974 par Alan Bettler dans une communication sur le principe de contradiction dans le théâtre de l'absurde, surtout dans la perspective du vide du langage et de 'la lutte contre les évidences.' Cependant, alors que dans le théâtre de Ionesco, les évidences représentent la logique raisonnante, la faillite de la logique, les évidences contre lesquelles luttent les personnages du théâtre de Fondane, *ne sont pas seulement la logique raisonnante, mais la Raison en tant que pouvoir totalitaire de la raison d'Etat*. Nous retrouvons cette dimension dans le *Balthazar*, le *Philoctète* ou encore chez le Juge Pyncheon du *Puits de Maule*. Face au pouvoir totalitaire, il n'y a que '[le] cri, [la] prière, [l']acte magique'.

---

13 Benjamin Fondane, *Rencontres avec Léon Chestov*, op. cit., p. 160.

'Les cris de Job ne sont pas seulement des cris' écrit Fondane en 1938.[14] Pour lui, nous le savons, 'chercher en gémissant' représente 'la méthode philosophique par excellence', que le personnage de Philoctète-Job illustre parfaitement. Comme chez Ionesco, cette dimension n'exclut pas le rire chez Fondane, puisque pour lui 'le rire est aussi un "argument", une "démonstration", une "preuve"', ainsi qu'en témoignent les scènes comiques du *Balthazar*, du *Puits de Maule* et même la brève scène comique d'Ulysse déguisé en marchand dans le *Philoctète*.

Il est possible qu'il y ait une composante autobiographique dans les incessantes interrogations des personnages de Fondane, comme si le dialogue entre Chestov et lui continuait à travers les masques de Balthazar, les rochers de *Philoctète* ou encore les personnages qui gravitent autour de la famille Pyncheon dans *Le Puits de Maule*. Par exemple, les rochers masqués de *Philoctète*, avec leurs commentaires cinglants, évoquent semble-t-il, 'les rochers dotés de conscience' dont parle Spinoza selon Chestov: 'le but de Spinoza: convaincre les hommes que l'idéal de l'existence humaine est la pierre douée de conscience', et Chestov pose la bonne question, aussi pertinente aujourd'hui qu'alors: 'Personne n'est intéressé à ce que les pierres soient transformées en êtres pensants, mais beaucoup sont intéressés à ce que les hommes vivants soient transformés en pierres. Pourquoi?'[15]

Nous savons qu'en Roumanie Fondane écrivait sous des identités multiples, de telle sorte peut-être que nous pourrions dire de lui ce que Rüdiger Safranski écrit dans sa biographie du jeune Nietzsche: 'ce n'est pas un adolescent qui s'interroge sur son identité, mais déjà un penseur qui essaie des "je" multiples, des masques, car, selon Nietzsche, 'tout ce qui est profond aime le masque.'[16] Si le masque est le propre du théâtre, le masque du masque et, par conséquent, le théâtre dans le théâtre, sont le propre du rite, du rituel, de cet acte magique qui laisse entendre le cri, la supplication, la prière que les autres personnages entendent ou non, que nous entendons ou non, et que Dieu entend ou non. Rappelons que le mot 'absurde' a pour étymologie 'totalement sourd'. Est-ce le théâtre et

---

14 Benjamin Fondane, 'Léon Chestov et la lutte contre les évidences,' *Revue philosophique*, juill.–août 1938, p. 47.

15 Léon Chestov, *Athènes et Jérusalem*, Paris: Flammarion, 1967, p. 67.

16 Rüdiger Safranski, *Nietzsche. Biographie d'une pensée*, traduit par Nicole Casanova, Paris: Solin/Actes Sud, 2000.

ses personnages qui sont absurdes ou bien nous? Ainsi, les masques dans le théâtre de Fondane sont aussi des avocats philosophiques, des porte-parole métaphysiques, que ce soit les masques de Balthazar: la Raison, la Folie, l'Esprit et la Mort ou, dans *Philoctète*, le porte-parole de l'Ordre et de la Raison d'Etat qu'est Ulysse, celui de l'éthique Kantienne qu'est Néoptolème, et celui du stoïcisme, et ensuite de la révolte de Job, que représente Philoctète.

En quoi le théâtre de Fondane est-il existentialiste? Son théâtre est existentiel dans le sens où il parle non pas *au sujet de* l'existence mais *en tant qu'*existence. Existence blessée et exilée, il parle en tant qu'existant de l'être souffrant qui crie sa souffrance. Chestov également est attentif aux souffrances physiques de Pascal et de Nietzsche, mais aussi à la 'souillure intérieure' (*innere Besudelung*) de Nietzsche.[17] Le cri de Philoctète est aussi celui de Chestov, l'appel contre la Nécessité, contre la Raison chez 'l'esclave d'une raison gonflée'.[18] Il est aussi le cri de Jérusalem contre Athènes dans une pièce 'déshellénisée'; Philoctète ne crie-t-il pas à Néoptolème: 'Ah! ah! et que ce cri écrase/ entre son index et son pouce/ la plus noble pensée du monde/ il ne faut pas servir, enfant,/ de la *pensée* à ceux qui souffrent/ et qui demandent guérison'.[19] Le point de vue de Fondane est celui de l'existant sur la Connaissance[20]; ce qu'il écrit pourrait aussi bien s'appliquer au Juif exilé dans le *Balthazar*, à Philoctète blessé ou à Clifford Pyncheon injustement emprisonné dans *Le Puits de Maule*: '[le] simple existant, fini et misérable; [...] la guérison du paralytique ou la faim de l'homme passent *avant* les intérêts de l'Histoire et ceux de la raison universelle'.[21]

Quels sont les liens entre l'existentialisme et le cri, la prière et le prophétisme dans le théâtre de Fondane?

> Il ne reste à la philosophie existentielle que le cri [...] Qu'adviendra-t-il [...] de la voix de l'existant qui crie qu'il lui est impossible de vivre si ses questions ne sont pas prises au sérieux, ce cri immense de la misère et de la souffrance humaine au long des âges, ce long gaspillage d'espoir et de désespoir *dont nous cherchons en*

17 Léon Chestov, *L'Idée de Bien chez Tolstoï et Nietzsche*, Paris: Vrin, 1949, p. 203.
18 Benjamin Fondane, *Philoctète,* manuscrit inédit, p. 30.
19 Benjamin Fondane, *Philoctète*, p. 31.
20 Benjamin Fondane, 'Le Lundi existentiel et le dimanche de l'histoire', op. cit., p. 31.
21 Ibid., p. 28.

vain le moindre écho dans toute l'histoire de la philosophie? Point n'est besoin de *dramatiser* ce thème; il est suffisamment dramatique par lui-même.[22]

Fondane a précisément dramatisé ce cri et cette thématique dans ses pièces. 'Mais il y a toujours moyen de se tirer d'une difficulté: nous imaginerons, partant, que le poète et le prophète sont des êtres raisonnables qui ne peuvent demeurer insensibles à nos arguments.'[23] Ecoutons en effet le cri de Philoctète-Job: 'Comment se tirer d'un problème/ qu'on ne résout que par la force/ quand la force vous a quitté?'[24] Pour Fondane par conséquent, la pensée existentielle prend en compte aussi la possibilité de mal poser la question: 'la pensée existentielle [a] le droit de penser que [...] nous avons mal questionné.'[25] Cela nous rappelle le cri de Balthazar à la fin de la pièce: 'Ai-je questionné en un mauvais langage?/ ai-je mal questionné?'[26]

L'acte existentiel, dramatisé dans *Le Festin de Balthazar* et dans *Philoctète*, est aussi celui de la prière. 'Aimer, crier, prier, voire se révolter ou se résigner sont des actes qui façonnent [la philosophie] quelque peu.'[27] Balthazar crie qu'il souhaite boire dans la coupe sacrée du Temple,[28] Philoctète pour sa part crie à Zeus: 'Je t'appelle dans ma misère/ ma voix crie après toi. Elle t'appelle et te provoque.'[29] Cet acte de prière est un des liens entre le théâtre existentiel de Fondane et le judaïsme – vers un existentialisme juif, qui est illustré d'une façon différente par Buber et Rosenzweig: 'Seul parmi les livres, *Le Livre* craque sous la pression d'une possibilité infinie [...] seul il nous révèle le sens, la portée et la solution du mystère qui fait de l'existant un *aliéné* irrésistiblement poussé à succomber à la *magie*.'[30] La philosophie existentielle est donc mise en rapport avec la pensée prophétique: 'Si vous

---

22 Ibid., pp. 42.

23 Ibid., pp. 43.

24 Benjamin Fondane, *Philoctète*, manuscrit inédit, p. 49.

25 Benjamin Fondane, 'Le Lundi existentiel et le dimanche de l'histoire', op. cit., p. 46.

26 Benjamin Fondane, *Le Festin de Balthazar*, op. cit., p.71.

27 Benjamin Fondane, 'Le Lundi existentiel et le dimanche de l'histoire', op. cit., p. 47.

28 Benjamin Fondane, *Le Festin de Balthazar*, op. cit. p. 53.

29 Benjamin Fondane, *Philoctète*, manuscrit inédit, p. 46.

30 Benjamin Fondane, 'Le Lundi existentiel et le dimanche de l'histoire', op. cit., p. 48.

êtes de ceux qui ont crié que la logique ne saurait résister à un homme qui veut vivre [...] votre passion sera existentielle'[31] dit Fondane – et il en va de même des passions de Balthazar, de Philoctète et d'Holgrave. Ce désir de vie est aussi cependant celui de la liberté et de l'espoir: 'Je veux bien recevoir des coups (mais) ma liberté c'est de ne pas recevoir des coups [...] rien ne saurait me persuader qu'il n'y aurait jamais un changement; rien ne saurait briser mon espoir'.[32] Philoctète crie lui aussi que: 'L'homme est plus fort que tout s'il a bien le sentiment de ne puiser qu'en soi/ la matière poreuse du monde/ et cette liberté' qui 's'engendre elle-même!/ Vous pouvez me cracher au visage/ mais cette puissance impondérable/ elle est à moi.'[33]

Les idées exprimées par Philoctète, résultant de sa blessure nauséabonde, de même que celles exprimées par Balthazar, dans sa folie de défiance, ou encore celles exprimées par Holgrave, dans sa recherche de justice, paraissent refléter, suivant Chestov, ce que Fondane a défini comme 'métaphysique' dans *La Conscience malheureuse:* 'la pensée d'un homme que le réel offense, que la nécessité blesse, que la finitude humaine remplit de colère et de révolte.'[34] Ses pièces sont aussi des 'mystères' (du grec *musterion*: lèvres scellées) où l'on cherche à déceler et à découvrir le trésor volé de Balthazar, la force secrète de Philoctète, le trésor caché des Maule. Ses textes, comme ceux de Chestov, mènent au nom imprononçable de Dieu et à l'interrogation sur son silence: 'Un texte dont on n'a pas la clef.'[35]

'Que fera l'homme' – dit Balthazar – 'si Dieu ne répond plus?' Nous pouvons lier ce texte à ce que Fondane écrivait dans son essai sur Chestov en 1936: 'Si le Juif, seul dans l'Antiquité, a témoigné de la présence effective de Dieu, du moins pourrait-il, dans le monde moderne, être seul à témoigner avec la même angoisse, de l'absence de Dieu.'[36] Présence et absence de Dieu, à travers les cris de Job, lient Chestov à Fondane. Dans *Le Livre de Job* (6, 2-3), nous lisons: 'Oh! Si

31 Ibid., p. 50.

32 Benjamin Fondane, *La Conscience malheureuse*, Paris: Editions Plasma, 1979, p. 196.

33 Benjamin Fondane, *Philoctète*, manuscrit inédit, p. 12

34 Benjamin Fondane, *La Conscience malheureuse*, op. cit., p. 245.

35 Benjamin Fondane, *Le Festin de Balthazar*, op. cit., pp. 39, 72.

36 Benjamin Fondane, 'À la recherche du judaïsme perdu', *Revue juive de Genève*, IV, 1936, p. 328.

l'on pouvait peser mon affliction, mettre sur une balance tous mes maux ensemble! Mais c'est plus lourd que le sable des mers: aussi mes propos s'égarent.' Dans le même sens, Chestov écrit, à la fin de son essai sur la philosophie de Pascal:

> Qui fera que la douleur de Job l'emporte en pesanteur sur le sable de la mer? […] Dieu lui-même a ajouté ses souffrances aux souffrances de Job, et vers la fin du monde, la douleur divine et humaine l'emportera en pesanteur sur le sable de la mer. [37]

Dans son exil, dans son appel à Dieu, Philoctète-Job-Fondane dit:

> Je vous parlerai simplement
> sans amertume, ni rancune,
> sans poésie
> mais puisse ma voix déposer
> en toi, comme en un verre d'eau
> de grandes branches de lumière.
> Vienne le jour du Jugement!
> et on verra sur tes balances
> qui pèse plus lourd, plus amer,
> de la vérité éternelle
> ou de la souffrance des hommes.

37 Léon Chestov, *La Nuit de Gethsémani. Essai sur la philosophie de Pascal*, Paris: Grasset, 1923, p. 160.

Part 4

Privileged Interlocutors, Contemporary Debates

MONIQUE JUTRIN

Bespaloff, Chestov, Fondane – différends et connivences

'Ainsi Chestov reste au centre de notre amitié et de notre désaccord.'[1]

Chestov n'était guère favorable à ce que l'on désigne communément par le terme de 'disciple'. Pouvait-il en avoir, alors qu'il prétendait ne transmettre aucune doctrine, aucun savoir, – le savoir étant péché, nul homme ne peut enseigner une autre doctrine que celle du péché [2] – et surtout ne pas donner de réponse à celui qui lui demanderait: 'que faire?' Plutôt que d'être 'suivi', il lui importait que sa question fût entendue.

Il fut toutefois, et malgré lui, le maître de Fondane, et celui-ci devint son 'élève', à son insu. Même si Fondane suivit sa voie propre, l'on peut dire qu'il lui resta 'fidèle' jusqu'au bout.

Si Fondane est considéré aujourd'hui comme le seul 'disciple' de Chestov, ne pourrait-on joindre à son nom celui de Rachel Bespaloff: en effet, son père, le docteur Daniel Pasmanik, originaire d'Ukraine, l'avait introduite auprès de son ami, Léon Isaakovitch. Rachel Bespaloff a souvent évoqué leur première rencontre rue de l'Abbé Grégoire en 1925: 'Je ne me souviens que de deux ou trois phrases de Lev Isaakovitch, mais ses paroles éveillèrent en moi quelque chose qui ne pouvait plus s'éteindre' écrit-elle à l'épouse de Chestov après sa mort.[3] 'Il n'y a peut-être pas d'attachement profond sans gratitude à l'origine' confie-t-elle à

1 Lettre du 7 janvier 1939 de Rachel Bespaloff à B. Fondane (Archives Michel Carassou).

2 B. Fondane, 'A propos du livre de Léon Chestov: *Kierkegaard et la philosophie existentielle*', *Revue de philosophie* nr. 37, sept.–oct. 1937, pp. 381–414.

3 Lettre du 28 août 1938, in Nathalie Baranoff-Chestov, *Vie de Léon Chestov*, tome II, Paris: La Différence, 1993, p. 138.

Jean Wahl, ajoutant que la pensée de Chestov ne peut être un aliment que pour celui qu'elle éveille.

Lorsqu'elle apprend la mort de Chestov, elle s'en veut de ne pas lui avoir témoigné une dernière fois son affection et son attachement, et regrette qu'il n'ait 'jamais admis que la fidélité pût subsister et même croître au sein du désaccord.'

Qui était Rachel Bespaloff ? Née en 1895 dans une famille originaire d'Ukraine, elle grandit à Genève, où elle étudia la musique au Conservatoire. A l'âge de 20 ans elle quitta Genève pour Paris. Après son mariage en 1922, elle abandonna une carrière musicale qui s'annonçait brillante. L'on ne sait exactement quand elle commença à écrire. D'après Daniel Halévy,[4] c'est son mari qui révéla le talent d'écrivain de Rachel, lui dérobant à son insu ses manuscrits pour les lui montrer. Ensuite Daniel Halévy les fit lire à Gabriel Marcel et à d'autres philosophes. Son premier article, 'Lettre sur Heidegger à M. Daniel Halévy', parut en 1933 dans *La Revue philosophique de la France et de l'étranger*, presque en même temps que celui de Fondane dans les *Cahiers du Sud*. Elle fut, avec Fondane et Gurvitch, parmi les premiers à s'intéresser à Heidegger en France. Tout comme Fondane, elle s'en écarta rapidement: 'que reste-t-il de Heidegger quand on fait le compte de ce qu'il doit à Kierkegaard et à Husserl ?' écrit-elle à Chestov. Entre 1932 et 1939 elle publia d'autres articles dans *La Revue philosophique* ainsi que dans la *Nouvelle Revue Française*: ce sont des textes consacrés à Kierkegaard, à Gabriel Marcel, à Malraux, à Jean Wahl. En 1938 paraît son premier livre, *Cheminements et Carrefours*, chez Vrin. Très mécontent du chapitre qui lui est consacré, Chestov le lui reproche amèrement. C'est pour 'adoucir cette amertume', comme elle l'écrit à Henri Gouhier, qu'elle décide de lui dédier le volume.

La même année 1938, souffrant d'une dépression nerveuse, elle va se soigner en Suisse, à Montana. Elle suit attentivement les événements politiques, les analyse avec une étonnante lucidité, ainsi qu'en témoigne sa correspondance. Bien qu'il lui soit dur de s'arracher à la France, en juillet 1942 elle s'embarque pour New York accompagnée de son mari, de sa fille, de sa mère. A son arrivée, elle travaille d'abord à la radio, dans la section française de la Voix de l'Amérique, ensuite au Collège de Mount Holyoke. Elle y termine son second livre, *De l'Iliade*, entamé dès

4 Témoignage publié dans la revue *Conférence* nr. 6, 1998.

1939. Publié en français en 1943 chez Brentano's, il fut ensuite traduit en anglais.[5]

Les événements de la guerre ont profondément retenti en elle, et le sort du peuple juif ne cesse de la hanter. En 1948, la création de l'Etat d'Israël la réjouit profondément: elle y voit 'la seule réponse possible au génocide'. (Elle y fait de nombreuses allusions dans sa correspondance.) Selon elle, pas une seule valeur, chrétienne ou juive, qui soit 'périmée', mais pas une seule qui ne doive 'être jetée dans le creuset de nos souffrances, pour être fondue à nouveau', écrit-elle au père Fessard en 1949.[6]

Rachel Bespaloff avait de grands dons d'épistolière, sa correspondance avec ses amis français est passionnante. On apprend qu'elle mène une vie précaire: souvent exténuée, elle ne trouve ni le temps ni la force de créer. Son séjour aux Etats-Unis est vécu comme un exil, sa patrie intellectuelle reste la France. Elle interroge avidement ses amis sur la vie culturelle et politique à Paris. Grâce à leur entremise, en particulier grâce aux efforts de Boris de Schloezer , elle parvient à faire publier quelques articles: des notes sur Van Gogh, une longue étude sur Montaigne, son dernier article, posthume, consacré à Camus. Elle rencontre Sartre lors de son passage à Mount Holyoke. Impressionnée par son intelligence, elle tient toutefois à marquer son désaccord sur 'Qu'est-ce que la littérature' dans un article où elle traite la démarche sartrienne de 'falsification' et de 'mauvaise foi'.[7] Un grand nombre de textes demeurent inachevés: elle avait entrepris une vaste étude sur le temps, qui devait comprendre un essai sur Proust.

Le 6 avril 1949, Rachel Bespaloff met fin à ses jours. Personne ne comprit ce suicide: elle était appréciée de ses collègues, aimée de ses élèves, elle semblait en pleine période créatrice. Aucun de ses proches, même ceux à qui elle parlait de son extrême lassitude, ne paraît avoir perçu la fêlure, le mal qui la rongeait. Au-delà de l'intelligible et du dicible, cet acte relève du secret intime. Après coup, l'on ne peut que méditer certaines propositions qui soudain apparaissent comme significatives: 'Je n'en puis sortir que par le suicide, la folie, la mort – ou par un acte créateur qui supprime du même coup la raison d'être de l'activité philosophique' peut-on lire dans son texte sur Chestov. Ou encore, à

---

5 Ce texte a été réédité aux éditions Allia en 2004.

6 Lettre publiée dans *Deucalion* nr. 5, oct. 1955, Neuchâtel.

7 Article publié dans *Fontaine*, nov. 1947.

propos de Van Gogh: 'Certains individus semblent marqués d'un signe – élection ou disgrâce – qui les voue aux fatalités de l'échec.'[8] En décembre 1947, dans une lettre à Boris de Schloezer: 'On est toujours responsable – traduisons: coupable. Malheureusement on ne peut briser avec soi-même. On est libre, et on ne l'est pas.'[9]

Ma propre rencontre avec Rachel Bespaloff date de novembre 1999. C'est en lisant sa correspondance avec Jean Wahl[10] que je fus envoûtée par cette voix de femme, lucide, sensible, intelligente. Elle n'avait auparavant été qu'un nom, cité par Fondane dans ses *Rencontres avec Chestov.* La première image que j'avais perçue d'elle avait été filtrée par le témoignage de Fondane rapportant ses propos. Il était clair qu'elle irritait Chestov et Fondane. Ils lui reprochaient de trahir la pensée de Lev Isaakovitch. C'est en tentant de comprendre leur désaccord, que je commençai à m'intéresser à elle. Etait-il possible, comme elle le prétendait, que la fidélité puisse subsister dans le désaccord ?

L'on peut suivre le 'cheminement' de leurs différends dans les *Rencontres avec Chestov* (Plasma, 1980). C'est en effet chez Chestov que Fondane a rencontré Bespaloff. L'on devine qu'ils ont discuté âprement, d'après une dédicace de Fondane sur le tiré-à-part de son article sur Heidegger: 'En souvenir de tant de joutes dialectiques, avec prière d'être bonne'.[11] L'on apprend qu'en 1933 elle est fort impressionnée par *Rimbaud le voyou.* Elle est souvent mentionnée en relation avec Gabriel Marcel, Boris de Schloezer, Lucien Lévy-Bruhl. C'est elle qui rapporte à Chestov les propos de ceux qui éprouvent une 'résistance' envers sa pensée: 'Chestov', dit Gabriel Marcel, 'frappe à une "fausse porte" ou plutôt frappe là où il n'y a pas de porte du tout.'

Quand, grâce à Husserl, Chestov découvre la pensée de Kierkegaard, il mobilise ses amis, les incitant à écrire des comptes rendus des traductions françaises. Fondane en écrivit dans les *Cahiers du Sud* et Bespaloff dans *La Revue philosophique.* C'est en 1935, à propos de Kierkegaard, que les signes d'un désaccord se manifestent clairement; ils se précisent encore après la parution d'un article de Bespaloff sur

8 Article publié dans *Fontaine,* mars 1946.

9 Les lettres de Rachel Bespaloff à Boris de Schloezer sont conservées dans le fonds B. de Schloezer de la Bibliothèque Louis Notari de Monaco.

10 Elle est conservée dans le fonds Jean Wahl de la Bibliothèque de l'IMEC.

11 Ce texte nous a été communiqué par Patricia Albright, conservatrice à la Bibliothèque de Mount Holyoke College.

Malraux dans la *N.R.F.* (le rapprochement entre Malraux et Dostoïevski déplaît à Chestov). Rappelons aussi que Malraux, tout en se disant marqué par Chestov, s'était opposé à la publication de son livre sur Kierkegaard chez Gallimard. Ce que Fondane reproche, tant à Bespaloff qu'à Wahl, dans son article 'Héraclite le Pauvre' (publié en 1935 dans les *Cahiers du Sud*), c'est de rendre 'pensable' le drame de Kierkegaard, de le rendre 'acceptable'. Il reconnaît même dans les propos de Bespaloff 'une attaque à main armée contre Chestov et sa lutte contre les évidences'.

Le 14 juillet 1936 Rachel Bespaloff écrit à Fondane une longue lettre qui éclaire ce débat.[12] Après lui avoir déclaré qu'il ne lui a pas déplu d'être malmenée 'avec cette partialité fougueuse mais lucide, qui ne rétrécit jamais le débat', elle le remercie pour l'envoi de la *Conscience malheureuse.* Il y a là un passage qui me semble capital pour comprendre le sens du différend qui les sépare:

> Ce qui nous sépare c'est, à vrai dire, un point capital qui, chez vous et chez moi, est l'expression d'une donnée première de la sensibilité. Tout se résout, pour vous, à une lutte entre le 'le savoir qui conseille obéissance' et 'l'espoir qui conseille rébellion'. Pour moi, plus je vais, plus il me semble que, sous le malheur de la conscience, il y a d'abord le malheur de l'existence même. Avant d'être 'accablée de sa propre connaissance', l'existence succombe sous son propre poids.[13]

Si Bespaloff ne conteste nullement l'utilité de l'insurrection contre l'absolutisme de la raison, elle estime toutefois que la raison n'est pas nécessairement ennemie, et peut constituer une panacée pour tenter de résoudre le tragique de l'existence, lui fournissant un 'alibi', ce qui explique d'ailleurs pourquoi elle nous tient ensorcelés. Alors que Fondane voit 'la source de notre dissension intime' dans le conflit 'entre deux pensées antagoniques irréductibles' (la pensée de participation et la pensée rationnelle), il n'en va pas ainsi pour elle: ce conflit ne représenterait que l'écho d'un conflit plus obscur, d'un malaise plus caché.

À Fondane qui prétend que le primitif possède plus de réel que nous, elle rétorque: là où le primitif se sauve dans la magie, nous nous

---

12 Lettre publiée dans *Le Voyageur n'a pas fini de voyager,* Paris-Méditerranée, 1997.

13 Ibid., p. 119.

évadons dans la science. Le péché originel, mais aussi la possibilité de salut, lui apparaissent consubstanciels à l'existence. 'Je crois', dit-elle, 'que toutes les séductions du serpent fussent restées vaines et que jamais l'arbre de la Connaissance n'eût été préféré à l'Arbre de Vie si, à sa racine même, celui-ci ne portait une blessure.' Ainsi, ce qui les sépare, comme elle l'analyse très lucidement, c'est 'une donnée première de la sensibilité'. Elle insiste sur les points où ils sont pleinement d'accord, citant Fondane: 'La recherche est donnée dans la *contradiction* [souligné par R. B.], et le Réel dans l'échec de toute tentative de l'appréhender'. 'Et l'on ne dira jamais assez', ajoute-t-elle, 'la libération que Chestov apporte à la pensée en cassant les vitres contre quoi elle se cogne. Mais que peut la seule pensée, même libérée ?'

Tout ceci nous amène à nous interroger sur la conception du Mal chez Bespaloff: avait-elle sa propre explication de l'existence du Mal ? se réfère-t-elle à quelque pensée précise tentant d'élucider le problème ? S'agit-il du *fatum* grec, de la Fatalité telle qu'elle la décrit dans *De l'Iliade*?[14] C'est l'existence d'un malheur diffus 'd'avant le divorce de la nature et de l'existence' (p. 23), une chute qui ne précède aucun état d'innocence et ne suit nulle rédemption (p. 33): pas de péché, pas de responsabilité humaine, mais une faute subie qu'on ne peut réparer dans la culpabilité diffuse du devenir. Or, sa conception du Mal ne peut se confondre avec celle d'Homère et des tragiques, pas plus qu'elle ne se confond avec celle du péché originel chrétien. Car, dit-elle, 'péché et possibilité de salut sont consubstanciels à l'existence': il s'agit là d'une blessure originelle, d'une lésion, d'une fêlure qui *peut* être réparée. Ce malheur qui est dans l'existence, à sa source même, n'exclut ni l'espoir ni la foi. C'est ainsi que l'on ne peut s'empêcher de rapprocher cette conception du Mal de la pensée gnostique. Pour les gnostiques, la vie, la pensée, le devenir humain et planétaire, sont ressentis comme une œuvre manquée, limitée, viciée dans ses structures les plus intimes. Tout porte la trace d'une imperfection originelle. Il y a toutefois dans l'homme quelque chose qui échappe à la malédiction de ce monde, un feu, une étincelle, une lumière issue du vrai Dieu, lointain, inaccessible, étranger à l'ordre pervers de l'univers; la tâche de l'homme serait de regagner sa

---

14 *De l'Iliade*, texte auquel elle travaille depuis 1939, publié en 1943 à New York chez Brentano's.

patrie perdue. Or, la pensée gnostique est à la source du mysticisme juif, de la Kabbale.

Dans la Kabbale l'on retrouve la notion centrale de chute, d'exil. Cette chute ne constitue pas une punition, elle est le résultat de certains traits intrinsèques de l''étincelle' contenue dans l'âme humaine. Selon la Kabbale de Luria, la racine de tout mal est déjà latente dans l'acte du *Tsimtsum,* terme qui signifie contraction et implique une autolimitation de la toute-puissance divine. Rattachons-y la notion de *Brisure des vases* (Shevirath Ha Kelim): cause de cette déficience intérieure, inhérente à tout ce qui existe et qui persiste tant que le dommage n'est pas réparé. Le salut n'est autre que la restitution, la restauration, *Tikkun* en hébreu, fin secrète de l'existence.[15]

Il ne s'agit pas d'assimiler la pensée de Bespaloff à celle de la Kabbale. Il est toutefois troublant de constater que son expérience, telle qu'elle la décrit, dans sa formulation même, évoque certains aspects de la Kabbale de Luria. Si Bespaloff a toujours rejeté le mysticisme dans ses écrits, il se peut qu'elle ait été imprégnée à son insu de certaines notions de la Kabbale présentes dans le Hassidisme; son père, Daniel Pasmanik, auteur de textes sur le judaïsme, aurait pu les lui avoir transmises.[16]

Après la mort de Chestov, au printemps 1939, Bespaloff revoit une dernière fois Fondane à Paris. Auparavant elle lui avait écrit pour le remercier de l'envoi de son *Faux Traité d'esthétique.* 'Pas une seule de vos idées – prises en elle-même – que je puisse accepter' lui dit-elle. 'Et pourtant, dans votre polémique avec Breton et Caillois, je suis *entièrement de votre côté*' [souligné par R. B.]. Ainsi, Chestov reste au centre de notre amitié et de notre désaccord'. Mais l'essentiel est que son livre la fasse 'penser plus fort, sentir plus fort, et que lui-même s'y révèle.' 'Nous savons bien, vous et moi, que *les philosophes n'ont pas vaincu*' [souligné par R. B.]. Elle souligne ainsi leur appartenance à un même 'camp'.

En janvier 46 une lettre de Boris de Schloezer lui apprendra l'assassinat de Fondane à Auschwitz. 'Cette terrible fin de Fondane pour laquelle je ne trouve pas de parole', écrit-elle à de Schloezer. 'Nous

---

15 Voir Gerschon Scholem, *Les Grands courants de la mystique juive,* Paris: Payot, 1977; Moshe Idel, *Les Chemins de la Kabbale* , Paris: Albin Michel, 2000.

16 Daniel Pasmanik, *Die Seele Israels*, Cologne: Jüdischen Verlag, 1911.

n'étions jamais d'accord mais j'avais beaucoup d'amitié pour lui. Le voilà donc avec ces six millions de nos morts – qui sont peut-être morts pour rien. Ce "peut-être" m'empoisonne.'

Dans ses derniers écrits elle jauge les auteurs d'après leur capacité de se mesurer à la Shoah. Ainsi, elle se demande ce que vaut la sagesse d'un Montaigne, qui ignore la tragédie et la tient à distance: 'Peut-on bénir la vie dans les wagons à bestiaux, à destination des usines à meurtre?'[17] Et, dans un manuscrit inachevé, l'on trouve cette réflexion qui semble s'adresser à son ami disparu:

> [...] mais là où le dernier choix n'existe plus, où il s'agit de mourir dans le wagon à bestiaux, dans la chambre à gaz ou sous la torture, l'homme trouve-t-il une suprême ressource qui lui permet d'affirmer son être au-delà de sa propre destruction? Pas de réponse à cette question: seuls pourraient répondre ceux qui n'ont pas survécu. La dialectique de l'instant reste suspendue à cette impossible réponse.[18]

Durant leur dernière rencontre, en avril 39, Fondane avait vivement reproché à Bespaloff son article sur Chestov dans *Cheminements et Carrefours*. Publié chez Vrin en 1938, ce livre contient cinq essais sur: Julien Green, André Malraux, Kierkegaard, Gabriel Marcel et Chestov. Dans son compte rendu paru dans les *Cahiers du Sud* (nr. 218, 1939), Fondane prétend qu'il voit mal 'le lien interne qui réunit sur un même plan des penseurs et des hommes de lettres de proportion et de signification si inégale.' Ce lien interne, ce sont les questions que l'auteur du livre pose aux textes divers. À travers chacun d'entre eux, elle vibre à une expérience particulière, elle traque l'instant de vérité, de liberté. Il s'agit d'une lecture existentielle centrée sur ce que Bespaloff nomme 'l'expérience éthique'.

'Deviner les êtres à travers les textes: entreprise douteuse qui ne vaut que pour celui qu'elle tente', affirme-t-elle dans son introduction. Elle définit son cheminement le long d'une œuvre comme un 'trajet d'une expérience fragmentaire à l'affût du réel'. Démarche qui nous apparaît fort semblable à celle de Chestov ou de Fondane. Comme Chestov, comme Fondane, Bespaloff s'intéresse à des hommes plus qu'à des auteurs: 'la vérité n'est pas au terme d'une recherche méthodique mais au terme d'une compréhension profonde qui ne s'ouvre que lorsque

17 'L'instant et la liberté chez Montaigne', *Deucalion*, nr. 3, 1950.

18 Fonds Boris de Schloezer, Bibliothèque Louis Notari de Monaco.

notre propre existence est mise en branle et est *directement intéressée* à la solution recherchée.' [19]

Tout au long du chapitre intitulé 'Chestov devant Nietzsche', elle discute âprement avec Chestov, lui opposant Nietzsche. Un passage a particulièrement irrité Chestov, lui faisant dire qu'il n'avait jamais été aussi mal compris. C'est au moment où Bespaloff note 'l'impuissance de sa pensée à se détacher de la pensée spéculative pour accomplir son propre destin' (p. 193). Elle voit cette pensée rivée à son ennemie dans le corps-à-corps d'une lutte désespérée, incapable d'acquérir par la foi cette troisième dimension qui l'obligerait peut-être à se nier. Une métaphore vient incarner cette situation:

> Je perds pied, je suffoque, une lame m'abat, je m'enfonce. De la rive, Chestov m'ordonne: 'marche sur les eaux, *tu le peux*.' Cette injonction, si elle m'atteignait, moi qui me noie, me paraîtrait sans doute une dérision. Seul aurait le droit d'exiger l'impossible celui qui lui-même 'marcherait sur les eaux' et me donnerait le pouvoir d'en faire autant. Or Chestov refuse de quitter la rive, d'incarner sa vocation prophétique: il se cramponne à la philosophie, à ce qui peut être pensé, exprimé, à ce qui est là parce qu'on en parle avec une certaine force et une certaine intensité.[20]

En somme, Bespaloff retourne à Chestov le reproche qu'il adresse lui-même aux autres. Elle lui reproche de rester trop attaché à la philosophie spéculative qu'il attaque si ardemment. 'Tant qu'il reste philosophe, écrit-elle, il est facile d'avoir raison contre Chestov, mais on ne peut avoir raison de lui.' Car il est un moment où s'arrête l'argumentation, où il ne s'agit plus d'avoir tort ou raison. L'on écoute une voix, l'on aperçoit une vérité au-delà du texte. Et là elle reconnaît sa force, son pouvoir: 'on ne peut avoir raison de lui.' Car il y a tout ce qui émane de la personne de Chestov, sa voix, son regard, tout ce qui se perçoit au-delà des mots et qui ne peut être circonscrit par le langage conceptuel. Tout ceci est, pour elle, plus persuasif que sa philosophie. Se dégage ici une notion qui rappelle ce que Aristote nomme l'*ethos* dans sa *Rhétorique* (1377b).[21]

---

19 Rachel Bespaloff, Introduction à *Cheminements et Carrefours*, Vrin 1938.

20 Ibid., p. 193.

21 Selon Aristote l'ethos est un élément fondamental de la persuasion: ensemble des traits caractérisant l'orateur qui servent de moyens de persuasion dans la mesure où ils lui permettent de gagner la confiance et le soutien de son auditoire.

L'on comprend que Bespaloff attendait de Chestov une aide plus concrète, une vérité qu'elle eût pu s'approprier, un secours immédiat. Car où saisir l'absolu au nom de quoi il mène sa lutte ? Il ne résout, dit-elle, ni la question de Dieu, ni celle de la foi.

En somme, elle voit en lui un prophète. Mais, alors que les prophètes bibliques nous disent comment exterminer le mal, il refuse de nous donner une réponse précise. Vers la fin de ce texte, elle semble se rétracter: 'Je lui ai reproché de se vouloir philosophe, fantôme, pur esprit, … mais si j'avais tort ? Peut-être son destin lui commande-t-il de rester en luttant – au prix d'une solitude et d'une incompréhension qui ne finiront qu'avec sa vie – *le témoin de sa propre vérité* ?' (A Fondane elle écrit après la mort de Chestov: 'Je ne sais si la vérité se trouve là où la cherchait Chestov, mais lui-même, je n'en ai jamais douté, était le lieu d'une vérité qui dépasse notre jugement. Cela seul importe.')

N'oublions pas, et je crois qu'il faut insister là-dessus, qu'il y a ici une différence de point de vue, essentielle pour comprendre le malentendu. Chestov lutte pour que l'on reconnaisse la légitimité de sa pensée, il réclame une place parmi les philosophes. C'est pourquoi il exige des alliés inconditionnels. D'autre part, il tenait à la solidité de son 'mur', ce mur des vérités éternelles, des évidences de la raison; il lui était indispensable de s'arc-bouter contre lui, non pour le vaincre, mais pour lutter avec lui. La philosophie n'était-elle pas lutte, lutte suprême: 'essayer, c'est déjà suspendre l'éthique, la raison, c'est déjà le tragique.'[22] Pour Chestov, il n'y a philosophie existentielle 'que si l'obstacle proposé par notre raison est senti comme immense, comme insurmontable; il n'y a foi véritable que si le miracle est senti comme impossible, absurde.'[23]

Dans son dernier livre, *De l'Iliade,* Bespaloff se mesure à Chestov une dernière fois, sans le nommer. Cette relecture de l'*Iliade,* elle l'avait entreprise afin d'affronter l'épreuve de la guerre. Simultanément, elle lisait la Bible, qu'elle n'avait jamais cessé de relire. Au lieu d'opposer Athènes à Jérusalem, Bespaloff découvre au contraire 'une identité profonde sous les contrastes'. Non qu'elle nie l'opposition entre la raison et la foi, mais elle choisit de scruter la pensée grecque avant que n'apparaisse la pensée rationnelle et conceptuelle: il s'agit du moment où la pensée grecque succède à la pensée magique, avant qu'elle ne devienne

22 Benjamin Fondane, *Rencontres avec Chestov*, Paris: Plasma, 1980, p. 145.
23 Ibid., p. 21.

dialectique. C'est là qu'elle distingue 'un mode de pensée particulier', une forme de pensée essentiellement éthique (p. 74–75).[24] La pensée éthique se confond pour elle avec la pensée tragique, elle la définit comme 'la science des moments de détresse totale où l'absence de choix dicte la décision'. Mode particulier de pensée qui ne transmet pas ses procédés mais qui reparaît et prévaut chaque fois que l'homme se heurte à lui-même au tournant de son existence. Cette expérience éthique ne s'incarne que dans les actes qui la transcendent. Il n'en resterait pas de traces s'il n'y avait pas la poésie pour en témoigner. Car la poésie restitue la vérité de l'expérience éthique sur quoi se fondent la religion de la Bible et celle du Fatum; c'est au langage de la poésie – à l'aphorisme, au paradoxe – qu'ils se confieront exclusivement, ces auteurs nommés Blake, Kierkegaard, Nietzsche, qu'elle cite pour exemples. Ainsi se précise le lien entre expérience éthique, tragique et poésie.

Dans ce dernier livre, la pensée de Rachel Bespaloff se cristallise. Cette pensée existentielle nourrie aux sources de la pensée juive et de la pensée grecque, tournée à la fois vers Pascal et vers Blake, Kierkegaard et Nietzsche, Tolstoï et Dostoïevski, s'éveilla aux questions de Chestov. Elle ne cessa de questionner et d'éveiller à son tour, ne séparant pas la philosophie de la vie. Chestov restera toujours présent en elle, comme une aune à laquelle elle jauge les auteurs. Ainsi lorsqu'elle découvre l'œuvre de Camus, elle le juge 'capable de comprendre Chestov', en dépit de sa critique du *Mythe de Sisyphe*. 'La parole de Chestov', écrit-elle à Fondane, 'précisément parce qu'elle sert de diapason qui donne le ton juste, nous contraint d'accorder la vérité que nous *sommes* [souligné par R. B.], (non pas celle que nous nous donnons) à cette note fondamentale'.

La philosophie est lutte, elle est audace, n'a cessé de répéter Chestov. Rachel Bespaloff n'a jamais cessé de lutter, elle s'est même mesurée à Chestov, tout en sachant qu'elle n'aurait pas raison de lui et souffrirait de son désaveu. Avoir tort ou raison lui importait peu; l'accord non plus ne la satisfait pas: elle poursuit le débat au-delà de l'assentiment car elle ne peut s'y complaire. Chestov ne voulait-il pas, avant

---

24 Rachel Bespaloff fait une distinction entre éthique et morale: la qualité éthique, qui n'a pas de degrés, se dégrade pour devenir qualité morale susceptible d'être évaluée en termes de comparaison.

tout, que sa question soit entendue? Pouvait-il, dès lors, ne pas reconnaître la fidélité de Rachel Bespaloff ?[25]

25 'Mais qu'est-ce qu'un maître sinon celui qui nous apprend à penser, fût-ce contre lui, et nous révèle ainsi nos possibilités et nos limites?', peut-on lire dans la dédicace manuscrite de *Cheminements et Carrefours* à Chestov.

PETER G. CHRISTENSEN

Lev Shestov's Existentialism and Artistic Creativity in Boris de Schloezer's *Mon nom est personne*

In the second section of *The Apotheosis of Groundlessness* (1908), Lev Shestov, in a philosophical discussion of the nature of lightness and darkness presents a brief scenario to elucidate the idea that 'light reveals to us beauty but also ugliness':

> Throw vitriol in the face of a beautiful woman, and the beauty is gone; no power on earth will enable us to look upon her with the same rapture as before. True, the idealists will hasten to say that love overcomes all things. But idealism needs be prompt, for if she leaves us one single moment in which to see, we shall see such things as are not easily explained away. That is why idealists stick so tight to logic. In the twinkling of an eye logic will convey us to the remotest conclusions and forecasts. Reality could never overtake her. Love is eternal, and consequently a disfigured face will seem as lovely to us as a fresh one. This is, of course, a lie, but it helps to preserve old tastes and obscures danger. (Shestov 1977: 63)

Shestov no doubt would have been surprised that sixty-four years later, in 1969, the story of the woman scarred by vitriol would become the key event in a French *nouveau roman* by Shestov's first and most significant French translator, Boris de Schloezer (1881–1969). Yet this is the case for *Mon Nom est personne*, published in 1969, the year of de Schloezer's death. Along with the short story, 'Rapport secret', the report of an astronaut who has encountered the scientific and rationalist pursuit of utopia on a planet near Alpha Centauri, published in the *Mercure de France*, it is the only work of fiction by this distinguished essayist and translator.[1]

In *Mon Nom est personne,* an anonymous narrator, aged eighty-four, or the age of de Schloezer at the time of its writing, is keeping a journal after suffering from a partial amnesia which has led to his admit-

1 For studies of Shestov, see the works listed in the bibliography by Baranoff (1991, 1993), Bedard (1973), Desilets (1984), Kraft (1968), Maia Meto (1995), Martin (1969), Roberts (1968), and Wernheim (1968).

tance into a psychiatric hospital. After two months (December 1 – February 9) and sixteen journal entries, he begins to write a novel about a man in his mid-forties, Jean, who falls in love with a woman half his age, Anne Derize, and who attempts to get a divorce from his enraged wife, Sophie. When Sophie throws vitriol in Anne's face in a public place, Sophie is taken away, and Jean begins to get cold feet about his future plan to live with his new love. Anne, sensing coldness in Jean's attitude, runs off to Rome, where Jacques, Jean's best friend, who has always loved her from afar, rather half-heartedly pursues her. Eventually, Jean realizes his callousness and writes to Sophie that he desires another chance and that they should effect a rapprochement.

There is almost no plot here, as is typical for a *nouveau roman* of the 1960s. What gives the novel interest is the way that Shestov's philosophy is used in an artistic genre that would at first glance seem rather uncongenial to his version of religious existentialism. Yet, this is indeed the case, although de Schloezer draws more from his earlier work attacking the deification of reason and abstract notions of the good than from the later defences of Biblical tradition for which he is more well known today.

In the twenty-third journal entry, before the fifth (penultimate) section of the inserted story, the narrator decides to install himself in the story as Julius Derize, a mysterious elderly relation of Anne. Julius is being kept in a mental asylum, and he is reputed to have had a shady past including the mysterious death of his wife in a fire – a fire being also the cause of death of the protagonist's wife. Anne and Jean come to visit him one time, but before they can see him again, he dies. Both the narrator and Jean are at work on a book called *L'Arc de Cupidon* (58, 89, 139), and so the line between fiction and reality becomes obscured.

Finally, in the sixth and last entry of the story, a pair of lovers of the future find a novel of this title, discuss the elusive narrator of the story, speculate that the events must date to 1963–1964, and comment that they themselves have the same names as Anne and Jean. We are left with the question of whether one can discover the nature of the author through his work. In other words, is there any value to a biographical type of criticism? The tentative conclusion is that the answer is no, for the creation of a novel is a form of dialectic in which the author is transformed in the course of writing the work. After including the last part of the inserted story, the narrator, who had abandoned his journal on July 6th, the twenty-sixth entry, takes it up again on his eighty-fourth birthday, in December. However, in this ending the Aristotelian law of non-contradiction is violated, for he claims that it is now his eighty-fourth birthday, which is the same claim that he made in the journal entry exactly one year before. Thus, one is not sure, in the final analysis, of the reality status of any of the events of the previous 155 pages.

It may seem that de Schloezer's novel should be seen as belonging to French literature, given its *nouveau roman* elusiveness, but we should remember that de Schloezer had been bilingual in French and Russian for most of his long life, and that the novel is filled with references to Russian literature. Boris de Schloezer was born in Vitebsk on December 9, 1881 (old Style) (Slonimsky xi), and he received a doctorate in sociology at the University of Brussels in 1901. Back in Russia he wrote music criticism and married a sister of Scriabin. He fled Russia during the Civil War and became a music and literary critic on his arrival in Paris. He published in book form a memoir/analysis of *Alexander Scriabin* (1923), *Igor Stravinski* (1929), two books on Gogol (1932 and 1946), *Introduction à J.-S. Bach* (1947), and *Problèmes de la musique moderne* (1959).

Apparently no bibliography of de Schloezer's dozens of periodical entries has been published. Only one book has been written about him, a collection of essays edited by Yves Bonnefoy in 1981, and issued by the Centre Georges Pompidou. It contains brief essays, mostly by men who knew him. Among the contributors to this volume are Georges Poulet, Jean Rousset, and Jean Starobinski, all members of the so-called Geneva school of literary criticism well-known in the 1960s. Bonnefoy and Gaëtan Picon also contributed essays. The volume does not examine de Schloezer's work in the light of Shestov's thought but rather in relation to the history of literary criticism, with a special interest in structuralism. There is only one article on de Schloezer listed in the MLA bibliography, a discussion of his 1960 translation into French of *War and Peace*. In addition, de Schloezer also translated Gogol's St Petersburg stories and works by Dostoevsky.[2]

---

2 There have been several recent reissues of translations from the Russian made by de Schloezer, for example: Dostoevsky's *Les Frères Karamazov: Les Carnets des Frères Karamazov; Niétotchka; Niézvanov* (Paris: Gallimard, 1986), Dostoevsky's *Les Démons; Carnets des Démons; Les pauvres gens* (Paris: Gallimard, 1988)

De Schloezer's interest in the personality and/or impersonality of artistic creation can be found in all of his books as well as in most of the articles he wrote for *La Revue musicale* between 1921 and 1926, the early years of this journal. Not only did he contribute essays on Stravinsky, Rimsky-Korsakov, Moussorgsky, Balarkirev, Liapunov, Prokofiev, and Nicolas Oboukhoff, but he also had an irregular column, 'Réflexions sur la musique moderne', in which he looked at theoretical issues. In addition, he kept his readers in touch with the Soviet conformist commands on composers and the crusade for a proletarian music.

References to Shestov do not appear in these materials, and so it is somewhat unusual for de Schloezer to mention Shestov directly twice in *Mon Nom est personne* (88, 100). Nevertheless, de Schloezer introduced Shestov to the French-reading public with two translations of parts of the long work, *In Job's Balances* (*Na Vesakii Iova* 1929) while the collection of essays as a whole was still in progress. These two large selections were titled *Les Révelations de la mort* (1923) and *La Nuit de Gethsémani* (1923). The former is a two-part study, 'The Conquest of the Self-Evident: Dostoevsky's Philosophy' and 'The Last Judgment: Tolstoy's Last Works', and the latter is an essay on Pascal's philosophy.

Both Dostoevsky's *Underground Man* and Tolstoy's *Father Sergius*, who figure in these two long essays, are mentioned in *Mon Nom est personne* (25, 83). These two essays on the Russian novelists are more

---

Tolstoy's *La Mort d'Ivan Ilitch*; *Maître et serviteur* (Paris: Stock, 1988), Gogol's *Les Ames mortes* (Paris: Seuil, 1992), Dostoevsky's *L'Idiot*, *Les Carnets de l'Idiot*, *Humiliés et offensés* (Paris: Gallimard, 1995), Dostoevsky's *Les Carnets du sous-sol* (Paris: Gallimard, 1995), Lermontov's *Un héros de notre temps* (Paris: Gallimard, 1998), Gogol's *Nouvelles de Petersbourg* (Paris: Flammarion, 1999), Pushkin's *La Dame de Pique* (Paris: Pléiade, 1923; rpt. bilingual ed., Moscow: IMLI/ Nasledie, 1999), Tolstoy's *La Guerre et la paix* (Paris: Gallimard, 2000). De Schloezer also translated Dostoevsky's *L'Eternel mari* (Paris: J. Schiffrin, 1924) and *Un Joueur* (Paris: NRF, 1931), Chekhov's *Une morne histoire* (Paris: Pléiade 1926). This is not a complete list. For studies of his translations, see Miriam Esser, 'Etude comparative du lexique chromatique en français et en russe d'après "Vojna i mir" de Tolstoj et la traduction "La Guerre et la paix" de Boris de Schloezer', *Le Langage et l'Homme* 40 (May 1979), pp. 43–47; Gun-Britt Kohler, 'Der Kritiker als integrativer Sprecher: Überlegungen zur Mittlerfunktion des Kritikers im Rahmen der ersten russischen Emigration in Frankreich am Beispiel Boris de Schloezers (1881–1969)', *Zeitschrift für Slawistik* 49/2 (2004), pp. 140–162.

admiring studies than those that constitute Shestov's second and third books, the latter of which was also translated by de Schloezer in 1926 as *La Philosophie de la tragédie: Dostoïewsky et Nietzsche* (1926). In addition, de Schloezer translated the source for the vitriol story, i.e. *Sur les confins de la vie: Apothéose du dépaysement* (1927), *Le Pouvoir des clefs* (1928), *Pages choisis* (1931), *Athènes et Jérusalem* (1938), and *Kierkegaard et la philosophie existentielle* (1948). After de Schloezer's death, the complete translation of *Sur la balance de Job* was issued (1971).

In three later editions, de Schloezer included essays on Shestov. These essays are the Preface to *Les Révélations de la mort* (1958), 'Lecture de Chestov' as an introduction to a combined edition of *La Philosphie de la tragédie* with *Sur les Confins de la vie: L'Apothéose du déracinement* (1966), and the Preface to *L'Homme prise au piège: Pouchkine-Tolstoï-Tchékhov* (1966) – a collection of three essays from 1899, 1908 and 1911.

However, de Schloezer was not Shestov's principal French disciple, an honour that must be given to the Romanian–French writer Benjamin Fondane, a Jew as was Shestov. Fondane's various writings on Shestov were posthumously collected as *Rencontres avec Léon Chestov* only in 1982, long after he had been gassed at Birkenau. Fondane was a fine poet and author of books on philosophy, Baudelaire and Rimbaud. Furthermore, he was more of an abstract analytical bent and analysed Shestov's work in far more detail than de Schloezer ever did.

In the 1958 'Preface', de Schloezer divides Shestov's work into two periods. Into the first phase fall his books *Shakespeare and His Critic Brandes* (1898) (which is a defence of Shakespeare against the Dane's positivism), *The Good in the Teaching of Count Tolstoy and Nietzsche. Philosophy and Preaching* (1900), *Dostoevsky and Nietzsche: Philosophy of Tragedy* (1903), *The Apotheosis of Groundlessness* (1905), *Beginnings and Endings* (1908), and *Great Vigils* (1911). In the second group we find *Potestas Clavium* 1923), *In Job's Balances* (1929), *Kierkegaard and Existential Philosophy* (1939), and the crowning synthesis, *Athens and Jerusalem* (1938).

De Schloezer says that the idea of refusal is the key characteristic of Shestov's work of the first period. Yet, de Schloezer insists that in Shestov's attacks on reason and the idea of the good as the ultimate values of philosophy, we should not find a pessimist and a sceptic.[3] (xiv). Although Shestov pushed doubt to its full consequences, we should consider that the negation of the possibility of 'la connaissance' (knowledge) also represents an affirmation of sorts. Shestov recognizes the fragmentary nature of the world and does nothing soothing to make this fact go down more easily (xv). The goal of philosophy is to take a human being out from the average walk of daily life and to throw him/her into the realm of the unknown (xvi). Hope only comes by penetrating into the zone of the night – and here we refer back to the vitriol incident, which is chaos for the ordinary consciousness but which leads to salvation for those who are able to face up to it (xvi). De Schloezer finds a certain similarity between Shestov's ideas and André Breton's statement, 'Tout porte à croire qu'il existe un certain point de l'esprit, d'où la vie et la mort, le réel et imaginaire, le passé et le futur, le communicable et l'incommunicable, le haut et le bas cessent d'être perçus contradictoirement' (xvi).

Shestov's insistence that we not back away from contradiction is, obviously, one of the philosophical sources for the 'contradictory' ending of *Mon Nom est personne,* where a year goes by without a person growing a year older. De Schloezer reminds us of the closing lines of Shestov's book on Tolstoy and Nietzsche. Here Shestov states that the good is not God and that Nietzsche has made that revelation clear. One has to look for that which is superior to the Good, to that which is superior to compassion. One must search for God (xviii). For Shestov, Spinoza is a philosopher who did not understand that God was beyond truth and error, or good and evil in Nietzsche's phrasing, and who collapsed the idea of God onto that of the Good (xviii).

Here one might add that like Kierkegaard, in his later writings, Shestov insists that God determines that which is good and evil. It is not from good and evil that we should develop an idea of what God is like. Thus Shestov has sympathy with Kierkegaard's ideas in *Fear and Trembling*, although Shestov could never arrive at the personal religious faith that Kierkegaard had. Kierkegaard contrasted the moral stage to the religious stage in which the teleological suspension of the ethical was achieved, and one did what God demanded, even if it meant being

3 Boris de Schloezer, 'Preface' to Léon Chestov, *Les Révélations de la mort*, Paris: Plon, 1958, p. xiv. Henceforth cited paranthetically in the text.

looked upon as a lunatic or a madman. Shestov was less inclined to use Abraham and Isaac as his chief example of a story demonstrating the need for total submission to God's will, but he developed an original, although probably wrong, reading of the Book of Job, in which he claimed that when God restored doubly all that Job had lost, the Bible means for us to believe that Job's children who were dead were now alive again. Thus in this example, 'with God all things are possible', and the law of non-contradiction is abrogated, for the dead children are made as if they were never dead at all.

Not surprisingly, Shestov, as de Schloezer points out, in his suspicion of abstract philosophy, felt that the novel could be a suitable form for philosophy. Tolstoy's *War and Peace* serves as a brilliant example of philosophising through fiction (xix). It poses the question of the place of the human being in the universe. The novelist can be closer to the existential problems from which the most profound thinking stems than the abstract philosopher often is (xix)

It is not a surprise that Shestov should write on other authors as well – Chekhov, Turgenev, Pushkin, and Heine. The human condition is miserable (xxii), and in describing the lives of people we are better able to understand this fact than through the philosophical tradition that goes back to Plato and Aristotle. The 'philosophy of tragedy' permeates *War and Peace,* and Tolstoy shows us human beings facing the fact that morality, science, and speculative philosophy cannot furnish the path to the heart of existence.

Although de Schloezer does not mention it here, Shestov, who had criticized Tolstoy's later works severely in 1902, no longer considered him as a person who had abandoned the philosophy of tragedy for abstract preaching in his essay (translated by de Schloezer), 'The Last Judgment: Tolstoy's Last Works'. The publication of some posthumous writings by Tolstoy in the intervening twenty years had given Shestov the chance to look at the later works of Tolstoy with an understanding of their exploration of the problem of death and of limit situations. Like Tolstoy, de Schloezer in *Mon Nom est personne* writes philosophically from a limit situation, for the narrator does not have long to live. He inserts himself into his story only to kill himself off as a character almost as soon as he enters.

De Schloezer states that once a French philosopher claimed that Shestov was knocking at a gate at which there could be no entrance, but for Shestov this is really beside the point. For Shestov, in order to obtain a response from God, one has to knock at the place where, according to all human evidence, there is no door, there where everything indicates that no response can possibly be forthcoming (xxx). Shestov has made it clear that the road to life leads through Jerusalem (faith) and not through Athens (philosophy). According to Dostoevsky's Underground Man, we are enslaved by the notion that two times two is four, and de Schloezer agrees with Shestov in championing the insight of the Underground Man (xxxv–vii). To turn God into the prop of an ethical system is to reduce him to an idol (xxxvii).

De Schloezer gives many of the same comments in the other two essays on Shestov; the overall interpretation is not different. In 'Lecture de Shestov',[4] he points out that Shestov should be seen as an attacker of idealism (12). (However, we should add here that in his first book, on Shakespeare, Shestov is still an idealist himself.) This essay identifies the French philosopher who protested that Shestov was knocking at the wrong door as Gabriel Marcel (16). In his criticisms of Christianity, which, he feels, has confused God with the Good, Shestov does not criticize the Orthodox Church, but this is because before 1917 he could not have criticized it in print and once he was in France, the Russian Orthodox Church was no longer as important as Catholicism in his arguments (18). On a personal level, de Schloezer remarks that Shestov had no mystical streak in his personality. Instead he had a strong sense of evil in the world. De Schloezer claims that Shestov had a strong interest in social justice (18), although we must note that social justice issues are never treated in any detail in his published writings.

In the Preface to the three pieces of literary criticism in *L'Homme pris au piège*, de Schloezer contextualises these essays, pointing out that in Russia in the 19th century philosophy was often done in the form of literary criticism because of censorship and because of the force of the great tradition of literary criticism written by people like Pisarev. The reason that the essay on Chekhov was matched up with those of Dostoevsky and Tolstoy is indirectly revealed by the 'Preface'. Shestov considered Chekhov an anti-idealist like the other two authors, and all

4 Boris de Schloezer, 'Lecture de Chestov', in Léon Chestov, *La Philosophie de la tragédie : Sur les confins de la vie*, Paris: Flammarion, 1966, pp. 7–20. Henceforth cited paranthetically in the text.

three had a sudden change of heart that led to a distinct break of their literary careers into two different periods.

One cannot divide de Schloezer's career into two different periods, although after the 1932 book on Gogol he moves away somewhat from a preoccupation with Russian writers and composers. I was able to find only one mention of de Schloezer in Shestov's writings. In the posthumously collected essays of *Speculation and Revelation* (*Umozrenie i Oktrovenie*, 1964) all but one of which were written after his emigration, we find an essay published in Berdyaev's journal, *Put'*, 21 (1930) on Rozanov, in which Shestov writes that Boris de Schloezer, in his essay 'V. Rozanov' (*La Nouvelle Revue Française*, No. 194, 1 November 1929), quotes some lines worth repeating. The lines are these: 'God in the coffin – what a horrible mystery! God looks at man out of his coffin. The eyes of believing Christians shine with endless joy; in their glance there is something heavenly, final, radiant, something that almost takes your breath away. But in reality it is simply a coffin'.[5]

Shestov is pointing out that the God of Christianity is contaminated by Western metaphysical traditions. This God who does not dare to break through the natural connection of phenomena created not by him and not for him, a God who cannot even turn water into wine – is this not a dead God, a God in a coffin, a God who either has already died or who never lived? (93). Unfortunately, Shestov makes no comment on de Schloezer here, where he cites him.

In *Mon Nom est personne*, Shestov is mentioned by name twice. First, the narrator claims, just before he starts writing his novel, that his journal looks like a salad put together with a little Nietzsche, mixed with a little Shestov and a little Heidegger (88). In the second case, Jean reminds Anne that he has often spoken of his friend, Léon Chestov, 'un maître qu'on doit abandonner pour lui demeurer fidèle' (100). Jean cites one of his aphorisms: 'Il faut fouiller et retourner profondement le terrain trop dense de la pensée contemporaine'(100).

Indeed, de Schloezer does transform Shestov's thought into a form acceptable for post-existential fiction in order to remain true to his master. The narrator declares his preference for *Job* to all the other books

5 Lev Shestov, 'V.V. Rozanov', in *Speculation and Revelation*, trans. Bernard Martin, Athens/Ohio: Ohio University Press, 1982, p. 93. Henceforth cited paranthetically in the text.

of the Old Testament (21). In a terminology that Shestov had coined, the narrator speaks of logical contradictions as the pudenda of philosophy (23). He is aligned with the Underground Man who revolts against the idea that two times two equals four (83). Jean claims that he is only himself in so far as he swerves from the path of reason (61). It is not he who reasons but a Universal Reason that reasons. Here is where de Schloezer actually swerves away from Shestov in order to remain true to him. Jean goes on to claim that he will not identify himself with his body and with his affective life. He is only a 'lieu de passage'(61).

Whereas Shestov's attacks on reason do not extend to an attack on the idea of the self, it is in this direction that de Schloezer heads in his conviction that one cannot discover a pre-existing authorial personality which is responsible for a piece of writing. However, de Schloezer does not head in a deconstructionist direction either. Instead, he claims that the author is a construct of his work and that a mythical self, as he states it in his book on Bach, is created by the work of art.

The narrator of *Mon Nom est personne* has changed through writing his novel. Not only has he put himself in the novel and fallen in love with his character Anne enough to want to visit with her in the story, but also he has given a demonstration of himself as a 'lieu of passage'. He is no longer an old man who has written to escape his past (72). In addition to the Boris de Schloezer who was known as a critic, there is now the new Boris de Schloezer, who has transformed himself into a novelist and recreated his discipleship to Shestov in a new way.

Camille Morando

Chestov et Bataille – l'assentiment à la philosophie de la tragédie

Mais qui sont-ils donc, tous ces Dostoïevski et ces Nietzsche qui parlent comme s'ils disposaient du pouvoir? Que nous enseignent-ils? Mais ils ne nous 'enseignent' rien. Il n'y a pas d'erreur plus grande dans l'opinion si répandue parmi le public que l'écrivain existe pour le lecteur.[1]

Ce qui lie Léon Chestov (1866–1938) et Georges Bataille (1897–1962) s'inscrit dans une réflexion sur la philosophie de la tragédie qui, comme la définit Chestov, 'ne commence que lorsque l'homme perd tous les critères de la vérité, quand il sent qu'il ne peut y avoir nul critère et qu'on n'en a même pas besoin'.[2] Les liens entre Bataille et Chestov ont été mis en évidence par Michel Surya, en premier lieu dans son indispensable essai, *Georges Bataille, la mort à l'œuvre*, puis dans un article, 'L'arbitraire après tout. De la "philosophie" de Léon Chestov à la "philosophie" de Georges Bataille'.[3] De 1923 à 1925, Chestov et Bataille entretiennent des échanges philosophiques et littéraires, peu de temps avant la rencontre de Benjamin Fondane et de Chestov. Les noms de Léon Chestov

1 Léon Chestov, *La Philosophie de la tragédie. Dostoïewski et Nietzsche*, Paris: Flammarion, 1966, pp. 33–34; traduit du russe par Boris de Schloezer. Cet essai a été publié en Russie en 1902 dans six numéros du *Monde des Arts*, puis publié sous forme de livre en janvier 1903.

2 Exergue de Léon Chestov, *La Philosophie de la tragédie. Dostoïewski et Nietzsche*, op. cit., p. 6.

3 Michel Surya, *Georges Bataille, la mort à l'œuvre*, Paris: Librairie Séghier, 1988; rééd. Paris: Gallimard, 1992; et Michel Surya, 'L'Arbitraire après tout, De la "philosophie" de Léon Chestov à la "philosophie" de Georges Bataille', in *Georges Bataille après tout*, sous la direction de Denis Hollier, Paris: Belin, coll. L'Extrême contemporain, 1995, pp. 213–231.

et de Georges Bataille sont également associés en 1925 lors de la publication à Paris de l'essai de Chestov en français, *L'Idée de bien chez Tolstoï et Nietzsche*, que Bataille co-traduit avec la fille de l'auteur, Tatiana Rageot-Chestov en 1924. D'autre part, le philosophe russe guide ses lectures de Nietzsche et de Pascal. Leur rencontre nous permet d'interroger leurs œuvres philosophiques respectives et de mettre en évidence la violence fondamentale du tragique.

Le 'Texte de l'autobiographie philosophique', rédigé par Bataille à la fin de sa vie, commence par ces mots: 'avant même la fin de mes études secondaires, j'ai lié la philosophie au sens de ma vie. Sans doute comme on peut le faire à cet âge [...]'.[4] Les écrits de Bataille ont été souvent considérés comme inclassables, manifestes de la volonté d'un homme placé sous le signe de l'informe et de l'impossible, chartiste et brillant numismate, assoiffé de philosophie, de sociologie, d'ethnologie, séduit par l'histoire de l'art et par la peinture, en quête de communautés secrètes où le sacrifice permettait à la mythologie de se réécrire. L'œil et la souveraineté, le rire et la mort, le sacrifice et l'érotisme constituent le vocabulaire et l'essence de la pensée de cet homme qui fut le premier à réhabiliter l'œuvre de Nietzsche en 1936 en s'opposant farouchement à sa récupération fasciste. Il fut également un de ceux qui résista aux courants de son époque, n'adhérant pas notamment au surréalisme de Breton et au parti communiste.

L'enfance sombre de Georges Bataille occupe une large part dans ses écrits, où se mêlent les images d'un père syphilitique et aveugle, le 'saint' et le 'fou', et celles d'une mère plongée dans l'angoisse et la mélancolie. Démobilisé en janvier 1917 pour raisons de santé, Georges Bataille raconte qu'il s'inscrit dans un séminaire et y reste l'année scolaire 1917–1918. Il s'était converti au catholicisme en 1914 à Reims. Les lettres de Bataille publiées en 1997, adressées à un certain 'Jean-Gabriel' montrent ses hésitations 'à abandonner le monde immédiatement', et indiquent qu'il n'entra pas au séminaire car, écrit-il, 'il n'y avait pas [en lui de] vocation.'[5] La religion 'apparaît' à Bataille au moment de la déclaration de guerre en 1914 et de l'abandon de son père, 'l'irréligieux'.

4 Georges Bataille, 'Texte de l'autobiographie philosophique', in *Œuvres Complètes*, t. 8, Paris: Gallimard, 1976, p. 562.

5 Georges Bataille, *Choix de lettres 1917–1962*, Paris: Gallimard, coll. Les Cahiers de la NRF, 1997, pp. 13 et 19; édition établie, annotée et présentée par Michel Surya. Jean-Gabriel n'a pas été identifié.

En 1918, son choix entre la vie religieuse et la vie laïque est encore incertain. La rupture avec le catholicisme a lieu au moment où il fréquente notamment Léon Chestov.

L'œuvre de Bataille est saisissante et multiple: la publication de livres 'érotiques' et clandestins, signés sous pseudonymes, ses essais sur la peinture préhistorique, *Lascaux ou la naissance de l'art*, et sur Manet, ou les ouvrages d'ordre 'philosophique' comme *Le Coupable, L'Expérience intérieure, La Part maudite, La Littérature et le mal* et *L'Érotisme.*[6] Pendant l'entre-deux-guerres, il crée les revues *Documents* et *Acéphale*, participe à *La Critique sociale*, la première revue de gauche à émettre une critique du communisme et à remettre peu à peu en cause Lénine et Trotski pour devenir totalement hostile à Staline. De plus, il fonde des 'cercles' révolutionnaires comme *Contre-Attaque* en 1935 et le *Collège de Sociologie* en 1937, pour lesquels la nécessité politique et la quête des manifestations du sacré deviennent des armes et les instruments de la communication des hommes, du sacré, des amants et des mythes.

L'écriture philosophique de Bataille est une forme extrême de la transgression, basée sur l'expérience, sans limites, de la transe, de la douleur et du plaisir. S'y mêlent les contradictions et les affirmations d'un homme dont l'écriture et la vie s'attachent à l'expérience vécue, quitte à se sacrifier, afin de tout envisager. Le 19 mars 1938, lors d'une conférence au *Collège de Sociologie*, il analyse et explicite une forme de société 'existentielle' en l'associant au concept de 'totalité' qui offre à la société 'une réalité existant pour elle-même, [...] la recherche pure et simple de l'existence, la pure et simple volonté d'être indépendamment de tout but particulier.'[7] La part philosophique de l'œuvre de Georges Bataille, même s'il refuse lui-même d'en accepter la caractéristique, appartient intrinsèquement à son écriture. Toute sa vie, il a été un lecteur passionné, un 'décrypteur' des écrits philosophiques qui nourrissaient ses

---

6 Ces essais de Bataille ont été publiés sous son nom: *La Part maudite* en 1949, *L'Expérience intérieure* en 1954, *Lascaux ou la naissance de l'art*, et *Manet* en 1955, *La Littérature et le mal*, et *L'Erotisme* en 1957, *Le Coupable* en 1961. L'œuvre de Bataille est publiée à Paris chez Gallimard en *Œuvres Complètes*, 12 tomes, de 1970 à 1988.

7 Georges Bataille, *Confréries, ordres, sociétés secrètes, églises*, conférence du samedi 19 mars 1938, in Denis Hollier, *Le Collège de Sociologie*, Paris: Gallimard, 1995, p. 241.

propres textes. Dans une notice biographique consignée à la fin de sa vie, la nécessité de la philosophie transparaît et se dessine:

> Ne doute pas, dès 1914, que son affaire en ce monde est d'écrire, en particulier élaborer une philosophie paradoxale. [...] La philosophie, par exemple, se réduit pour Bataille à une acrobatie – dans le mauvais sens du mot. Il ne s'agit pas d'atteindre un but, mais d'échapper aux pièges que représentent les buts.[8]

On sait que Nietzsche, Sade, Hegel et Héraclite constituent une constellation déterminante au sein des écrits de Bataille qui les cite abondamment, les explique, et entretient avec eux des questionnements incessants et des liens étrangement humains. D'une façon plus méconnue, Bataille a été touché en premier lieu par la lecture des écrivains et philosophes russes, et, en second lieu, par la rencontre d'intellectuels russes venus à Paris. Léon Chestov, le premier, ouvre à Georges Bataille les portes de la philosophie et de la littérature.

Lorsque Léon Chestov rencontre Bataille en 1923, ce dernier n'a publié de façon confidentielle que le petit livret, *Notre-Dame de Reims,* qu'il évoque comme 'un nouveau poème sur Jérusalem'.[9] Il vient de lire *Par-delà le bien et le mal* de Nietzsche et de découvrir Freud. Comme 'intercesseur', et en tant que 'historien de la philosophie' – l'expression est de Benjamin Fondane – Léon Chestov conseille à Bataille non seulement la lecture de Dostoïevski, mais également celle de Nietzsche, de Platon, de Pascal, et de Tolstoï, pour discerner comme l'écrit Benjamin Fondane 'la pensée la plus profonde [qui] était que la philosophie est une préparation à la mort.'[10] Parmi les ouvrages empruntés à la Bibliothèque Nationale de Paris où Bataille travaille, nous pouvons remarquer ceux des Russes, sans doute recommandés en partie par Chestov: notamment

8 Georges Bataille, 'Notice biographique', in *Œuvres Complètes*, t. 8, Paris: Gallimard, 1976, p. 459 et p. 462.

9 Georges Bataille à Jean-Gabriel, Riom-ès-Montagne, 15 décembre 1917, in *Choix de lettres*, op. cit., p. 7. Cette lettre est la seule mention chez Bataille de *Notre-Dame de Rheims*, publiée à Saint-Flour par l'Imprimerie du Courrier d'Auvergne en 1918, au moment où il est inscrit au séminaire. Ce premier livre (réédité in *Œuvres Complètes*, t. 1, Paris: Gallimard, 1970, pp. 611–616) est relevé la première fois dans une notice nécrologique écrite en 1964 par son collègue à la Bibliothèque Nationale, André Masson (homonyme du peintre).

10 Benjamin Fondane, 'Sur les rives de l'Ilissus. Après la mort de Léon Chestov', in *Rencontres avec Léon Chestov*, Paris: Plasma, 1982, p. 13. Textes établis et annotés par Nathalie Baranoff et Michel Carassou, préface de Michel Carassou.

en 1924, *L'Eternel mari* de Dostoïevski, *Eugène Onéguine* de Pouchkine, *Les Révélations de la mort* de Léon Chestov; en 1925, *Les Possédés* de Dostoïevski, *L'Inspecteur en tournée* de Gogol, puis *Crime et châtiment* et *Le Sous-sol* de Dostoïevski[11]. Bataille est bouleversé par les écrits de Dostoïevski, particulièrement par *Le Sous-sol*, et marqué par ceux de Léon Trotski et de Georgiy Valentinovitch Plekhanov qui personnifie à lui seul, par sa vie et son œuvre, le passage historique qui va s'opérer dans l'intelligentsia et la philosophie russe, du populisme au marxisme. Les essais de Chestov, que l'auteur lui prête, suscitent également un vif intérêt chez Bataille.

Bataille a sans doute fait la connaissance de Léon Chestov à l'Ecole des Langues Orientales, où il s'était inscrit pour apprendre le russe et le chinois, qu'il abandonne toutefois assez vite. Jusqu'en 1925, Bataille et Chestov se fréquentent très souvent, le soir, au domicile de Chestov rue Sarasate, partageant leurs lectures et leurs réflexions. La philosophie de Chestov est alors nourrie des tragiques. Dans la préface de *Dostoïevski et Nietzsche*, il interroge la philosophie de la tragédie: 'Cela ne signifie-t-il pas la philosophie du désespoir, de la démence, de la mort même?'[12] De son côté, dans son 'Texte de l'autobiographie philosophique', Bataille confie à la fin de sa vie:

> Léon Chestov philosophait à partir de Dostoïevski et de Nietzsche, ce qui me séduisait. J'eus vite l'impression dse différer de lui sans remède du fait d'une violence fondamentale qui me portait. Je l'estimais cependant, il se scandalisa de mon aversion outrée pour les études philosophiques et je l'écoutais docilement

---

11 Ajoutons le Dictionnaire français–russe complet, deux livres de Lénine, *La Maladie infantile du communisme* et *La Révolution prolétarienne et le renégat Kautsky*; puis en 1930, *Marx et Engels* de Riazanov, *Vers le capitalisme ou vers le socialisme?* de Trotski, *Les Questions fondamentales du marxisme* de Plekhanov; en 1931, *Autour d'une vie: Mémoires de Kropotkine*; en 1932–1933, *Œuvres* de Bakounine, et *La Théorie du matérialisme historique* de Boukharine; en 1935, *Histoire de la Révolution russe* de Trotski; et en 1937, *L'Entraide, un facteur de l'Evolution* de Kropotkine. Pour la lecture du *Sous-sol* de Dostoïevski par Bataille, nous renvoyons à la belle étude de Francis Marmande, *L'Indifférence des ruines – Variations sur l'écriture du Bleu du ciel*, Marseille: Parenthèses, coll. Chemin de ronde, 1985.

12 Léon Chestov, *La Philosophie de la tragédie. Dostoïewski et Nietzsche*, op. cit., p. 23.

> lorsqu'il me guida avec beaucoup de sens dans la lecture de Platon.[13] C'est à lui que je dois la base de connaissances philosophiques [...]. Peu après je devais comme toute ma génération m'incliner vers le marxisme. Chestov était un émigré socialiste et je m'éloignais de lui, mais je lui garde une grande reconnaissance [...]. Depuis ce premier pas, la paresse et parfois l'outrance m'écartèrent souvent de ce droit chemin dans lequel il me fit entrer, mais je suis aujourd'hui ému me rappelant ce que j'appris à l'écouter, que la violence de la pensée humaine n'est rien si elle n'est pas son accomplissement. Pour moi la pensée de Léon Chestov m'éloignait de cette violence finale dont j'avais dès l'abord à Londres (auprès du philosophe Henri Bergson) entrevu le terme. Je devais de toute façon me séparer de lui, mais j'admire la patience qu'il eut avec moi qui ne savais alors m'exprimer que par une sorte de délire 'triste'.[14]

Les mots de Chestov, dans sa préface de *La Philosophie de la tragédie*, pourraient évoquer le 'délire triste' dont parle Georges Bataille: 'Il y a encore ceux qui ont perdu tout espoir terrestre, tous les désespérés, tous ceux dont la raison n'a pu résister à l'horreur de l'existence. Que faire de ceux-là? Qui donc se chargera du devoir cruel de les enfouir dans la terre?'[15] Sans être son professeur, Léon Chestov apparaît comme un 'éveilleur' et joue un rôle pédagogique auprès de Bataille. Dans un premier temps, les deux hommes sont liés par la lecture de l'œuvre de Nietzsche. En 1922, Bataille avait découvert Nietzsche dont la lecture occupe une place déterminante dans sa réflexion. Il précise: 'J'ai lu Nietzsche en premier lieu (des passages de *Zarathoustra*) alors que j'étais croyant, j'étais frappé et je résistais. Mais lorsqu'en 1922, je lus *Par-delà le bien et le mal*, j'avais si bien changé que je crus lire ce que j'aurais pu dire.'[16]

Au début des années vingt, Bataille connaît encore peu l'œuvre de Nietzsche. De plus, comme la majorité des lecteurs de Nietzsche au dé-

---

13 Michel Surya note que cette précision peut sembler étrange lorsque l'on constate que 'Platon n'occupa chez Chestov, comme après lui chez Bataille, qu'une place très restreinte.' In M. Surya, 'L'Arbitraire après tout. De la "philosophie" de Léon Chestov à la "philosophie" de Georges Bataille', op. cit., p. 215. La lecture de Platon investit une 'triade idéale' constituée par l'œil, le père et le soleil. Cette triade trouve un large écho dans la pensée et dans l'œuvre de Georges Bataille.

14 Georges Bataille, *Texte de l'autobiographie philosophique*, op. cit., pp. 562–563.

15 Léon Chestov, *La Philosophie de la tragédie. Dostoïewski et Nietzsche*, op. cit., pp. 23–24.

16 Georges Bataille, *Albert Camus ou la défaite de Nietzsche* (manuscrit abandonné destiné à un avant-propos), in Notes de *La Souveraineté*, publié in *Œuvres complètes*, t. 8, Paris: Gallimard, 1976, p. 640.

but du siècle, il semble que la lecture de Bataille soit encore 'poétique' et 'idéalisante'. Chestov lui permet de situer la généalogie nietzschéenne dans l'histoire générale de la philosophie constituée de Pascal, de Plotin, de Tertullien, d'Héraclite et d'Epictète. Aussi, pour Chestov, comme le note Michel Surya, 'la pensée de Nietzsche reconquérait jusqu'à ceux qu'elle prétendait nier: elle ne surgissait plus *ex nihilo* d'un chaos sans liens ni référents.'[17] La lecture de Chestov offre à Bataille une analyse désenchantée du caractère poétique de l'œuvre de Nietzsche dont la propre jeunesse traduit également une forme romantique et idéaliste, à l'instar de Bataille lors de sa conversion au catholicisme en 1914.

Dans une lettre du 24 juillet 1923, Bataille informe Chestov de son intention d'écrire une étude sur son œuvre.[18] Nous ignorons si Bataille l'a commencée puis détruite, mais le projet de Bataille permet de déduire qu'il 'connaissait assez cette œuvre pour prétendre, même auprès de son auteur, l'étudier', et qu'il 'l'estimait assez pour penser qu'une telle étude eût été profitable.'[19] Bataille connaît les écrits de Chestov, sans doute, pour les avoir lus en allemand car en 1925 les traductions françaises sont rares.[20] Il s'agit du premier livre auquel Bataille souhaite se consacrer, mais il ne reste aucune trace, aucune esquisse ni étude, de ce projet. Néanmoins, en 1925, Bataille prend part à la traduction, avec la fille de Chestov, Tatiana Rageot-Chestov, d'un des premiers livres de l'écrivain russe publié en France aux éditions du Siècle, *L'Idée de bien chez Tolstoï et Nietzsche (Philosophie et Prédication)*. Le nom de Bataille apparaît pour la première fois sur un livre édité à Paris.[21] De plus, Bataille s'approprie, pour la première fois, l'écriture et la pensée de Nietzsche au

---

17 Michel Surya, *Georges Bataille, la mort à l'œuvre*, op. cit., p. 79.

18 Michel Surya, qui signale cette lettre, précise que 'rares sont [...] les lettres échangées par les deux hommes'. Ibid., p. 84. De fait, nous pouvons souligner qu'un autre envoi de Georges Bataille à Léon Chestov, daté du 10 juillet 1924 (Ms 2115, Paris, Bibliothèque de la Sorbonne) n'évoque plus ce projet.

19 Michel Surya, 'L'Arbitraire après tout, De la "philosophie" de Léon Chestov à la "philosophie" de Georges Bataille', op. cit., p. 215.

20 Le premier livre de Chestov traduit en français, *La Nuit de Gethsémani*, paraît en 1923 aux éditions Grasset. Mais la plupart des livres de Chestov ont été, en premier lieu, traduits en allemand à Berlin, comme *Le Pouvoir des clefs* (Berlin, 1923), seulement traduit en français en 1927.

21 Comme le précise Michel Surya, Bataille cosigne la traduction, même si sa connaissance du russe reste élémentaire, son rôle consista à 'mettre' le livre en français.

sein même de cette 'traduction', dans laquelle Chestov place volontairement Nietzsche aux côtés de Tolstoï pour comparer et livrer leur pensée, avec un ton ouvertement engagé et explicite pour l'époque.

Dans ce livre, Chestov rompt avec l'idéalisme de son premier ouvrage, *Shakespeare et son critique Brandes*, et oppose la philosophie de Nietzsche à l'enseignement de Tolstoï. Il commençait son essai en citant une lettre de Bélinski, célèbre lettre adressée à Botkine en 1841 dans laquelle il rejetait définitivement les conceptions de Hegel. Cette lettre évoque la recherche de l'anti-idéalisme menée par Chestov qui dut plaire à Bataille. Chestov conclut ce livre par ces mots déterminants:

> Le bien – l'amour fraternel – l'expérience de Nietzsche nous l'a appris – ce n'est pas Dieu. 'Malheur à celui qui aime et qui n'a rien au-dessus de sa compassion.' Nietzsche a ouvert le chemin. Il faut chercher ce qui est au-dessus de la compassion, ce qui est au-dessus du bien. Il faut chercher Dieu.[22]

Dans la préface de son livre *Sur Nietzsche* publié en 1945, Georges Bataille s'associe à cette recherche de Dieu auprès de Nietzsche:

> L'aspiration extrême, inconditionnelle, de l'homme a été pour la première fois exprimée par Nietzsche indépendamment d'un but moral et du service d'un Dieu. [...] Les difficultés que rencontra Nietzsche – lâchant Dieu et lâchant le bien, toutefois brûlant de l'ardeur de ceux qui pour le bien ou Dieu se firent tuer – je les rencontrai à mon tour.[23]

Dans *La Philosophie de la tragédie: Dostoïewski et Nietzsche*, Bataille découvre l'interprétation que Chestov fait des lectures des deux écrivains.[24] Chestov met en évidence la conversion de Nietzsche et Dostoïewski afin de témoigner de sa propre fascination des conversions et pour rompre avec l'idée philosophique de la continuité des traditions et des cultes. En cela, Chestov passe pour 'un maître en anti-idéalisme' aux yeux du jeune Bataille qui avait hésité à entrer au Séminaire. Si Bataille reste incertain de sa vie religieuse jusqu'à la fin de 1924, sa 're-conversion' ou sa réelle 'conversion' afin de nier Dieu, jusqu'à le

22 Léon Chestov, *L'Idée de bien chez Tolstoï et Nietzsche*, Paris: Eds. du Siècle, 1925, p. 254.

23 Georges Bataille, *Sur Nietzsche*, in *Œuvres complètes*, t. 6, Paris: Gallimard, 1973, pp. 12–13.

24 Ce livre paraît en français à Paris, en 1926, aux éditions Schiffrin.

dissoudre, a lieu à ce moment-là. Au reste, Michel Surya s'interroge: 'Comment même ne pas imaginer que Chestov eut une influence – mais laquelle? – sur la perte de la foi éprouvée par Bataille?'[25] La quête d'une nouvelle religion, comme celle de la mort avec Acéphale, anima sans relâche les écrits de Bataille. Il est ainsi souvent décrit comme un 'mystique', mais doté d'une autre finalité que celle attribuée à Chestov. Pierre Klossowski, le seul qui a perçu combien Bataille a été 'hanté par les Russes, de Chestov en particulier', note que 'l'athéologie d'Acéphale s'appuie sur l'idée que la mort de Dieu ne se conclut pas dans un athéisme, que tel est le vestige du Golgotha, que la mort de Dieu n'est pas définitive, qu'elle continue'.[26]

Chestov, comme Bataille après lui, a exploré le thème essentiel de Nietzsche, à savoir la place du 'religieux' et du sacré au sein d'une quête de la solitude de l'homme et de la mort ou du supplice de Dieu. Précisons que Bataille rencontre le 'premier Chestov angoissé, fiévreux, batailleur',[27] évoqué par Fondane. Bataille, trente ans plus tard, laisse apparaître, dans son livre *La Souveraineté*, l'influence de l'interprétation chestovienne de l'œuvre de Nietzsche, notamment la 'pascalisation de Nietzsche', lorsqu'il écrit:

> Le Dieu d'Abraham soumet les hommes au commandement, mais n'y soumet pas la divinité. La manière de voir de Nietzsche est aussi voisine des actions de grâce opposées aux œuvres, mais ces doctrines elles-mêmes ont toujours été évincées, selon l'apparence, en raison du déchirement qu'elles imposent à la simplicité de l'homme de bien. Aussi pourrions-nous voir dans l'immoralisme de Nietzsche, si généralement méconnu, ce qu'il y vit lui-même: un hyper-christianisme.[28]

En second lieu, Chestov conseille à Bataille de relire Pascal, qui est pour lui le symbole du refus de la rationalité, tant du rationalisme matérialiste et scientifique que du rationalisme spéculatif religieux où s'inscrit une pensée anti-idéaliste, décrite par Chestov comme un abîme. Par exemple, dans *Les Grandes veilles*, Chestov évoque 'la source de la force, c'est ce qui est considéré comme la source de la faiblesse: le vertige. Nous sommes attirés par l'abîme, par le non-résolu, non pas par

---

25 Michel Surya, *Georges Bataille la mort à l'œuvre*, op. cit., p. 80.

26 Pierre Klossowski, *Le Peintre et son démon*, entretiens avec Jean-Maurice Monnoyer, Paris: Flammarion, 1985, p. 177.

27 Benjamin Fondane, *Rencontres avec Chestov*, op. cit., p. 26.

28 Georges Bataille, *La Souveraineté*, op. cit., p. 671.

le désir d'éviter le malheur, de comprendre le mystère, en un mot [...] nous devons aimer l'effroi'.[29] Bataille, dans *L'Expérience intérieure*, essai commencé en 1940, trahit cette même fascination de l'abîme, et exprime une part souveraine du sacré au sein de la vie profane. Il écrit:

> Bu jusqu'à la lie, le christianisme est l'absence de salut, désespoir de Dieu. Il défaille en ce qu'il arrive à ses fins hors d'haleine. L'agonie de Dieu en la personne de l'homme est fatale. C'est l'abîme où le vertige le sollicitait de tomber. L'agonie d'un Dieu n'a que faire de l'explication du péché. Elle ne justifie pas seulement le ciel (l'incandescence sombre du cœur), mais l'enfer (l'enfantillage, les fleurs, Aphrodite, le rire).[30]

Chestov commente et élève Pascal au rang de Nietzsche. Michel Surya le spécifie: Bataille mesure la force des textes de Pascal, lorsque Chestov 'pascalise' Nietzsche et 'nietzschéifie' Pascal,[31] en concluant: 'Pascal a ressuscité deux siècles plus tard dans la personne de Nietzsche'.[32]

Après 1925, Bataille s'éloigne de Chestov qui lui avait permis de s'ouvrir à la philosophie et d'influencer ses choix religieux, philosophiques et humains. Aussi, Michel Surya écrit-il: 'en 1938 et en 1940 deux liens lâches davantage qu'étroits, mais fortement symboliques sans doute, que la mort vint à défaire: celle de Léon Chestov en 1938 et celle de Maurice Heine en mai 1940..... Avec la mort de Chestov, c'est l'un des premiers liens de Bataille avec Nietzsche qui disparut. Avec celle de Maurice Heine, bien différemment il est vrai, c'est un des liens qu'il eut avec Sade qui se dénoua'.[33]

Aux côtés de Chestov, Bataille s'ouvre à la philosophie, notamment celle de Nietzsche, au cœur même de l'écriture, lors de la traduction de *L'Idée de bien chez Tolstoï et Nietzsche*. Bataille perçoit qu'il est

---

29 Léon Chestov, *Les Grandes Veilles*, Paris: L'Age d'homme, p. 11; cité par M. Surya, 'L'Arbitraire après tout. De la "philosophie" de Léon Chestov à la "philosophie" de Georges Bataille', op. cit., p. 219.

30 Georges Bataille, *L'Expérience intérieure*, in *Œuvres complètes* t. 5, Paris: Gallimard, 1973, p. 61.

31 Michel Surya, 'L'Arbitraire après tout. De la "philosophie" de Léon Chestov à la "philosophie" de Georges Bataille', op. cit., p. 221.

32 Léon Chestov, *La Nuit de Gethsémani. Essai sur la philosophie de Pascal*, Paris: Grasset, coll. Les Cahiers Verts, 1923, p. 51.

33 Michel Surya, *Georges Bataille, la mort à l'œuvre*, op. cit., p. 337.

écartelé au plus profond de lui-même entre le philosophe et le débauché. En se 'séparant' de Chestov, il devait s'incliner, comme la plupart des hommes de sa génération, à la fin des années vingt, vers le marxisme.

Ce qui diffère dans la pensée de Chestov et dans celle de Bataille, ce sont les finalités de l'anti-idéalisme: celles de Chestov restent et resteront spiritualistes, alors que celles de Bataille sont de l'ordre du matérialisme, du 'bas' matérialisme, comme il le désigne lui-même pour ne pas l'assimiler au matérialisme historique.[34] Chestov, toute sa vie, déploie son analyse pour discerner la foi de la connaissance, concluant dans son dernier livre *Athènes et Jérusalem*, que 'la raison conduit à la nécessité et la foi à la liberté',[35] imposant de ce fait son irrationalisme, inspiré de sa lecture de Pascal que Bataille avait assimilée. Au reste, le Pascal des *Pensées* est sans doute la plus forte influence littéraire perceptible dans *Le Coupable* et dans *L'Expérience intérieure*, comme une 'inconsciente réminiscence de Chestov.'[36] Aussi, le Nietzsche de Bataille demeure-t-il profondément pascalien.

Ainsi, les échos de la pensée de Chestov affleurent lorsque Bataille évoque la 'philosophie de la tragédie' dans son livre *Sur Nietzsche:*

> Aujourd'hui je trouve bon d'affirmer mon désarroi: j'ai tenté de tirer de moi les conséquences d'une doctrine lucide, qui m'attirait comme la lumière: j'ai récolté l'angoisse et l'impression le plus souvent de succomber. Je n'abandonnerais nullement, succombant, l'aspiration dont j'ai parlé. Ou plutôt cette aspiration ne me lâcherait pas: je mourrais, je ne me tairais pas pour autant (du moins je l'imagine): je souhaiterais à ceux que j'aime d'endurer ou de succomber à leur tour. Il est dans l'essence de l'homme un mouvement violent, voulant l'autonomie, la liberté de l'être. Liberté sans doute s'entend de plusieurs façons, mais qui s'étonnera aujourd'hui qu'on meure pour elle?[37]

La philosophie de la tragédie, explorée par Chestov puis Bataille, fut bien de l'ordre de l'assentiment, signe d'une nécessité sensible et indéfectible.

---

34 Voir Michel Surya, 'L'arbitraire après tout. De la "philosophie" de Léon Chestov à la "philosophie" de Georges Bataille', op. cit., p. 226.

35 Léon Chestov, *Athènes et Jérusalem*, Paris: Flammarion, 1967, p. 207.

36 Michel Surya, *Georges Bataille, la mort à l'œuvre*, op. cit., p. 405.

37 Georges Bataille, *Sur Nietzsche*, op. cit., p. 13.

Bibliography

Primary Sources

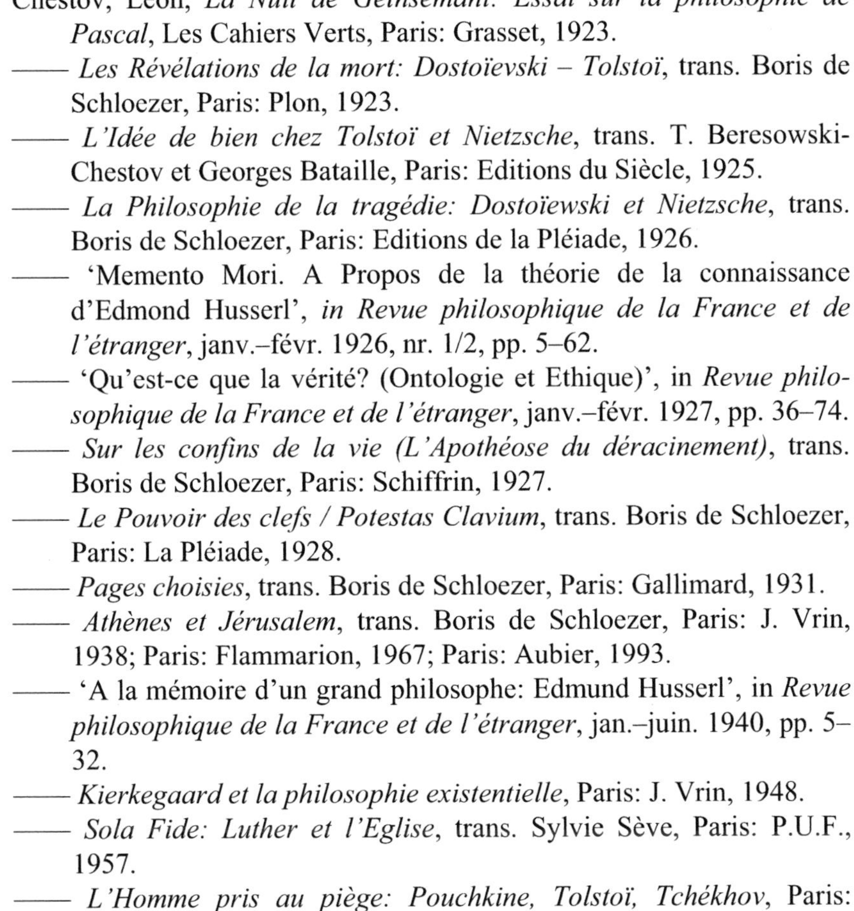

Chestov, Léon, *La Nuit de Gethsémani: Essai sur la philosophie de Pascal*, Les Cahiers Verts, Paris: Grasset, 1923.

—— *Les Révélations de la mort: Dostoïevski – Tolstoï*, trans. Boris de Schloezer, Paris: Plon, 1923.

—— *L'Idée de bien chez Tolstoï et Nietzsche*, trans. T. Beresowski-Chestov et Georges Bataille, Paris: Editions du Siècle, 1925.

—— *La Philosophie de la tragédie: Dostoïewski et Nietzsche*, trans. Boris de Schloezer, Paris: Editions de la Pléiade, 1926.

—— 'Memento Mori. A Propos de la théorie de la connaissance d'Edmond Husserl', *in Revue philosophique de la France et de l'étranger*, janv.–févr. 1926, nr. 1/2, pp. 5–62.

—— 'Qu'est-ce que la vérité? (Ontologie et Ethique)', in *Revue philosophique de la France et de l'étranger*, janv.–févr. 1927, pp. 36–74.

—— *Sur les confins de la vie (L'Apothéose du déracinement)*, trans. Boris de Schloezer, Paris: Schiffrin, 1927.

—— *Le Pouvoir des clefs / Potestas Clavium*, trans. Boris de Schloezer, Paris: La Pléiade, 1928.

—— *Pages choisies*, trans. Boris de Schloezer, Paris: Gallimard, 1931.

—— *Athènes et Jérusalem*, trans. Boris de Schloezer, Paris: J. Vrin, 1938; Paris: Flammarion, 1967; Paris: Aubier, 1993.

—— 'A la mémoire d'un grand philosophe: Edmund Husserl', in *Revue philosophique de la France et de l'étranger*, jan.–juin. 1940, pp. 5–32.

—— *Kierkegaard et la philosophie existentielle*, Paris: J. Vrin, 1948.

—— *Sola Fide: Luther et l'Eglise*, trans. Sylvie Sève, Paris: P.U.F., 1957.

—— *L'Homme pris au piège: Pouchkine, Tolstoï, Tchékhov*, Paris: Union Générale d'Editions, 1966.

—— *Sur la Balance de Job: Pérégrinations à travers les âmes*, trans. Boris de Schloezer, Paris: Flammarion, 1971.

—— *Spéculation et révélation*, trans. Sylvie Luneau, Lausanne: L'Age d'Homme, 1981.

—— *Les Grandes Veilles*, trans. Sylvie Luneau et Nathalie Sretovitch, Lausanne: L'Age d'homme, 1985.

—— *Les Commencements et les fins*, trans. Boris de Schloezer et Sylvie Luneau, Lausanne: L'Age d'Homme, 1987.

Shestov, Lev, *Shekspir i ego critik Brandes*, St Petersburg: A.M. Mendelevich, 1898.

—— *Dobro v uchenii gr. Tolstogo i Fr. Nitshe – filosofiya i propoved*, St Petersburg: Stasyulevitch, 1900.

—— *Dostoevskii i Nitshe – filosofiya tragedii*, St Petersburg: Stasyulevitch, 1903.

—— *Apofeoz bezpochvennosti*, St Petersburg: Obshestvenaya Polza, 1905.

—— *Nachala i kontsy*, St Petersburg: Stasyulevitch, 1908.

—— *Velikie kanuny*, St Petersburg: Shipovnik, 1911.

—— *Anton Tchekhov and Other Essays*, trans. S. Koteliansky and J.M. Murry, Dublin: Maunsel, 1916.

—— *All Things are Possible*, trans. S.S. Koteliansky, London: Martin Secker, 1920.

—— *Vlast klyuchei – Potestas Clavium*, Berlin: Skythen Verlag, 1923.

—— *Potestas Clavium oder Die Schlüsselgewalt*, trans. Hans Ruoff, München: Verlag der Nietzsche-Gesellschaft, 1926.

—— 'The Ethical Problem in Julius Cesar', trans. by S. Konovalov, in *The New Adelphi*, June 1928, n. 4, pp. 348–356.

—— *Na vesakh Iova*, Paris: Sovremennie Zapiski, 1929.

—— *Auf Hiobs Waage. Uber die Quellen der ewigen Wahrheiten*, trans. Hans Ruoff and R. von Walter, Berlin: Lambert Schneider Verlag, 1929.

—— *In Job's Balances: On the Sources of Eternal Truths*, trans. Camilla Coventry and C.A. Macartney, London: J.M. Dent & Sons, 1932.

—— *Kierkegaard i ekzistentsial'naya filosofiya*, Paris: Dom knighi i Sovremennie Zapiski, 1939.

—— *Afiny i Ierusalim*, Paris: YMCA Press, 1951.

—— *Umozrenie i otkrovenie*, Paris: YMCA Press, 1964.

—— *Sola fide – tol'ko veroyu*, Paris: YMCA Press, 1966.

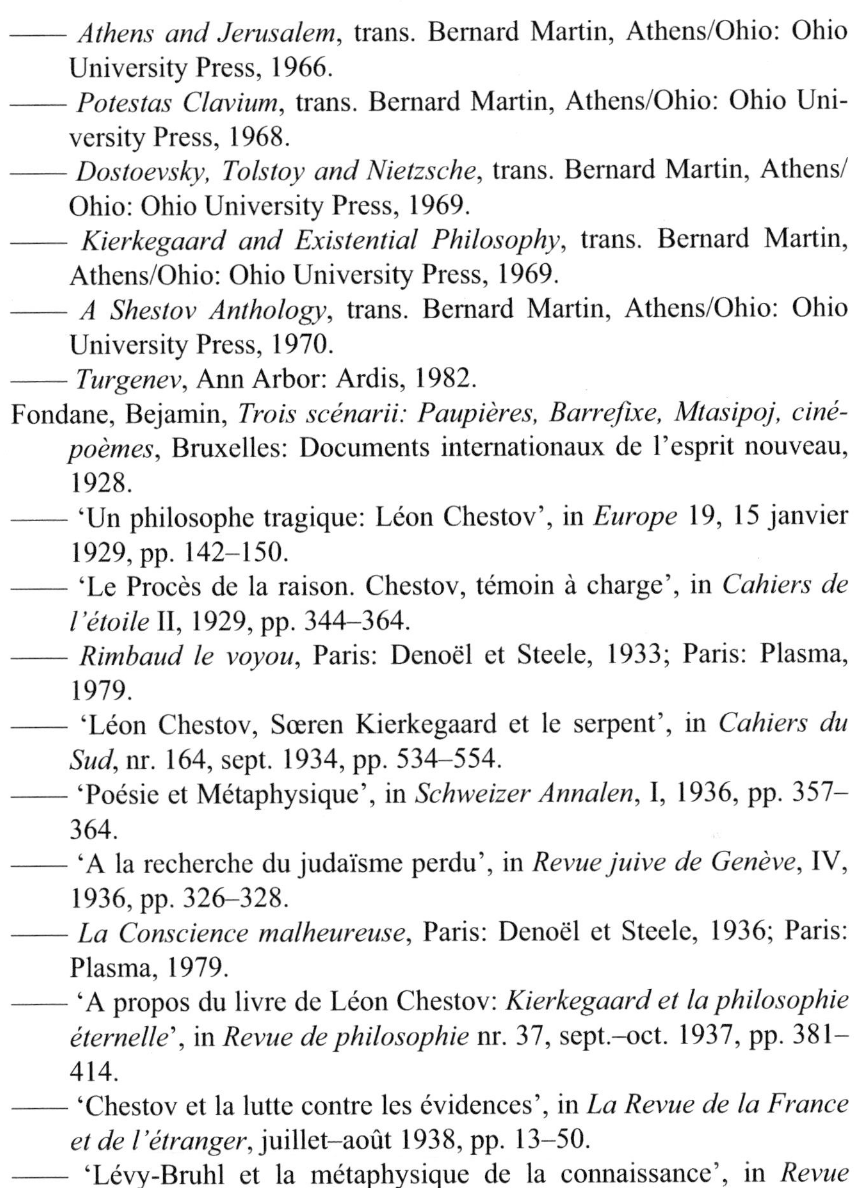

—— *Athens and Jerusalem*, trans. Bernard Martin, Athens/Ohio: Ohio University Press, 1966.

—— *Potestas Clavium*, trans. Bernard Martin, Athens/Ohio: Ohio University Press, 1968.

—— *Dostoevsky, Tolstoy and Nietzsche*, trans. Bernard Martin, Athens/Ohio: Ohio University Press, 1969.

—— *Kierkegaard and Existential Philosophy*, trans. Bernard Martin, Athens/Ohio: Ohio University Press, 1969.

—— *A Shestov Anthology*, trans. Bernard Martin, Athens/Ohio: Ohio University Press, 1970.

—— *Turgenev*, Ann Arbor: Ardis, 1982.

Fondane, Bejamin, *Trois scénarii: Paupières, Barrefixe, Mtasipoj, ciné-poèmes*, Bruxelles: Documents internationaux de l'esprit nouveau, 1928.

—— 'Un philosophe tragique: Léon Chestov', in *Europe* 19, 15 janvier 1929, pp. 142–150.

—— 'Le Procès de la raison. Chestov, témoin à charge', in *Cahiers de l'étoile* II, 1929, pp. 344–364.

—— *Rimbaud le voyou*, Paris: Denoël et Steele, 1933; Paris: Plasma, 1979.

—— 'Léon Chestov, Sœren Kierkegaard et le serpent', in *Cahiers du Sud*, nr. 164, sept. 1934, pp. 534–554.

—— 'Poésie et Métaphysique', in *Schweizer Annalen*, I, 1936, pp. 357–364.

—— 'A la recherche du judaïsme perdu', in *Revue juive de Genève*, IV, 1936, pp. 326–328.

—— *La Conscience malheureuse*, Paris: Denoël et Steele, 1936; Paris: Plasma, 1979.

—— 'A propos du livre de Léon Chestov: *Kierkegaard et la philosophie éternelle*', in *Revue de philosophie* nr. 37, sept.–oct. 1937, pp. 381–414.

—— 'Chestov et la lutte contre les évidences', in *La Revue de la France et de l'étranger*, juillet–août 1938, pp. 13–50.

—— 'Lévy-Bruhl et la métaphysique de la connaissance', in *Revue philosophique de la France et de l'étranger*, mai–juin, 1940, vol. CXXIX, pp. 29–30.

—— *Baudelaire et l'expérience du gouffre*, Paris: Seghers, 1972; Bruxelles: Editions Complexe, 1994.

—— *Faux Traité d'esthétique*, Paris: Plasma, 1980.
—— *Rencontres avec Léon Chestov*, Paris: Plasma, 1982.
—— *Ecrits pour le cinéma. Le Muet et le parlant*, Paris: Plasma, 1984.
—— *Le Festin de Balthazar: Auto-sacramental*, ed. Eric Freedman, Saint-Nazaire: Arcane 17, 1985.
—— *Le Lundi existentiel et le dimanche de l'histoire, suivi de La Philosophie vivante*, Bruxelles: Editions du Rocher, 1990.
—— *Au seuil de l'Inde*, Paris: Fata Morgana, 1994.
—— *Le Voyageur n'a pas fini de voyager*, textes et documents réunis et présentés par Patrice Beray et Michel Carassou, Paris: Paris-Méditerranée/L'Ether Vague, 1996.
—— *L'Etre et la connaissance*, Paris: Paris-Méditerranée, 1998.
—— *Images et Livres de France*, trans. Odile Serre, Paris: Paris-Méditerranée, 2002.
—— *Landscapes/ Privelisti* (bi-lingual edition), Bucharest: Ed. Institutul Cultural Roman, 2004.
Fundoianu, B., *Imagini şi cărţi din Franţa*, Bucharest: Socec, 1922.
—— *Privelişti*, Bucharest: Cultura naţională, 1930.
—— *Privelişti şi inedite*, Bucharest: Cartea Românească, 1974.
—— *Poezii*, Bucharest: Minerva, 1983.
—— *Scriitorul în faţa revoluţiei*, Bucharest: Institutul Cultural Roman, 2004.

Works by Other Authors and Secondary Sources

Acouturier, Michel, 'Le Dostoïevski de Chestov', in *Diagonales Dostoïevskiennes*, Paris: Presses de L'Université de Paris-Sorbonne, 2002.
Arjakovski, Antoine, 'Léon Chestov et Nicolas Berdiaev: une amitié orageuse', in *Cahiers de l'émigration russe* 3, Institut d'études slaves, Paris, 1996, pp. 141–153.
Baranoff-Chestov, Nathalie, *Vie de Léon Chestov* t. 1*: L'Homme du souterrain (1866–1929)*, t. 2: *Les Dernières années, 1928–1938*,

trans. Blanche Bronstein-Vinaver, Paris: Editions de la Différence, 1991–1993.

Bataille, Georges, *Œuvres complètes*, t. 1–12, Paris: Gallimard, 1970–1988.

—— *Choix de lettres 1917–1962*, Paris: Gallimard, coll. Les Cahiers de la NRF, 1997.

Bedard, André, *La Nuit libératrice: Liberté, raison et foi selon Chestov*, Tournai: Desclée, 1973.

Berdyaev, N., *Tipy religioznoj mysli v Rossii,* Paris: YMCA Press, 1989.

—— *Duhovnyi krizis intelligentsyi*, Loskva: Kanon+, 1998.

Bespaloff, Rachel, *Cheminements et carrefours*, Paris: J. Vrin, 1938.

—— *De l'Iliade*, New York: Brentano's, 1943; Paris: Allia 2004.

—— *Lettres à Jean Wahl. Sur le fond le plus déchiqueté de l'histoire*, Paris: Editions Claire Paulhan, 2003.

Blondel, É., *Nietzsche. Le corps et la cité*, Paris: P.U.F., 1986.

Brezis, David, *Kierkegaard et les figures de la paternité* , Paris: Le Cerf, 1999.

Buber, Martin, *Nachlese*, Heidelberg: Lambert Schneider, 1965.

Camus, Albert, *Le Mythe de Sisyphe*, Paris: Gallimard, 1942.

Carassou, Michel & Raileanu, Petre (eds.), *Fundoianu/Fondane et l'Avant-garde,* Bucarest: Fondation Culturelle Roumaine/ Paris: Editions Paris-Méditerranée, 1999.

Cauquelin, Anne, *Court traité du fragment: Usages de l'œuvre d'art*, Paris: Aubier, 1986.

Chekhov, Anton, *Lady with Lapdog and Other Stories*, trans. David Magarshack, London: Penguin Classics, 1964.

—— *Anton Chekhov's Short Stories*, selected and ed. by Ralph E. Matlaw, New York/London: W. W. Norton & Company, 1979.

—— *The Seagull*, trans. Michael Frayn, London: Methuen, 1986.

Christensen, Peter, 'Benjamin Fondane's "Scenarii intournables"', in Rudolf E. Kuenzli (ed.), *Dada and Surrealist Film*, London/ England and Cambridge/ Massachussets: The MIT Press, 1996, pp. 72–85.

Clowes, Edith, *The Revolution of Moral Consciousness, Nietzsche in Russian Literature, 1890–1914*, DeKalb, Illinois: Northern Illinois University Press, 1988.

Copleston, Frederick C., *Russian Religious Philosophy: Selected Aspects*. Notre Dame: University of Notre Dame Press, 1988.

Cornu, M., *Kierkegaard et la communication de l'existence*, Lausanne: L'Âge d'Homme, 1972.

Dechet, Ferruccio, *L. Šestov, Contra Husserl. Tre saggi filosofici*, Milano: Guerini e Associati, 1994.

Derrida, Jacques & Vattimo, Gianni, *Religion*, Cambridge: Polity Press, 1998.

Désilets, André, *Léon Chestov. Des paradoxes de la philosophie*, Québec: Éditions du Beffroi, 1984.

Desmond, William, 'Philosophical Audacity – Shestov's Piety', in *The Lev Shestov Journal*, 2/1998, p. 45–80.

—— *Philosophy and its Others*, Albany: SUNY Press, 1990.

—— *Perplexity and Ultimacy*, Albany: SUNY Press, 1995.

Elskamp, Max, *Œuvres complètes*, Paris: Séghers, 1967.

Etkind, E., Nivat, G., Serman, I., Strada, V. (eds.), *Histoire de la littérature russe: Le XXe siècle, L'Age d'argent*, Fayard, Paris,1987.

Europe, numéro spécial 'Benjamin Fondane', nr. 827, mars 1998.

Fotiade, Ramona, 'Evidence et conscience: Léon Chestov et la critique existentielle de la théorie de l'évidence chez Husserl', in *Cahiers de l'émigration russe* 3, Institut d'études slaves, Paris, 1996, pp. 111–125.

—— *Conceptions of the Absurd. From Surrealism to the Existential Thought of Chestov and Fondane*, Oxford: Legenda/EHRC, 2001.

—— 'Judaïsme et Hellénisme: une quête d'identité', in Monique Jutrin (ed.), *Rencontres autour de Benjamin Fondane, poète et philosophe,* Paris: Parole et Silence, 2002, pp. 193–203.

—— '"La fin du fini": la temporalité et la suspension de l'éthique', in Monique Jutrin & Gisèle Vanhese (eds.), *Une Poétique du gouffre. Sur* Baudelaire et l'expérience du gouffre *de Benjamin Fondane*, Soveria Mannelli/Italy: Rubettino Editore, 2003, pp. 65–76.

Freedman, Eric (ed.), *Cardozo Studies in Law and Literature,* vol. 6, nr. 1, 1994.

—— 'Fondane dramaturge', in *Europe* nr. 827, mars 1998, pp. 79–89.

Gertsyk, E., *Vospominaniya*, Paris: YMCA Press, 1973.

Haar, M., *Par-delà le nihilisme*, Paris: P.U.F., 1998.

Habermas, Jürgen, *Glaube und Wissen. Rede zur Verleihung des Friedenspreises des Deutschen Buchhandels*, Frankfurt/M: Suhrkamp Verlag KG, 2001.

Hertsyg, Eugénie, *Souvenirs*, Paris: YMCA Press, 1973.

Hill, Kent Richmond, *On the Threshold of Faith. An Intellectual Biography of Lev Shestov from 1901 to 1920 focusing on his Concept of Man*, Michigan: Ann Arbor, 1980.

Hollier, Denis, *Le Collège de Sociologie*, Paris: Gallimard, 1995.

Idel, Moshe, *Les Chemins de la Kabbale* , Paris: Albin Michel, 2000.

Ivanova, L., *Vospominaniya*, Paris: Atheneum, 1990.

Ivanov-Razumnik, R. I., *O smysle zhizni*, Letchworth/England: Bradda Books Ltd., 1971.

—— *On the Meaning of Life*, Letchworth/England: Bradda Books Ltd., 1971.

Jackson, Robert Louis & Nelson, Lowry (eds), *Vyacheslav Ivanov: Poet, Critic and Philosopher*, New Haven: Columbus/ Ohio: Yale Centre for International and Area Studies, 1986.

Jutrin, Monique, *Benjamin Fondane ou le périple d'Ulysse,* Nizet,1989.

—— 'Poésie et philosophie: l'irrésignation de Benjamin Fondane', in *Cahiers Benjamin Fondane* 2, 1998, pp. 27–32.

—— 'Ulysse, poésie et destin', in *Europe* nr. 827, mars 1998, pp. 71–78.

—— *Rencontres autour de Benjamin Fondane, poète et philosophe,* Paris: Parole et Silence, 2002.

Jutrin, Monique & Vanhese, Gisèle (eds), *Sur Baudelaire et l'expérience du gouffre de Benjamin Fondane*, Soveria Mannelli/Italy: Rubettino Editore, 2004.

Kierkegaard, Soeren, *L'Alternative*, in *Œuvres complètes*, vol. 3, Paris: Editions de l'Orante, 1970.

—— *Le Journal du séducteur*, in *Œuvres complètes*, vol. 3, Paris: Editions de l'Orante, 1970.

—— *La Maladie à la mort*, in *Œuvres complètes*, vol. 16, tr. P.-H. Tisseau, Paris: Editions de l'Orante, 1971.

—— *Le Concept d'angoisse*, in *Œuvres complètes*, vol. 7, Paris: Editions de l'Orante, 1973.

Kline, George L., *Religious and Anti-religious Thought in Russia*, Chicago: The University of Chicago Press, 1968.

Klossowski, Pierre, *Le Peintre et son démon*, entretiens avec Jean-Maurice Monnoyer, Paris: Flammarion, 1985.

Kraft, Werner, *Rebellen des Geistes*. Stuttgart: W. Kohlhammer, 1968.

Krüger, Harald, *Studien über den Aphorismus als philosophische Form*, Frankfurt: Nest Verlag, 1956.

Leopardi, Giacomo, *Operette morali*, Torino: Einaudi, 1976.

—— *Canti*, Milano: BUR, 1996.

Le Rider, Jacques, *Nietzsche en France: De la fin du XIXe siècle au temps présent*, Paris: P.U.F., 1999.

Lescure, Jean, *Fondane, le gouffre et le mur*, Marchainville: Proverbe, 1999.

Lévinas, Emmanuel, 'Léon Chestov. Kierkegaard et la philosophie existentielle (Vox clamantis in deserto)', in *Revue des Études Juives* 2, 1937, pp. 139–141.

Lévy-Bruhl, Lucien, *Carnets*, Paris: Quadrige/P.U.F., 1998.

Libis, Jean, *L'Eau et la mort*, Figures Libres, Dijon: EUD, 1993.

Lossky, Véronique, 'L'Homme devant dieu chez Lev Chestov et Marina Cvetaeva', in *Cahiers du monde russe et soviétique* nr. 29, 1988, pp. 519–532.

Lupasco, Stéphane, *Du Devenir logique et de l'affectivité. Le dualisme antagoniste*, Paris: Vrin, 1973.

Maia Neto, Jose Raimundo, *The Christianization of Pyrrhonism: Scepticism and Faith in Pascal, Kierkegaard, and Shestov*, Boston: Kluwer Academic, 1995.

Maritain, Jacques, *Existence and the Existent*, New York: Pantheon Books, 1948.

Martin, Bernard, G*reat Twentieth-Century Jewish Philosophers: Shestov, Rosenzweig, Buber, with Selections from Their Writings*, New York: Macmillan, 1969.

Martin, Mircea, *Introducere în opera lui B. Fundoianu*, Minerva, 1984.

—— *Euresis*, special issue 'Fundoianu–Fondane', Bucarest, 1999–2000.

Milosz, Czeslaw, 'Shestov, or The Purity of Despair', in *Emperor of the Earth. Modes of Eccentric Vision*, Berkeley: University of California Press, 1977.

Monas, Sidney, 'New Introduction', in Lev Shestov, *Dostoevsky, Tolstoy and Nietzsche*, Ohio: Ohio University Press, 1969.

Nietzsche, Friedrich, *La Volonté de puissance*, trans. G. Bianquis, Paris: Gallimard, 1935.

—— *Œuvres posthumes*, Paris: Mercure de France, 1934.

—— *Œuvres*, t. I & II, Paris: Editions Robert Laffont, 1993.

—— *The Gay Science, with a Prelude in Rhymes and an Appendix of Songs*, trans. by Walter Kaufmann, New York: Vintage, 1974.

Papini, Giovanni, *Scritti Postumi*, Roma: Mondadori, 1966.

Pasmanik, Daniel, *Die Seele Israels*, Cologne: Jüdischen Verlag, 1911

Patterson, David, *The Literary and Philosophical Expression of Existential Faith: A Study of Kierkegaard, Tolstoy and Shestov* (PhD thesis, University of Oregon, 1978).

Philonenko, Alexis, *La Philosophie du malheur* t. I: *Chestov et les problèmes de la philosophie existentielle*, Paris: Vrin, 1998.

—— *La Philosophie du malheur* t. II: *Concepts et idées*, Paris, Vrin, 1999.

Polukhina, Valentina, *Joseph Brodsky: Bolshaya kniga intervyu*, Moscow: Zakharov, 2000.

Quignard, Pascal, *Une Gêne technique à l'égard des fragments*, Fontfroide-le-Haut: Fata Morgana, 1986.

Regeczi, Ildiko, 'Chekhov and the Philosophy of the Turn of the Century. Chekhov and Shestov', in *Studia Slavica Hungaricae*, nr. 42, 1997, pp. 387–400.

Roberts, Spencer E. (ed.), *Essays in Russian Literature: The Conservative View: Leontiev, Rozanov, Shestov*, Athens/Ohio: Ohio University Press, 1968.

Rosenthal, Bernice Glatzer, *D. S. Merezhkovsky and the Silver Age*, The Hague: Nijhoff, 1975.

—— *Nietzsche in Russia*, Princeton: Princeton University Press, 1986.

Safranski, Rüdiger, *Nietzsche. Biographie d'une pensée*, trans. Nicole Casanova, Paris: Solin/Actes Sud, 2000.

Salazar-Ferrer, Olivier, *Benjamin Fondane*, Paris: Oxus, 2004.

—— 'Fondane et Camus', in Monique Jutrin (ed.), *Rencontres autour de Benjamin Fondane, poète et philosophe,* Paris: Parole et Silence, 2002, pp. 29–47.

—— 'L'Ambivalence du gouffre', in Monique Jutrin & Gisèle Vanhese (eds.), *Sur Baudelaire et l'expérience du gouffre de Benjamin Fondane*, Soveria Mannelli/Italy: Rubettino Editore, 2004, pp. 49–62.

Scherrer, Juta, *Die Peterburger Religiös-Philosophischen Vereinigungen*, Berlin: Otto Harrassowitz, 1973.

—— *Die Petersburger religiös-Philosophischen Verinigungen*, Osteuropa-Institut, Berlin, 1973.

Schloezer, Boris de, 'Un penseur russe: Léon Chestov', in *Mercure de France*, 1 octobre 1922, pp. 82–115.

—— 'Psychologie et musique', in *La Revue Musicale*, vol. 2, nr. 8, 1 June 1921, pp. 244–256.
—— 'Réflexions sur la musique: Théorie et critique', in *La Revue Musicale* vol. 5, nr. 1, 1 Nov. 1923, pp. 83–87.
—— *Alexandre Scriabine*, Berlin: Grani, 1923; Paris: Librairie des cinq continents, 1975.
—— 'Réflexions sur la musique: Les Lois de la forme musicale', in *La Revue Musicale* vol. 5, nr. 3, 1 Jan. 1924, pp. 81–83.
—— 'Réflexions sur la musique: Musique et littérature. A propos d'un article de Jacques Rivière', in *La Revue Musicale*, vol. 5, nr. 3, 1 March 1924, pp. 271–274.
—— *Igor Stravinsky*, Paris: Claude Aveline, 1929.
—— *Nicolas Gogol*, Paris: Plon, 1932; Paris: Janin, 1946.
—— *Introduction à J.-S. Bach: Essai d'esthétique musicale*, Paris: Gallimarrd, 1947.
—— 'Préface', in Léon Chestov, *Les Révélations de la mort*, trans. Boris de Schloezer, Paris: Plon, 1958, pp. iii–xxxvii.
—— 'Découverte de Rozanov', in *Mercure de France* nr. 35, 1964, pp. 263–69.
—— 'Sur trois nouvelles de Dostoïevski', in *Nouvelle Revue Française*, 14 Jan. 1966, pp. 97–108.
—— 'Lecture de Chestov', in Léon Chestov, *La Philosophie de la tragédie: Sur les confins de la vie*, Paris: Flammarion, 1966, pp. 7–20.
—— 'Préface', in Léon Chestov, *L'Homme pris au piège: Pouchkine–Tolstoï–Tchékov*, trans. Boris de Schloezer & Sylvie Luneau, Paris: U.G.E., 1966, pp. 7–12.
—— *Mon nom est personne*, Paris: Seghers, 1969.
—— *Scriabin: Artist and Mystic*, introduction by Marina Scriabine, trans. Nicolas Slonimsky, Berkeley: University of California Press, 1987.
Scholem, Gerschon, *Les Grands courants de la mystique juive,* Paris: Payot, 1977.
Solovyev, Vladimir, *Polnoe sobranie sočinenij*, Moscow: Mysl, 1988.
Steinberg, A., *Druzya moih rannih let (1911–1928)*, Paris: Sintaksis, 1991.

Struve, Nikita & Laurent, Alice (eds.) *Cahiers de l'émigration russe* 3, special issue 'Léon Chestov, un philosophe pas comme les autres?', Paris: Institut d'études slaves, 1996.

Surya, Michel, *Georges Bataille: La Mort à l'œuvre*, Paris: Librairie Séguier, Editions Garamont, Frédéric Birr, 1987.

—— 'L'Arbitraire après tout, De la "philosophie" de Léon Chestov à la "philosophie" de Georges Bataille', in Denis Hollier (ed.), *Georges Bataille après tout*, Paris: Belin, coll. L'Extrême contemporain, 1995, pp. 213–231.

Susini-Anastopoulos, Françoise, *L'Écriture fragmentaire*, Paris: P.U.F., 1997.

Van Sevenant, Ann, *Il filosofo dei pœti. L'estetica di Benjamin Fondane*, Milano: Mimesis, 1994.

—— '"Cette intelligence secrètement blessée". Critique de la raison esthétique', in *Europe* nr. 827, mars 1998, pp. 90–100.

—— *Importer en philosophie*, Paris: Paris-Méditerranée, 1999.

—— 'Esthétique du discontinu', in Monique Jutrin (ed.), *Rencontres autour de Benjamin Fondane, poète et philosophe*, Paris: Parole et Silence, 2002, pp. 19–28.

Wernhem, James C. S., *Two Russian Thinkers: An Essay on Berdyaev and Shestov*, Toronto: University of Toronto Press, 1968.

Notes on the Contributors

PETER G. CHRISTENSEN is Associate Professor in the English Department at Cardinal Stritch University, Milwaukee (USA), having received his doctorate in Comparative Literature at the State University of New York, with a thesis on Dos Passos, Faulkner and Sartre. He has written several articles on Benjamin Fondane, and published a chapter on Fondane's scenarios in Rudolf E. Kuenzli's edited volume, *Dada and Surrealist Film* (1996). He has also written articles on D.H. Lawrence, Iris Murdoch, Thornton Wilder, Graham Greene, Jean Cocteau, Vernon Lee, and Marguerite Yourcenar.

WILLIAM DESMOND is Professor of Philosophy at the Catholic University of Leuven (Netherlands). He has published extensively on philosophy, ethics and art: *Otherness: Between Philosophy and Art*, New York: SUNY Press, 2003; *Ethics and the Between*, New York: SUNY Press, 2001; *Perplexity and Ultimacy: Metaphysical Thoughts from the Middle*, New York: SUNY Press, 1995, *Art, Origins, Being and the Between*, New York: SUNY Press, 1995; *Philosophy and Its Others: Ways of Being and Mind*, New York: SUNY Press, 1990.

MICHAEL FINKENTHAL is Professor in the Department of Physics and Astronomy at the Johns Hopkins University, Baltimore (USA), and at the Hebrew University in Jerusalem. He is the author of *Interdisciplinarity: Toward the Definition of a Metadiscipline?* (Peter Lang: 2001), and co-author (with William Kluback) of: *The Clown in the Agora: Conversations about Eugene Ionesco* (Peter Lang: 1998), and *The Temptations of Emil Cioran* (Peter Lang, 1997). He has also written several articles on Benjamin Fondane and has contributed to the *Shestov Journal.*

RAMONA FOTIADE is Senior Lecturer in French at the University of Glasgow, and the editor of the *Shestov Journal*. Her book, *Conceptions of the Absurd: From Surrealism to the Existential Thought of Fondane and Chestov* (Oxford: Legenda/EHRC) came out in 2001. She has published several book-chapters and articles on Shestov and Fondane's existential thought, and has also written on André Breton, Antonin Artaud, René Daumal, David Gascoyne, Emile Cioran and Jacques Derrida. In 1999, she was the joint organiser of a conference ('The Crisis of Self-Consciousness. Consciousness and Language') held at the University of Glasgow, under the aegis of the Forum for European Philosophy.

ERIC FREEDMAN is Professor of International Negotiation in both the Law and Humanities Faculties of the Université d'Orléans. In 2001, he was named a research consultant to the Wiesenthal Centre Europe, working on the Drai Commission (a government appointed body charged with resolving the Holocaust-related claims in France). As the President of the Benjamin Fondane Studies Society in Paris, he has contributed to several international conferences and collective volumes since 1994. He edited a special issue of the *Cardozo Studies in Law and Literature* (vol. 6, nr. 1, 1994), as well as Fondane's previously unpublished play, *Le Festin de Balthazar* (1985).

DOMINIQUE GUEDJ is finishing a PhD thesis on the posterity of *Don Quijote* in the Seventeenth-Century French Novel. She has published several articles on Fondane's work and his relationship with other French writers and philosophers such as Jules de Gaultier, Emmanuel Lévinas and Lucien Lévy-Bruhl.

NICOLE HATEM is Head of the Philosophy Department at Saint-Joseph University of Beyrouth, and member of the research team at the Michel Henry Studies Centre. She has published extensively on Kierkegaard, Michel Henry, and, more recently, on Benjamin Fondane and Lev Shestov.

MONIQUE JUTRIN is Professor at the University of Tel Aviv, and author of *Benjamin Fondane et le périple d'Ulysse* (1989). She is the founder of the Fondane Studies Society in Israel, and the director of the *Cahiers Fondane*. She published Rachel Bespaloff's correspondence with Jean Wahl (2003), and wrote the preface to the recent editions of Bespaloff's *Cheminements et Carrefours* (J. Vrin, 2004) and *De l'Iliade* (Eds. Allia, 2004).

MIRCEA MARTIN is Professor at the University of Bucharest, and author of a monograph on Benjamin Fondane in Romania (*Introducere în opera lui B. Fundoianu*, 1984). He edited and introduced a volume of Fondane's political writings (*Scriitorul în fața revoluției*, 2004), and wrote the preface to a bi-lingual (English-Romanian) edition of Fondane's poems.

CAMILLE MORANDO is Research Assistant at the Centre Georges Pompidou and Lecturer in the History of Art at the Université de Paris I. She has curated several collective exhibitions of contemporary artists at the Louvre Museum, and has published extensively on a range of modern artists and writers such as: Georges Bataille, Michel Leiris, André Masson, Pablo Picasso, Isabelle Waldberg, and Antonin Artaud. She has recently edited with Sylvie Patry a volume of Victor Brauner's writings and correspondence (2005).

RICARDO NIRENBERG is Emeritus Professor of Mathematics at the State University of New York at Albany. He is also a writer, and editor of the literary journal *Offcourse.org*. He has regularly contributed to the conferences and annual meetings of the Fondane Studies Society, and has written several articles on Fondane and Shestov's existential thought. His latest book is a novel about Erwin Schroedinger, entitled *Wave Mechanics*.

ANDREA OPPO was educated at the Universities of Florence (1997) and Bologna (2001), where he graduated with an MA thesis on Lev Shestov. This year he completed a PhD thesis (*Philosophical Aesthetics and Samuel Beckett*) at the University of Dublin, under the supervision of Richard Kearney. He is the author of a book on Russian philosophy and literature (*Il bastone immerso nell'acqua: 37 investigazioni su ciò che appare* – 2003), and is currently working on a study of Adorno and Beckett.

ALEXIS PHILONENKO is Emeritus Professor of Philosophy at the University of Rouen, having also taught at the University of Geneva and at the Sorbonne. He is the author of the two-volume landmark study of Lev Shestov, *La Philosophie du malheur* (J. Vrin, 1998–1999), as well as of more than twenty other published studies of ancient and modern philosophy, among which: *Schopenhauer, critique de Kant* (2005), *Leçons plotiniennes* (2003), *La Théorie kantienne de l'histoire* (2002), *Commentaire de la Phénoménologie de l'esprit* (2002), *Leçons aristoteliciennes* (2002), *Jean-Jacques Rousseau et la pensée du malheur* (2002), *Nietzsche* (1995), *Bergson ou de la philosophie comme science rigoureuse* (1992), *L'Œuvre de Kant* (1990), *La Jeunesse de Feuerbach* (1990), *L'Archipel de la conscience européenne* (1990).

GENEVIEVE PIRON is an Assistant Lecturer in the Russian Department at the University of Geneva, where she is currently finishing a PhD thesis on Lev Shestov, under the supervision of Georges Nivat. She edited the collective volume *Goulag, le peuple des zeks* (2004), and published a chapter on Shestov in the proceedings of the international congress of Slavistics (Peter Lang, 2003).

BERNICE GLATZER ROSENTHAL is Professor of History at the Fordham University, author of *New Myth, New World: From Nietzsche to Stalinism* (2000), and co-author (with Martha Bohachevsky Chomiak) of *A Revolution of Spirit: Crisis of Value in Russia, 1890–1924* (1990). She also edited and co-edited several volumes: *Nietzsche and Soviet Culture: Ally and Adversary* (1994), *East Europe Reads Nietzsche* (co-edited with Alice Freifeld and Peter Bergmann, 1998), *Nietzsche in Russia* (1986), and *The Occult in Russian and Soviet Culture* (1997).

OLIVIER SALAZAR-FERRER is Assistant Lecturer in French at the University of Glasgow, having completed a PhD thesis in Comparative Literature with the University of Paris VIII. He is the author of the monograph *Benjamin Fondane* (Oxus: 2004), as well as of more than twenty book-chapters and articles on Fondane. His philosophical study, *Le Temps, la perception, l'espace, la mémoire*, came out in 1996. In 1991, he contributed a chapter to the collective volume *Paul Ricoeur: Les Métamorphoses de la raison herméneutique*. He is also a published writer of fiction, and his latest book, *Un Chant dans la nuit*, is forthcoming with Editions de Corlevour (2006).

ROMAIN VAISSERMANN is Assistant Lecturer at the Université Blaise-Pascal Clermont-II, having recently completed a PhD thesis on Charles Péguy at the Université d'Orléans. He is the editor of *Charles Péguy, l'écrivain et le politique* (2004), and has contributed to the *Shestov Journal* (3/2002).

GISELE VANHESE is Professor of French and Comparative Literature at the University of Calabria (Italy). She has written extensively on nineteenth and twentieth-century European poets such as: Gérard de Nerval, Mihai Eminescu, Yves Bonnefoy, Paul Celan, Lucian Blaga. She is the author of *Un ange passe: Lamartine et le féminin* (1997) and of *La Neige écarlate dans la poésie de Yves Bonnefoy, Paul Celan, Alain Tasso, Salvatore Quasimodo, Lance Henson* (2003).

ANN VAN SEVENANT is the author of a monograph on Fondane, *Il filosofo dei poeti: L'estetica di Benjamin Fondane* (1994), as well as of several book-chapters and articles on his philosophical and literary works. In between 1989 and 2004, she worked as a Professor of Philosophy at the Ecole Supérieure d'Anvers, having completed a PhD thesis on Fondane at the Université Libre de Bruxelles. In recent years, she has published several philosophical studies, among which: *Sexual Outercourse. Philosophy of Lovemaking* (2005), *Philosophie de la solicitude* (2001), *Ecrire à la lumière. Le philosophe et l'ordinateur* (1999), *Importer en philosophie* (1999).

MICHAELA WILLEKE has recently completed a PhD thesis on Lev Shestov at the University of Münster (Germany), and is the author of a forthcoming monograph *Lev Šestov: Unterwegs vom Nichts durch das Sein zur Fülle. Russisch-jüdische Wegmarken zu Philosophie und Religion* (2006). Her work as a Research Assistant with the Shestov Studies Society led to the publication of a significant body of manuscripts, relating to the previously unknown German correpondence between Lev Shestov and Martin Buber (*Shestov Journal* 4–5/2005.

Index

European Connections

edited by Peter Collier

'European Connections' is a new series which aims to publish studies in Comparative Literature. Most scholars would agree that no literary work or genre can fruitfully be studied in isolation from its context (whether formal or cultural). Nearly all literary works and genres arise in response to or at least in awareness of previous and contemporary writing, and are often illuminated by confrontation with neighbouring or contrasting works. The literature of Europe, in particular, is extraordinarily rich in this kind of cross-cultural fertilisation (one thinks of medieval drama, Romantic poetry, or the Realist novel, for instance). On a wider stage, the major currents of European philosophy and art have affected the different national literatures in varying and fascinating ways.

The masters of this comparative approach in our century have been thematic critics like F.R. Leavis, George Steiner, and Jean-Pierre Richard, or formalist critics like I.A. Richards, Northrop Frye, Gérard Genette and Tzvetan Todorov, but much of the writing about literature which we know under specific theoretical labels such as 'feminist' (Julia Kristeva, Judith Butler), 'marxist' (Georg Lukacs, Raymond Williams) or 'psychoanalytical' criticism (Charles Mauron, Jacques Lacan), for instance, also depends by definition on taking literary works from allegedly different national, generic or stylistic traditions and subjecting them to a new, comparative grid. The connections of European with non-European writing are also at issue—one only has to think of the impact of Indian mythology on Salman Rushdie or the cross-fertilisation at work between a Spanish writer like Juan Goytisolo and the Latin American genre of 'Magical Realism'. Although the series is fundamentally a collection of works dealing with literature, it intends to be open to interdisciplinary aspects, wherever music, art, history, philosophy, politics, or cinema come to affect the interplay between literary works.

Many European and North American university courses in literature nowadays teach and research literature in faculties of Comparative and General Literature. The series intends to tap the rich vein of such research. Initial volumes will look at the ways in which writers like Thackeray draw on French writing and history, the structure and strategies of Faulkner's fiction in the light of Proust and Joyce, Goethe's relation to the Spanish picaresque tradition, Victorian reactions to Eugène Sue, and George Mackay Brown's interest in Hopkins and Mann. Offers of contribution are welcome, whether studies of specific writers and relationships, or wider theoretical investigations.

Proposals from established scholars, as well as more recent doctoral students, are welcome. In the major European languages, the series will publish works, as far as possible, in the original language of the author.

The series editor, Peter Collier, is a Fellow of Sidney Sussex College, and Senior Lecturer in French at the University of Cambridge. He has translated Pierre Bourdieu (*Homo Academicus,* Polity Press, 1988), Emile Zola (*Germinal,* Oxford World's Classics, 1993), and Marcel Proust (*The Fugitive,* Penguin, 2002), has edited several collections of essays on European literature and culture (including *Visions and Blueprints,* with Edward Timms, Manchester University Press, 1988, *Modernism and the European Unconscious,* with Judy Davies, Polity Press, 1990, *Critical Theory Today,* with Helga Geyer-Ryan, Polity Press, 1990, and *Artistic Relations,* with Robert Lethbridge, Yale University Press, 1994), and has written a study of Proust and art (*Mosaici proustiani,* Il Mulino, 1986). He is a member of the British branch of the International Comparative Literature Association.

Volume 1 S. S. Prawer: W.M. Thackeray's European Sketch Books. A Study of Literary and Graphic Portraiture. 459 pages. 2000.
ISBN 3-906758-68-0 / US-ISBN 0-8204-5081-2

Volume 2 Patricia Zecevic: The Speaking Divine Woman. López de Úbeda's *La Pícara Justina* and Goethe's *Wilhelm Meister.* 294 pages. 2001.
ISBN 3-906766-91-8 / US-ISBN 0-8204-5607-1

Volume 3 Mary Besemeres: Translating One's Self. Language and Selfhood in Cross-Cultural Autobiography. 297 pages. 2002.
ISBN 3-906766-98-5 / US-ISBN 0-8204-5614-4

Volume 4 Michela Canepari-Labib: Word-Worlds. Language, Identity and Reality in the Work of Christine Brooke-Rose. 303 pages. 2002.
ISBN 3-906758-64-8 / US-ISBN 0-8204-5080-4

Volume 5 Hugo Azérad: L'Univers constellé de Proust, Joyce et Faulkner. Le Concept d'épiphanie dans l'esthétique du modernisme. 474 pages. 2002.
ISBN 3-906769-61-5 / US-ISBN 0-8204-5873-2

Volume 6 Berry Palmer Chevasco: Mysterymania. The Reception of Eugène Sue in Britain 1838–1860. 284 pages. 2003.
ISBN 3-906769-78-X / US-ISBN 0-8204-5915-1

Volume 7 Sabine Schmid: 'Keeping the Sources Pure'. The Making of George Mackay Brown. 310 pages. 2003.
ISBN 3-03910-012-2 / US-ISBN 0-8204-6281-0

Volume 8 Walter Redfern: Writing on the Move. Albert Londres and Investigative Journalism. 266 pages. 2004.
ISBN 3-03910-157-9 / US-ISBN 0-8204-6967-X

Volume 9 & 10: Forthcoming.

Volume 11 Patrick Crowley and Paul Hegarty: Formless. Ways In and Out of Form. 258 pages. 2005.
ISBN 3-03910-056-4 / US-ISBN 0-8204-6297-7

Volume 12 Susan Tridgell: Understanding Our Selves. The Dangerous Art of Biography. 234 pages. 2004.
ISBN 3-03910-166-8 / US-ISBN 0-8204-6976-9

Volume 13 Patsy Stoneman and Ana María Sánchez-Arce with Angela Leighton (eds): European Intertexts. Women's Writing in English in a European Context. 296 pages. 2005.
ISBN 3-03910-167-6 / US-ISBN 0-8204-6977-7

Volume 14 Daniel Hall: French and German Gothic Fiction in the Late Eighteenth Century. 294 pages. 2005.
ISBN 3-03910-077-7 / US-ISBN 0-8204-6893-2

Volume 15 Forthcoming.

Volume 16 Peter Wagstaff (ed.): Border Crossings. Mapping Identities in Modern Europe. 253 pages. 2004.
ISBN 3-03910-279-6 / US-ISBN 0-8204-7206-9

Volume 17 Katharine Murphy: Re-reading Pío Baroja and English Literature. 270 pages. 2005.
ISBN 3-03910-300-8 / US-ISBN 0-8204-7226-3

Volume 18 Elza Adamowicz (ed.). Surrealism: Crossings/Frontiers. 222 pages. 2006.
ISBN 3-03910-328-8 / US-ISBN 0-8204-7502-5

Volume 19–20 Forthcoming.

Volume 21 Rachael Langford (ed.): Depicting Desire. Gender, Sexuality and the Family in Nineteenth Century Europe: Literary and Artistic Perspectives. 280 pages. 2005.
ISBN 3-03910-321-0 / US-ISBN 0-8204-7245-X